全面推进课程思政建设是高校落实立德树人根本任务的重要战略举措。
课程教学改革应重点关注新商科相关专业学生的能力培养问题。
结合思政教育和能力培养应该是当前高校新商科课程改革的趋势之一。

新商科背景下
课程思政建设内涵与方法探索

许艳静　贾芳丽 ◎ 著

企业管理出版社
ENTERPRISE MANAGEMENT PUBLISHING HOUSE

图书在版编目（CIP）数据

新商科背景下课程思政建设内涵与方法探索 / 许艳静，贾芳丽著 . -- 北京：企业管理出版社，2024.5
ISBN 978-7-5164-3062-0

Ⅰ.①新… Ⅱ.①许… ②贾… Ⅲ.①高等学校—思想政治教育—教学研究—中国 Ⅳ.① G641

中国国家版本馆 CIP 数据核字（2024）第 082664 号

书　　　名：	新商科背景下课程思政建设内涵与方法探索
书　　　号：	ISBN 978-7-5164-3062-0
作　　　者：	许艳静　贾芳丽
责任编辑：	张　羿　赵　琳
出版发行：	企业管理出版社
经　　　销：	新华书店
地　　　址：	北京市海淀区紫竹院南路17号　邮编：100048
网　　　址：	http://www.emph.cn　　电子信箱：qygl002@sina.com
电　　　话：	编辑部（010）68456991　发行部（010）68701816
印　　　刷：	北京亿友创新科技发展有限公司
版　　　次：	2024年5月第1版
印　　　次：	2024年5月第1次印刷
开　　　本：	710mm×1000mm　1/16
印　　　张：	17
字　　　数：	245千字
定　　　价：	88.00元

版权所有　翻印必究·印装有误　负责调换

前　言

本书研究的主要目的是深入贯彻落实党中央关于教育的重要论述和全国教育大会精神，贯彻落实中共中央办公厅、国务院办公厅《关于深化新时代学校思想政治理论课改革创新的若干意见》，把思想政治（以下简称思政）教育贯穿人才培养体系，全面推进高校课程思政建设，发挥好新商科每门课程的育人作用，提高高校人才培养质量。

在智能化时代背景下，大数据、区块链、云计算等新兴技术正在重构各行各业，新商科背景下的课程领域也面临严峻挑战。传统教育培养出来的学生难以与社会需求结合，综合素质水平整体不高，课程的教学改革已经迫在眉睫。党的二十大报告中明确提出要"全面贯彻党的教育方针，落实立德树人根本任务，培养德智体美劳全面发展的社会主义建设者和接班人"。在课程的建设过程中，深入贯彻落实思政教育是当前教学的重点工作；同时，课程教学改革应重点关注新商科相关专业学生的能力培养问题，思政教育和能力培养相结合应该是当前高校新商科课程改革的趋势。

专业课程是课程思政建设的基本载体。本书深入研究、梳理专业课教学内容，结合不同的课程特点、思维方法和价值理念，深入挖掘课程思政元素，有机融入课程教学，达到润物无声的育人效果。首先，要做好思政课教学改革，助推大学生思政教育工作；其次，要精耕思政教育，以优化思政课堂教学效果；最后，提出课堂建设与思政教育的关联重大。在提升高校新商科与课堂思政、能力培养融合程度的同时，进一步推动高校新商科专业教学改革，保障新商科专业的学生能够平稳成长并为其将来的发展奠定良好的思想、能力和专业基础，为切实提升新商科专业学生的综合素质和实践能力提供一定的参考依据，也为教学改革的相关学术研究提供理论补充和现实参考。

本书源于河北师范大学校内学术著作出版基金课题"新商科背景下课程思政建设内涵与方法探索"（课题编号：S23CB014），由河北师范大学教师许艳静和石家庄幼儿师范高等专科学校教师贾芳丽撰写。具体分工如下：第一章和第三章、第四章由许艳静撰写，第二章和第五章、第六章、第七章由贾芳丽撰写；最后，由许艳静统稿完成。感谢河北师范大学商学院张学文院长、李娉院长，以及曲京山教授、孟宪宝教授、刘海英教授的全力支持。本书也是河北省新型高端智库"现代服务与公共政策"的重要成果。

编者

2024 年 2 月

目 录

第一章 高校新商科专业学生能力培养与思政教育现状分析

第一节 研究背景 003
第二节 调查问卷（教师版）分析 005
第三节 调查问卷（学生版）分析 010
第四节 高校新商科专业学生能力培养现状 015
第五节 高校新商科专业学生思政教育现状 018
第六节 高校新商科教师能力培养教学现状 021
第七节 高校新商科教师课程思政教学现状 023
第八节 课程思政、能力培养与新商科专业融合现状 026

第二章 思政课教学改革的引导优化功能

第一节 思政课教改与改进大学生思政教育的引导功能 031
第二节 思政课教改与强化思政教育主渠道的作用 039
第三节 优化思政课教学是改进大学生思政教育工作的重要途径 045
第四节 "互联网+"教学模式对高校思政课教育的优化 051
第五节 新媒体环境下大学生思政教育途径的创新探究 058

第三章　思政教育方式在思政课课程中的运用

第一节　大学生思政教育精细化管理与优化思政课教学效果　　069

第二节　构建有利于大学生社会主义核心价值观教育的思政课教学新模式

　　075

第四章　新商科背景下专业课课程思政建设内涵与方法探索

第一节　《市场调查与预测》课程思政建设内涵与方法探索　　087

第二节　从《基础会计》"微课"看大学生思政教育的新趋势　　093

第三节　《财务管理》课程思政建设内涵与方法探索　　101

第四节　《物流成本管理》课程思政建设内涵与方法探索　　110

第五节　《统计学》课程思政建设内涵与方法探索　　113

第六节　《Python》课程思政建设内涵与方法探索　　119

第五章　创新教学方式对思政教育工作的作用

第一节　运用"翻转课堂"增强学生学习思政课的积极性　　127

第二节　思政课辩论式教学有助于提高大学生的理性认知能力　　135

第六章　教学内容变革对思政教育工作的作用

第一节　"慕课"学习＋专题教学，挖掘思政教育新动力　　145

第二节　问题探究式教学彰显思政教育的潜在效果　　153

第三节　经典歌曲 MV 的独特感染力与思政教育效果　　167

第七章　结论，研究不足与展望

第一节　政府层面　　177

第二节　高校层面　　179

第三节　社会层面　　182

第四节　研究不足　　183

第五节　研究展望　　　　　　　　　　　　　　　　184

参考文献

附　件

　　附件一：课程思政、能力培养与新商科专业课堂
　　教学融合问题研究调查问卷（教师）　　　　　　191
　　附件二：课程思政、能力培养与新商科专业课堂
　　教学融合问题研究调查问卷（学生）　　　　　　196
　　附件三：2021—2022学年，"一起吧"咖啡厅经营总结　　201
　　附件四：军训问卷调查分析报告　　　　　　　　　203
　　附件五：学生实践作业——抖音用户使用行为分析　　214

附　录

　　附录一：问卷调查表　　　　　　　　　　　　　251
　　附录二：访谈大纲　　　　　　　　　　　　　　255
　　附录三：调研计划书　　　　　　　　　　　　　255

第一章

高校新商科专业学生能力培养与思政教育现状分析

第一章　高校新商科专业学生能力培养与思政教育现状分析

第一节　研究背景

2017年，教育部印发《高校思想政治工作质量提升工程实施纲要》，其中重点提到"十大"育人体系，课程育人被明确提出并排在首位，要求"大力推动以课程思政为目标的课堂教学改革"，这是教育部第一次在文件中正式提出课程思政的概念。进入社会主义新时代，我国的思政教育正面临着严峻的挑战，如何改革与创新高校思政教育形式以提高其实效，是我国高校面临的难题。课程思政的提出正是对思政教育的新探索，也是高校培养担当民族复兴大任的时代新人和德智体美劳全面发展的社会主义建设者和接班人的必然选择。

近年来，全国各地高校积极响应教育部印发的《高等学校课程思政建设指导纲要》的文件精神，相继开展了思政教学改革工作，全面培养高素质人才。部分高校紧抓多元化背景下思政教学改革机遇，发挥思政教育主阵地优势，利用新技术创新思政教学形式，增强思政教学体验感。与此同时，加强理论与实际的联系，将思政教学从学校层面延伸到社会层面。此外，重视思政教学氛围的营造，充分发挥思政育人作用，从而进一步推动了高校思政教学改革发展。基于此，本书将着重对高校思政教学改革策略进行探究。

从政策指导方针可以看出，思政教育与新商科专业教育融合的研究趋势是清晰明确的，推动新商科专业学生的能力培养也是不容忽视的；同时，针对新商科专业自身的特点及新商科专业学生将来要面对的工作及社会环境而言，将思政教育、能力培养和新商科专业教育相结合也是非常必要的。新商业以新技术、新智能为主要载体，以知识驱动、智慧驱动、数据驱动为发展引擎，以开放、透明、分享、责任为价值导向，实现商业、技术和人文的深层次融合，产业跨界、交互发展、全球一体。新商业组织的颠覆式创新、指数级增长、生态化发展使大量传统岗位消失，众多新兴岗位崛起，人机一体化的能力结构模式成为对从业者的普遍要求。新商业的发展更多地依赖新兴技术驱动，网络信息技术全面深度应用使得消费方式向全时空、个性化方向发展，流通方式向集中化、直接化方向发展，生产方式向定制化、专业化、分散化方向发展。商业的全球网络化、专业社会化、跨界融合化等发展趋势日益明显，跨域型、平台型高新技术成为新商业的重要支撑。新一轮科技革命和产业变革要求商业必须加快形成技术体系，不断提高生产效率和服务效益，提升发展能级，满足商业创新的迫切需求。

新商业需要新商科，新商科强调遵循新商业规律，将新技术、新智能手段等应用于商科教育，打破传统知识壁垒，打造满足市场需求的复合型商业人才。新商业人才需要接受良好的国际理解教育，确立新商业价值观，具有全球视野；熟悉新商业发展，掌握并能运用新商业规律；具有全新的商业技术、专业知识、变通能力、数字化学习能力、反省批判能力及跨界复合的知识和能力结构；形成计算思维、数据思维、交互思维、哲学思维、伦理思维和美学思维交叉融合的新商业思维；要诚实守信、勇于担责、洞察人性，具有较强的同理心，善于沟通交流、组织规划；要善于接纳新事物，创新意识强，精益求精，自我发展动力强劲，能够实现终身可持续发展。

随着计算机技术和现代网络技术的不断发展，特别是云计算、智能机器人等新兴技术的出现，对新商科人才培养提出了更高的要求。新商科教育需要和能力培养相结合，提高新商科人才的竞争力。因此，将思政教育、能力培养与新商科专业课堂教学进行有机的融合已经刻不容缓，让"教"与"育"同时进入高校课堂，才能培养出真正优秀的新商科人才。

第二节 调查问卷（教师版）分析

一、问卷设计

本项调查研究使用的自编问卷《基于 OBE 视角的课程思政、能力培养与新商科专业课堂教学融合问题研究调查问卷（教师版）》为调查研究提供了数据支持。调查问卷的设计是在初步掌握目前高校课程思政、能力培养与新商科专业课堂教学融合情况的基础上，通过对高校从事新商科专业教学的教师进行专项访谈，然后查阅近期有关课程思政、能力培养与大学课堂相结合的文献，最后确定了问卷初稿的问题走向。调查问卷按照严密的逻辑设置了 23 道问题，分为 4 个部分，分别是基础信息、课程思政与新商科教育、能力培养与新商科教学，以及课程思政、能力培养与新商科专业课堂教学，最后一道题设置为开放性问题，即从教师角度对增强课程思政和能力培养融入新商科课堂效果的途径有何想法。

二、访谈设计

由于基于 OBE 视角的课程思政、能力培养与新商科专业课堂教学融合是一种新商科教学模式的创新（连娟，2023），所以，在设置调查问卷问题前对新商科专业教师进行了访谈，罗列出了可能存在的问题及可行性建议，最后在问题设置的逻辑性方面听取了各位老师的建议。

三、数据收集

本次调查问卷从保持数据的可信度考虑，并没有局限于河北省，而是在全国范围内发放，并且均由高校新商科专业授课教师填写，极大地提高了数据的准确性。本次调查有效回收的问卷为 104 份。从地理位置上看，分布在 17 个省份，分别为河北省 31.73%、内蒙古自治区 10.57%、山西省 10.57%、辽宁省 8.65%、山东省 7.69%、北京市 5.76%、河南省 3.84%、四川省 3.84%，天津市、云南省、陕西省、湖南省、吉林省、江苏省、江西省、广东省、宁夏回族自治区均约为 1.92%。

本次有效回收的调查问卷显示：新商科专业教师中的男女比例为 42.3%、57.7%，较为均衡。接受调查问卷的教师中以 46 岁以上者居多，占比为 55.76%，从教年限 10 年以上的占比达到 74.03%。由此可见，参与问卷调查的教师大多具有较为丰富的新商科教学经验。参与问卷调查的教师的最高学位以硕士居多，占比为 59.61%，政治面貌为中共党员的占比达到 62.5%，他们提出的课程思政与新商科教学的融合建议具有很大的借鉴意义。参与问卷调查的教师所在的高校，包括一流大学、一流学科大学、普通高校和高职院校等，其中普通高校所占比例最高，为 70.19%，使调查结果具有一定的普遍性。

四、问卷分析

（一）教师对于课程思政与新商科教育的理解度不够

课堂上传授知识的教师的重要性体现于对学生的教育具有引导性作用。调查问卷数据显示，新商科专业教师非常了解课程思政概念的占比为 12.5%（见图 1-1）、比较了解课程思政概念的新商科专业教师占比为 56.73%，有些了解课程思政概念的新商科专业教师占比也超过了非常了解课程思政概念的新商科专业教师占比，由此可以说明大部分新商科专业教师对于课程思政的认识还停留在比较了解的阶段。在实际的教学过程中，能够做到全部融入课程思政环节的教师仅占 2.88%，这就意味着绝大部分教师在新商科相关课程中并没有融入课程思政环节。本研究除了对教师课堂教学环节进行调查分析外，还对教师参加相关的课程思政会议和培训情况进行了调查。近 3 年，25.96% 的新商科专业教师没有参加过课程思政融入新商科课堂相关会议或培训，31.73% 的新商科专业教师参加过院、系组织的课程思政融入新商科课堂会议或培训,仅有 7.69% 的新商科专业教师赴外省(自治区、直辖市)参加过课程思政融入新商科课堂会议。从这一调查结果中可以看出,高校在组织新商科专业教师参加课程思政融入新商科课堂的培训力度上还需要加强。

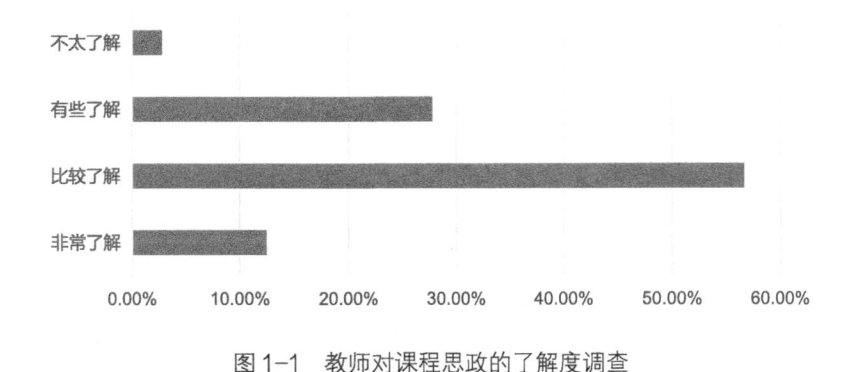

图 1-1　教师对课程思政的了解度调查

(二)教师缺乏更为丰富的新商科实践教学

新商科专业的教学要求教师不仅具备扎实的专业知识功底,而且能够将眼光投向学生能力的培养方面,包括运用能力、自主技巧,沟通能力和解决问题的能力,团队合作、学习能力,以及分析、综合、评价和运用的能力等。调查问卷中有 83.65% 的教师认为学生缺乏分析、综合、评价和运用能力,64.42% 的教师认为学生缺乏运用能力、自主技巧,58.65% 的教师认为学生缺乏沟通能力和解决问题的能力,47.11% 的教师认为学生在团队合作、学习能力方面有所欠缺(见图 1-2)。以上数据表明,新商科专业的学生普遍缺乏这 4 个方面的能力,并且有可能是同时缺乏。

造成学生普遍缺乏上述 4 个方面能力的原因分别为新商科培养目标不明确、新商科课程体系不完整、缺乏更丰富的实践教学、新商科课程考核形式单一。调查数据显示,有 83.65% 的教师认为缺乏更丰富的实践教学是导致新商科专业学生某项能力缺乏的最主要原因(见图 1-3),60.57% 的教师认为新商科课程考核形式单一而影响了学生能力的培养。当问及教师认为应该通过怎样的方式提升当代大学生的新商科能力水平时，**75.96%** 的教师认为结合线下实践的新商科能力提升活动、**70.19%** 的教师认为生动有趣的新商科实操课程、**66.34%** 的教师认为优秀的新商科工作人员的经验传授均可以有效地提升学生的能力水平。新商科作为一门实践性很强的学科，知识的获取不能只停留在书本层面，而应将新商科知识与新商科实践工作相结合，才能更好地进行学生的能力培养。

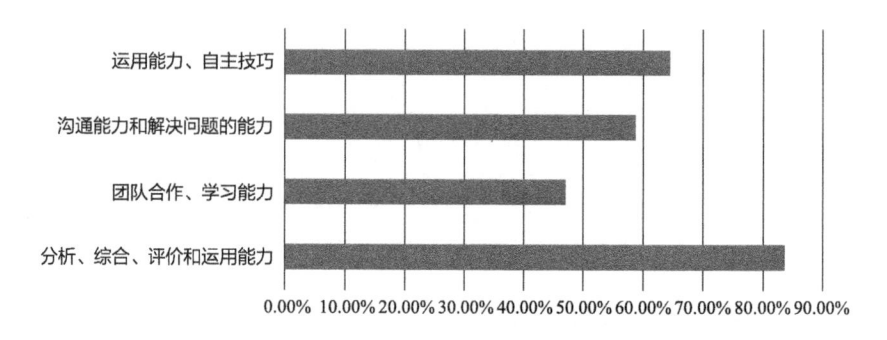

图1-2 新商科专业学生缺乏能力的调查

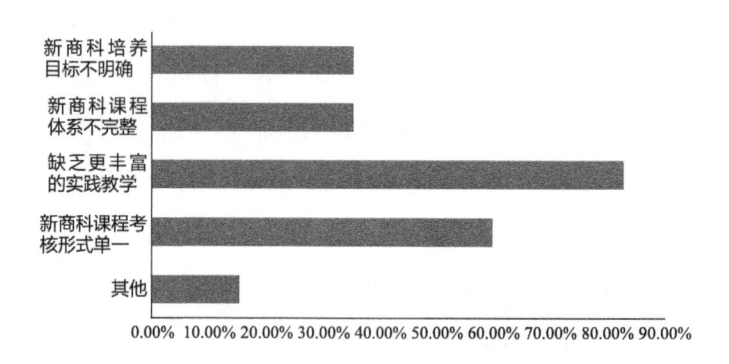

图1-3 新商科专业学生能力缺乏的原因调查

（三）教师存在较大顾虑

教师已经充分意识到了新商科能力提升融入新商科相关课程中的必要性，但当思政元素和新商科能力提升两方面都要融入新商科相关课程中时，教师存在不小的顾虑。首先是教师对于新商科课堂引入课程思政能否提升学生能力水平的考虑，有50.96%的教师认为新商科课堂引入课程思政只能小幅度提升学生的新商科能力水平，8.65%的教师认为新商科课堂引入课程思政不能提升学生的新商科能力水平。对于超过半数的教师认为新商科课堂引入课程思政只能小幅度提升学生的新商科能力水平这一调研结果而言，考虑到前期的教师访谈中有新商科专业教师提到"主要还是看所教授的课程，比如《审计学》和《会计师道德课》等很容易融入课程思政"，这一说法也从侧面证明了大多数教师对于新商科课堂引入课程思政能否提升学生新商科能力水平持怀疑且消极的态度，可能调查问卷中大部分教师所教授的新商科专业课程没有涉猎《审计学》和《会计师道德课》等课程。此外，调查数据中27.88%的教师认为新商科课堂引入课程思政能够大幅度提升学生的新商科能力水平，12.50%的教师认为新商科课堂引入课程思政能够全方位提升学生的新商科能力水平。可能是教师存在所授课程差异的原因，加之对其是否能够提升学生的新商科能力水平有所顾虑，所以，教师在新商科教学过程中是否经常提及关于课程思政和新商科能力提升方面知识的调查问题中，有56.73%的教师表示在教学过程中有时候会提及关于课程思政和新商科能力方面的知识，有2.88%的教师表示在教学过程中完全没提及关于课程思政和新商科能力方面的知识，这与对新商科课堂引入课程思政能否提升学生新商科能力水平持怀疑且消极的态度的教师的比例大致相同。此外，有33.65%的教师表示在教学过程中大多时候会提及关于课程思政和新商科能力方面的知识，有6.73%的教师表示每节课都会提及关于课程思政和新商科能力方面的知识，这也与支持思政元素和新商科能力提升两方面都融入新商科相关课程的教师的比例大致相同。

当涉及具体实施的过程，教师的顾虑集中体现在四大方面，50.96%的教师认为教师时间有限、54.80%的教师认为教学精力有限、43.26%的教师认为说教并不能解决问题、37.50%的教师认为不太能够把握德育教育的准确性和科学性（见图1-4），而且这些顾虑按照数据推算也可能是某一名教师同时具有的，这也在一定程度上成为教师对新商科相关课程中融入课程思政和新商科能力提升知识的阻碍。

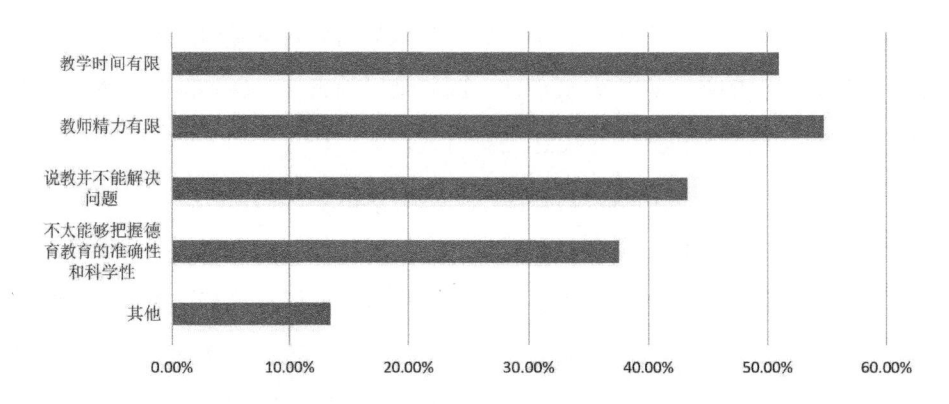

图 1-4 教师对课程思政和能力提升融入新商科相关课程的顾虑

第三节 调查问卷（学生版）分析

一、问卷设计

本研究使用自编问卷《基于 OBE 视角的课程思政、能力培养与新商科专业课堂教学融合问题研究调查问卷（学生版）》进行抽样调查。首先，对高校新商科专业学生的基本情况进行调查并对他们进行访谈，初步了解高校大学生对课程思政的了解情况。然后，根据调查结果和访谈结果，参考相关问卷编制文献，形成问卷初稿。最后，先将问卷小范围发放，根据问卷反馈效果进行修改，形成正式的问卷。本问卷共有 24 题，包括被调查者的政治面貌、专业、年级等基本信息，以及专业课学习情况、未来职业规划、对课程思政的建议等进一步信息。本问卷的最后一道题是开放性题目，即对课程思政、能力培养与新商科专业课堂教学融合问题方面的建议。

二、调查对象

问卷的调查对象在一流大学、一流学科大学、普通高校、高职院校均有分布，调查结果具有普遍性。

三、数据收集

本次调查以南京农业大学、河北工业大学、宁夏大学、北京交通大学、北京科技大学、重庆工商大学、唐山师范学院、中国海洋大学、兰州大学、滨州学院、华北理工大学、华北电力大学、北京工商大学、中央民族大学、北京联合大学、河北科技大学、河北农业大学、河北金融学院、河北民族师范学院、河北科技师范学院、内蒙古科技大学、沈阳建筑大学、西南交通大学、河北大学、苏州大学等学校的在校大学生为样本进行抽样调查，回收到的有效问卷为173份。

四、问卷分析

（一）学生的喜爱程度不高

明确课程教学目标、提高学生新商科能力培养的效率，以及完善新商科专业课的教学内容、教学模式和目标导向会促使学生能力培养更加高效。基于调查问卷数据显示，学生选择学习新商科的主要原因有几个，绝大多数学生选择新商科专业是认为未来的就业渠道广，有近三分之一的学生选择新商科专业是喜欢这个学科，有7.51%的学生选择新商科专业是由于父母从事新商科相关的工作，这表明真正喜欢这个专业的学生不多。在新商科专业学生认为最重要的教学目标的问题中，学生选择专业基础知识和实践运用能力的占比最多，所以，未来的教学过程中，教师应继续加强思辨能力、创新能力、社会责任感培养等方面的教育，多方面提高新商科专业学生的能力。在新商科专业学生新商科能力培养的效率方面，绝大多数新商科专业学生希望提高教学内容、教学设计和教学模式，表明这3个方面均存在不足之处，还需要进行改进。在教学内容方面，职业判断能力和学习能力的培养、创新能力和逻辑分析能力的培养、实操技能和专业胜任能力的培养均是新商科专业学生希望提高的部分（见图1-5），教师应在不断反思的过程中逐渐提高课程能力培养的效率。

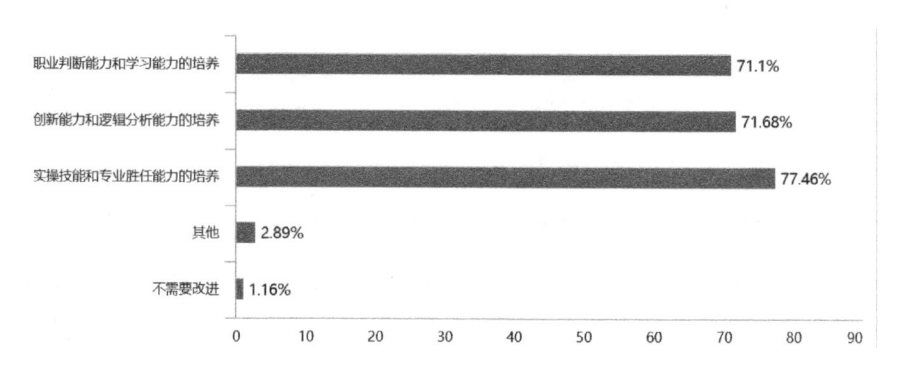

图1-5 学生认为新商科专业课的教学内容应该改进的方面

（二）学生的理解不够全面

参与调查问卷的一多半学生认为其所在的高校实施课程思政的建设力度不大，认为所在高校实施了课程思政建设的学生仅占比48.55%（见图1-6），说明学校要加强课程思政建设，让课程变得更加有意义；在课程成绩或学期考核方面，所有课程都有明确的思政内容考核的仅占比17.92%，说明教学过程中

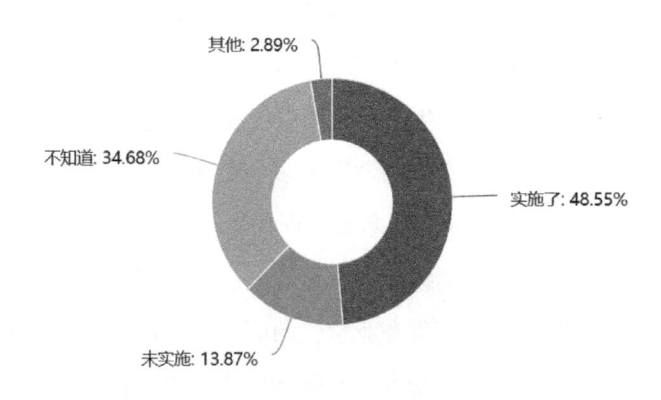

图1-6 学生认为所在的高校是否实施了课程思政建设的比例

还需加强思政元素。学生认为提高新商科专业学生思想道德水平的方式有很多，其中生动有趣的演讲报告、先进人物的现身说法、高质量的形势政策专题报告会、网络渠道真实生动的思政宣传和结合第二课堂的思政活动都有利于提高新商科专业学生的思想道德水平，对教师在课程设置方面有重要的参考价值。新商科专业学生认为课程思政重点应包括社会主义核心价值观、工匠精神、国际视野、开放包容精神和礼仪道德，说明学生对思政的认识正确，但仍需继续提高。新商科专业学生认为高校在课程思政建设方面还存在许多问题，如课程内容无味、教学形式单一、课程实践少、讲师经验不足和课堂氛围低，这显示了教师的诸多不足之处，对新商科专业学生后续培养有参考意义。新商科专业学生普遍认为高校开展的课程思政是必要的，并且很有意义，仅有1.73%的新商科专业学生对课程思政不了解并认为学习课程思政没有意义。

（三）学生的认识有待加强

课程思政、能力培养与新商科专业课堂教育对于学科发展建设、提高思政水平有重要意义。新商科专业学生对专业课程里面有必要融入课程思政方面的内容有不同意见，绝大多数新商科专业学生认为有必要，完全没必要和无所谓的所占比例较少，分别为2.89%和3.47%（见图1-7），说明大部分新商科专业学生都认为学校在专业课程里面有必要融入课程思政内容，思想认识正确。在新商科专业中，新商科专业学生绝大多数都认为知识教育、课程实践、情感教育、价值观教育均属于课程思政，隐性教育和显性教育占比较少，分别为35.84%和27.75%（见图1-8）。在专业课的授课过程中，新商科专业学生普遍喜欢变革授课方式，教师少照本宣科，课堂以学生为主，课前多查资料、课上多研讨和展示，教学走出课堂，多些主题活动，请专家或学者作为客座教授开设讲座……这些丰富多彩的讲课方式可以成功吸引学生的注意力，提升讲课质量和课堂氛围。在新商科专业课引入思政能否提升学生能力水平方面，选择非常有帮助的占比42.77%，选择有帮助的占比40.46%，选择一般的占比13.29%，绝大多数学生都认为新商科专业课引入思政对于提升学生能力水平方面有着非常重要的意义和作用，说明学生学习课程思政意识强，认识深刻。新商科专业学生认为在新商科教学中结合各门课程的具体内容确定课程思政培养内容对于新商科专业学生未来的就业和发展是有帮助的占比40.46%（见图1-9），非常有帮助的占比43.93%，这说明学校在培养学生全面发展和提高就业发展方面的教育理念是完全正确的，学生在学习过程中提升了思政素养，同样，思政素养在后续工作和个人发展方面也起到至关重要的作用。

新商科专业学生对自己未来的职业生涯规划方面各有不同，准备继续深造读书的占比43.35%，准备考公务员的占比52.60%，准备去企业从事新商科相关工作的占比43.94%，没有规划的占比最少——仅为1.73%，这说明绝大多数新商科专业学生都能明确自己的就业方向，对毕业以后从事的行业有所规划，学校的职业规划效果显著。今后在职业规划工作中，学校可以继续发扬其优点，为更多的学生提供更加专业的职业规划。

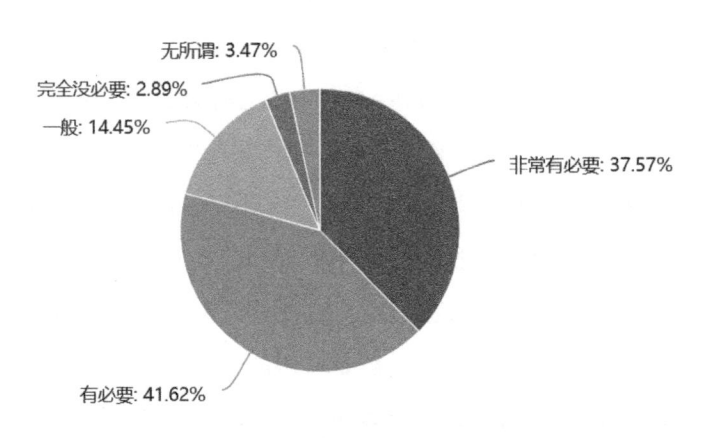

图1-7 学生认为专业课程里有无必要融入课程思政的比例

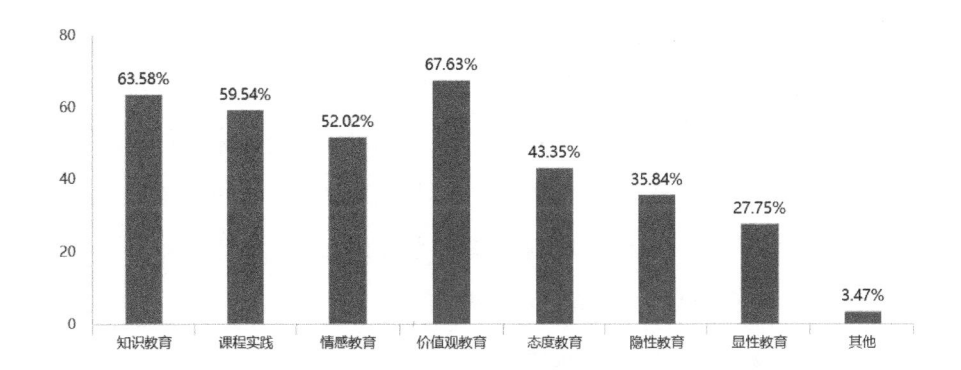

图1-8 新商科专业中，课程思政的融入归属于什么教育

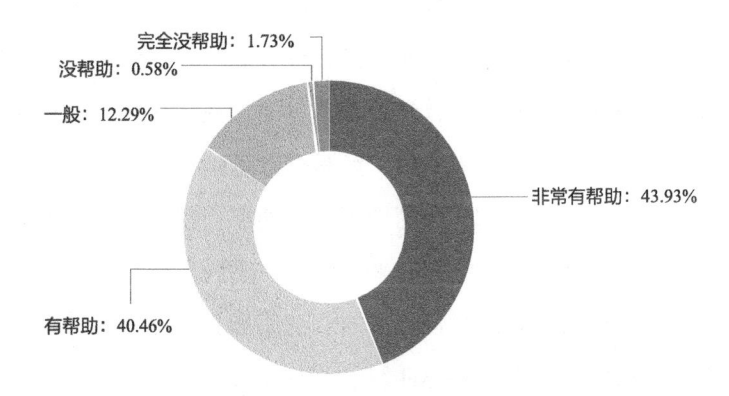

图1-9 新商科教学中结合各门课程的具体内容
确定课程思政培养内容，对于学生未来的就业和发展是否有帮助

第四节 高校新商科专业学生能力培养现状

一、高校新商科专业学生能力培养存在的问题

（一）理论学习缺乏创新性

我们通过向高校学生发放问卷并深入分析问卷结果之后发现：目前，我国高校在新商科专业人才的理论知识学习方面，课程设置缺乏创新，与当下热门的一些研究并不能很好地融合，抑制了学生的发散性思维；在课程的考核评价

方面，大部分的高校只重视理论知识的掌握程度，忽视了学生综合能力的评价，这就使得学生对于新商科相关理论的整体脉络和内在逻辑思路的应用性及知识的迁移能力比较低；再加上教师多是以传统知识灌输的方法来进行理论知识的讲授，在课程中缺乏与学生的互动，较少运用启发式教学、情景带入式教学等先进的教学方法来引导学生主动钻研问题，学生进行新商科理论知识学习的积极性难以调动起来，其创新性思维难以开拓。

（二）实训课程缺乏实用性

就当前形势来看，我国高校对于学生能力的培养大部分侧重于理论知识的灌输，对于学生实训能力的侧重程度相对较低，新商科这一学科也不例外。在有关新商科学科实训能力的培养上面，其课程数量与理论课程相比实属单薄，而且由于各个高校在师资质量、教学设备等方面存在差异性，大多数高校学生对于实践课程的学习仅仅停留于表面，只是按照老师在计算机上演示的步骤进行操作，以至于学生对于实训课程的理解非常抽象，很少能做到将新商科学科相关的理论内容与实践有效地结合起来。此外，不同高校在教材的选择上缺乏统一性和科学性，其教材难以紧跟当下的新政策和新形势，使得不同高校新商科专业学生在实训能力方面的差异性明显。

（三）企业实习缺乏有效性

企业实习作为高校大学生一项至关重要的工作，在很大程度上决定了其日后职业生涯的发展，但其效率难以保证。就目前形势来看，大部分高校的企业实习分为以下这两种方式：一种方式是校企合作，即学校和企业进行合作，达成符合双方利益的协议，在保证学生人身安全的情况下，将企业与学生的需求进行综合考虑之后将学生派遣到合作的企业中进行实习工作，这种方式虽然使学生更加便利地找到了实习单位，但该实习单位或实习岗位不一定能与学生的兴趣契合，从而影响了学生实习的主动性和高效性；另一种方式是学生充分发挥自己的主观能动性，自主安排自己的实习工作，这种方式有利于新商科专业的学生找到真正适合自己的工作单位，但由于受到外界很多客观因素的影响，很多高校新商科专业的学生将实习时间用于考证、考研、考公务员等，并没有真正的通过实习的方式来提高自身的社会实践能力，因此，这种方式会在一定程度上减少高校新商科专业学生的实习机会。

二、高校新商科专业学生能力培养存在问题的原因

（一）高校对理论学习的创新性意识淡薄

近年来，由于我国高校招生政策的支持，各大高校增加了本科生的招生数量，而各高校为了更好地满足不同学生的学科偏好，不断地细化专业，逐渐增加了各学科的专业数量，这的确有利于学生进一步选择专业，但难免会导致高校对本身具有很强专业性学科的重视程度的降低。新商科作为具有很强专业性的一门学科，由于上述原因的存在，其理论课程设置方面的重视度受到了忽视，其创新性也随之降低。由于各高校对于新商科专业理论课程学习的创新性意识逐渐淡薄，使得教师在理论知识的讲授过程中也多采用说教的授课方式，较少应用到比较先进的、有创新性的授课方式，学生学习新商科理论知识的主动性和积极性也会随之降低，自身的综合能力也得不到有效的提高。

（二）高校对实训能力的规范性培养欠缺

目前，我国高校对于新商科专业学生实训能力方面培养的规范性有待提高。例如，在教材的选择和课程的设定方面，并没有统一规范的标准，再加上当前市面上对于新商科实训方面可供选择的教材不仅种类繁多，而且各种教材在专业水平及内容设置方面的差异性较明显，导致很多高校在新商科专业实训课程方面的教材选择缺乏参考的范本，也难以对各类教材的好坏进行明确的区分。如果高校对于实训能力的教材选择过于简单，那么就可能使学生掌握的实训知识不够深入具体，无法明显提高学生的实训能力，从而影响其以后的发展；如果选择过于复杂的实训教材，又可能导致学生对于实训内容难以理解，降低了新商科专业学生将理论课程与实训课程有效结合的可能性。此外，由于不同高校对于新商科专业学生实训能力培养的重视程度参差不齐，其对于新商科实训

方面的投入就会有明显的差异,如果高校对于学生实训能力培养的重视度很低,其在师资及教学设备方面的投入就会不足,从而影响新商科专业学生实训能力的提高。

(三)高校对实习平台的专业性建设不足

当代高校新商科专业大学生之所以实习机会相对较少、实习效率相对较低,最根本的原因在于高校对实习平台的专业性建设不够完善,具体主要体现在两个方面:其一,高校新商科专业校企合作涉及了利益问题,获取利益是企业的最根本目的,但在校企合作中,企业所获得的利益非常少,不但得不到政府和学校的补贴,而且需要花费很高的成本对高校实习生进行培训,因此,大部分的企业与高校开展合作的积极性并不高,即使开展了合作,也只是局限于表面,其合作的深度和效果都与预期相差甚远;其二,大部分高校对于学生实习这项工作的重视程度不足,导致高校新商科专业学生在自主安排实习单位时只是形式上的实习,并没有实现真正意义上的实习,使得实习效果大打折扣。

第五节 高校新商科专业学生思政教育现状

一、高校新商科专业学生思政教育存在的问题

(一)思政课程课时少,考评形式单一

随着社会经济的发展,国家越来越需要德才兼备的综合型人才,这就表明高校不仅应该注重新商科专业知识的培养,更应该注重思政方面的教育。但是,目前我国高校新商科专业的思政教育课时较少,我们在深入调查之后发现,大部分高校一周只有一节思政课程,这对于我国高校新商科专业学生提高自身素质教育,成为德才兼备的人才来说是远远不够的。此外,大部分高校新商科专业思政课程的考评模式较为单一,期末一般以闭卷形式来进行一学期学习成果的考核,这会导致学生所得到的成绩与平时的努力程度的关联度低,平时思政课认真听讲的学生与平时对于思政学习模棱两可的学生期末成绩并无明显差异。很多学生在考试

周时考前突击,都能获得一个平均水平的成绩。

(二)与专业课相独立,尚未有效结合

在我国高校新商科专业的课堂讲授中,将专业课内容与思政教育内容相融合,也许会产生"1+1>2"的效果。但是,就目前形势来看,我国高校新商科专业的专业课与思政教育课程相互独立,没有进行融合。大部分高校虽然都会或多或少的设立思政课程,但教师在思政课程上基本是纯粹讲授思政课程的知识,并没有将思政课程的内容与专业课知识有效的结合起来进行讲授;同样,专业课老师由于没有受过相关的培训,也很少有老师在讲授新商科相关理论知识时将思政教育穿插其中,这会导致思政教育与新商科专业知识的教育只是两张皮,尚未实现良好的融合,这就会导致学生在实际学习、工作中难以让二者产生协同效应,难以推动个人的全面发展。

(三)学生参与度少,学习热情度低

随着社会的发展及高校改革的逐步推进,国家和高校对于思政教育的重视程度越来越高,然而,学生对思政学习的热情度却有待进一步提高。我们在进行问卷调查之后发现,在高校新商科专业思政课堂中,绝大多数情况都是学生在台下听讲,教师在讲台上进行讲授,这样灌输式的教育方式使得学生的参与度不够高。长期如此就容易让学生在思政课堂的学习过程中产生厌烦感,从而降低了对于思政学习的主动性和积极性,而对于思政老师所留的课堂作业和期末论文,大部分新商科专业的学生也都是敷衍了事,缺乏对于思政问题的深入理解和思考。

二、高校新商科专业学生思政教育存在问题的原因

(一)思政教育的形式缺乏创新性

我们在深入调查之后发现,目前我国高校新商科专业学生的思政教育途径有两种形式,一种就是思政课堂,即学生集中在一起进行思政知识的汲取,将思政知识进行系统化、理论化的学习,这种方式虽然可以对思政理论知识进行系统的学习,但由于思政老师对于新商科专业课程的研究并不深入,将新

商科专业知识与思政内容相结合是十分困难的，也无法真正激发新商科专业学生进行思政学习的兴趣；还有一种是由辅导员来引导学生将思政知识进行深入的理解和学习，由于工作性质的特殊性，辅导员对于学生进行思政教育有一定便捷性，但由于辅导员工作繁忙，对学生进行思政教育只是其繁忙工作之一，因此，此种方式的学习质量并不能得到有效的保障。综上，虽然以上两种形式都有其有利的方面，但都难以实现新商科专业课与思政教育有效结合的效果。

（二）对思政教育与专业课的结合缺乏重视

由于现在大部分高校还保留着传统的教育模式，新商科专业的课程大部分侧重于专业知识的传递，如财务管理等课程，高校对于新商科专业学生思政教育的重视程度较低，这就会使得新商科专业相关教师在讲解专业性理论知识的时候忽视思政这部分内容的讲授，新商科专业学生在专业课学习过程中的政治素养及综合素质很难得到提升。再加上高校对于思政教育不够重视，思政课程开设的课时很少，学生在思政课堂上也很难深入学习到非常全面的思政相关知识，从而影响其综合素质的提升。

（三）思政教育授课方式缺乏灵活性

目前，我国高校新商科专业思政课堂的讲授绝大多数情况下都是以教师为主，然而，教师多数是以知识灌输的方式来进行思政知识的讲解，较少能够通过先进的授课方式在课堂中契合学生的兴趣爱好从而与学生产生思想上的共鸣，导致能够真正参与到思政课堂当中的学生少之又少，使得学生逐渐丧失了对于思政课程学习的兴趣。再加上高校学生正值青春期，他们在这个年龄段非常热衷于追求自由和自主，因此对于思政课堂上老师灌输的大道理的接受度和重视度并不高，在课下也很少做深入的理解和思考，这就会降低思政课堂的课堂效率，也会影响新商科专业学生对于思政知识掌握的效果。

第六节　高校新商科教师能力培养教学现状

一、高校新商科教师能力培养教学存在的问题

（一）教育方式流于形式

目前，高校的新商科教育主要开设专业课程，并没有真正把学生能力的培养融入整个教学体系中，基本上就是按教育部门规定开课而已，课程建设的好坏缺少监督机制。教学形式枯燥，只注重对专业知识的讲授而忽视对学生能力的培养，课程设置与能力培养严重脱节，学生为了拿到毕业规定的学分机械应付，对专业课程丧失兴趣。最终，使得学生为了期末考试而学习，在短时间内死记硬背，难以真正掌握知识，高校难以真正培养出复合型人才。

（二）教师经验缺乏

高校教育中最重要的是培养学生的实践能力与专业素质，因此需要把实践能力、动手能力放在最主要的位置。培养具有较强的技术应用能力和实践能力的人才是实践教学的目标，这就对新商科专业的老师提出了更高的要求，既要具备很强的专业能力也要有很强的实操能力。然而，部分高校老师并不具备上述的能力，要不就是专业能力强但没有从事过相关工作，要不就是实操技能很强但没有办法进行有效的授课。基于此，教师在实际的教学过程中就无法多方面帮助学生提高能力。另外，在以往的授课中，教师更多的是倾向于给学生传授课本上的知识，认为学生的能力培养只能依靠其本身，所以缺少培养学生能力的经验。

（三）教师授课方案有缺陷

新商科教育涉及的课程很多，如何在有限的学时内使学生学到更多有效的知识，就需要各高校在制订培养方案时进行取舍，这就使得部分课程学生接触不到。此外，教师在进行授课时也只会讲解所授科目的内容，学生无法了解各个科目之间的联系，无法形成清晰的知识网络，因此难以使学生对新商科专业有一个全面的认知。很多学生选择新商科专业是盲目跟风，认为新商科专业就

业需求量大，就业前景一定不错，而进入大学之后发现新商科是偏文科的课程，需要记忆和背诵的内容有很多，逐渐丧失了学习的热情，也就会对新商科实操产生抗拒心理。此时，老师也不注重对学生能力培养的正确引导，使学生在专业能力方面存在一定的问题。

二、高校新商科教师能力培养教学存在问题的原因

（一）考试形式单一

虽然我国的高等教育也在逐步改革，但教育方面的改革是一个漫长的过程，需要一个较长的过渡期。目前，多数高校的学科成绩是平时成绩加期末成绩，新商科类课程在期末考察中多以试题的形式呈现，考核形式较为单一。但是，新商科相关行业对学生的要求是需要具备很强的实操能力，尤其是会计电算化等内容。很多学生进入大学之后忽视学习的重要性，只是期末时进行突击背诵以应付考试，缺乏对知识点的深入理解，不会真正地运用知识，使得学校的教学工作流于形式，无法促进学生能力的提升。

（二）实践教学较少

高校新商科教师多为研究生及以上学历，专业知识非常扎实，对所教内容有着较为深入的理解，但在学生能力培养方面缺乏实践经验。部分教师一心搞学术研究，疏于对学生专业能力的培养。现代技术更新很快，社会也对新商科相关专业从业人员提出了更高的要求。调查发现，从教师的角度而言，新商科是一门实践性很强的学科，教师更倾向于学生加强实操经验，通过新商科实操，将新商科知识与新商科实践工作相结合，更好地进行学生的能力培养，不能仅靠书本中的内容，但不少教师反映实践经验的不足导致对学生的引导缺乏依据。此外，缺少师资力量也是很多高校新商科专业普遍面临的一个问题，多数高校新商科教师年龄较大，青年教师储备不足，存在年龄断层问题，实践教学较少，无法促进学生专业能力的提升，学生毕业后无法快速适应社会。

(三)新商科课程体系不完整

部分高校新商科专业不重视学生职业能力的培养,上课时一般为教师讲授专业知识,学生只是被动地听课,学生是否听进去又学了多少老师并不知道,没有达到学生参与课堂互动的目的,也没有给学生思考的空间,忽视了对学生各种能力的培养。随着新商科相关行业对人才需求的不断变化,新商科专业的课程体系也要进行改革,但多数学校忽视学生技能方面的培养。例如,财务报告对于企业而言是至关重要的,但高校并没有适当培养学生在财务报告分析方面的能力,没有奠定学生加工、利用会计信息的基础。此外,教学内容存在不当,很多科目存在内容上的重复,如财务管理和管理会计。

第七节 高校新商科教师课程思政教学现状

一、高校新商科教师课程思政教学存在的问题

(一)教师对于课程思政理解度不够

教师是高校教育教学过程中的一线工作者,与在校学生接触较为密切,是深入开展课程思政工作的关键所在,而专业教师的思政理论素质直接影响到课程思政教育的效果。调查发现,新商科专业教师对于课程思政较为了解的约占一半以上,能够做到"专业+思政"的不足10%。这也就意味着课程思政中最重要的一环存在问题。由于教师的年龄结构、职称层次、实践水平、对课程思政教育观念的认识等的不同,关注重点也不一样,在课程思政教育过程中投入的精力也会不一样。大多数教师更多关注的是如何教授学生理论知识、如何让学生掌握专业技能、如何提升教学质量,但对于思政教育内容的理解及讲授仅仅停留在表面,无法满足思政教育要求,不能充分发挥思政教育在新商科课程中的作用。

(二)教师对于思政教育存有顾虑

当思政元素融入新商科相关课程中时,相关任课教师存在不少的顾虑。高

校要把思政教育工作贯穿教育教学的全过程，开设的各类公共课程、专业课程都要与思政课程形成协同效应。各科课程的授课教师在学校要求的指引下，不断深入挖掘专业课中蕴含的丰富思政元素，努力推进课程思政的发展与完善，但在实际的课程教学活动中，因为专业教师对课程思政教育内涵、理念认同等认知的局限性，以及受到授课时间、教学经验等的限制，不能有效地将思政教育与知识理论、现实生活紧密结合，导致出现为了思政而思政的形式化、表面化的现象。这就使得教师对于新商科课堂引入课程思政是否有益于学生多元化发展持怀疑且消极的态度，教学过程也难以吸引学生的注意力，导致学生在学习的过程中无法有效地将思政教育内容转化为自身的知识，课程内容与思政教育的融合效果不好。

（三）教学模式与教学质量评价之间存在矛盾

高校一直提倡课程思政体制改革，但教师教学质量评价还是沿用旧的模式，没有结合实际的教学情况制订新的专业课教师绩效考核管理体系，没有将思政教育与专业课教育的结合情况作为教师考核的重要指标，使得教师没有真正重视思政教育。一些专业课程受制于体制机制和教学质量评价，使得思政部分通常流于形式，这就导致教育目标难以实现、思政教育难以真正落地。有的教师为了完成思政教学的任务，将思政部分作为单独的内容讲解，无法与专业教育融合，导致课堂内容出现分化的现象，学生也难以理解教师的授课内容。有的高校领导层非常重视思政教学工作，但没有落实到实处，更加加深了教学模式与教学质量评价之间的矛盾。

二、高校新商科教师课程思政教学存在问题的原因

（一）教师思政教学意识存在欠缺

部分教师缺少将思政教育融入新商科教育的观念。思政教育与新商科教育体系的构建需要各科授课老师的配合，优秀的教师不仅可以在专业知识方面引导学生，还可以在德育方面做好学生的榜样，以德育人。思政课与专业课教学

的有机结合对专业课老师的思政水平提出了新的要求，只有专业课教师系统掌握思政理论的情况下，在学习和实践中不断提高思政水平，才能保证"思政+专业"课程的有效开展。目前，多数专业课教师在设计教学模式和教学内容时，没有将思政元素融入其中，认为高校的思政教育依靠公共课课程就可以了，所以对课程思政与新商科教育融合的理解不够深入，在能力方面也缺少系统性的学习，限制了高校思政教学改革的发展。

（二）培训和激励机制不完善

学科教育专业性较强，始终在高校的教学体系中占有很高的地位，如何将思政教育与新商科教育进行融合对授课教师来说是一个难点。调查发现，近3年中教师参加课程思政融入新商科课堂相关会议和培训的情况，不到半数的新商科专业教师参加过课程思政融入新商科课堂相关会议或培训，还有部分教师从未参加过此类会议或培训。从这一调查结果可以看出，高校层面缺乏新商科专业教师参加课程思政融入新商科课堂的培训。此外，激励机制的不完善也使得部分教师缺少动力，高校对课程中是否融入思政元素没有较好的衡量标准，也无法评判教师是否实现了思政与新商科教育的结合，如此一来，极大打击了教师的积极性。

（三）教师教学评价模式单一

随着"大、智、移、云、物、区"在新商科教育教学中的应用逐渐深入且更加广泛，越来越多的多样化教学模式和教学手段被运用到新商科课程当中。但是，高校对于教师的教学评价还停留在以往单一的维度上，思政内容融入新商科专业课程之后，势必会对教师的教学评价产生一定的影响，使得有些老师担心评价后果而对新商科教育的改革望而却步。高校新商科教师不但面临着社会对新商科教育的质疑，面临着上级部门和学校对于新商科课程不断探索的压力，而且还面临着晋升、评奖、评优等压力。对于高校新商科教师而言，想要探索新的教学模式而又不敢突破旧的教学模式的矛盾一直存在。最终，思政教育与新商科专业课程的融合难以落地，学校难以真正培养出新型的复合性人才。

第八节　课程思政、能力培养与新商科专业融合现状

一、教师协同育人建设能力不足

能力培养及课程思政的实践效果，最终依赖于教师在专业教学过程中的具体教学能力。综合来看，高校教师将三者融合起来的能力略有不足，普遍存在的情况是重专业课程教育、轻能力培养与思想教育。课前，教师在进行备课时缺乏思政育人目标在内的课程教学目标，未将学生综合素质提升设计在教学活动之内。教学中，高校教师课程设置较为单一，教学方式较为呆板，没有通过恰到好处的表情和肢体语言激发学生的学习兴趣，使得教学质量欠佳。课外，教师只会给学生发布专业课的作业，作业内容一般为课本知识，没有与思政内容联系起来，也没有培养学生运用知识的能力。

二、学校对协同育人建设缺乏重视

在以往的高校思政教学过程中，思政教学都是以校内的思政专任教师为工作主体的，而能力培养主要依靠学生自觉。在现有教学机制下，思政教学和能力培养都需要依靠专业课老师来完成，对教师来说也是很大的挑战。部分高校没有真正重视该项培养目标，只是将教学任务下发至任课老师，没有提供相应的培训和帮助，仅仅依靠老师自己完成，使得理论与实践相脱节，造成了学生对于课堂内容的理解不充分，也造成专业课程教学质量下降。只有学校认识到思政教育和能力培养对学生发展的重要性，才能对教师进行有针对性的培训。

三、三者关系难以融合

就目前情况来看，我国高校对于思政教育的重视度相对较高，绝大多数高校的新商科专业都开设了思政课程，但我们在进行问卷调查之后发现，在高校中存在一个非常普遍的问题，就是大部分高校新商科专业的思政教育、能力培养与专业课之间是相互平行的关系，即三者之间的衔接不到位，没有实现有效

的结合，导致学生在思考问题时无法将专业课与思政知识相结合，也无法实现知识之间的融会贯通及思维开拓能力的提高。此外，在新商科专业课的教学上，教师多采用知识灌输的方式向学生讲授理论知识，使得专业课的课堂气氛不够活跃，学生在课堂上的参与度低。

综上所述，课程思政、能力培养与新商科课堂教学三者之间并没有实现有效结合的原因主要有以下几点。首先，高校对于三者之间需要实现有效结合的认知度和重视度有待提升。大多数高校将精力过多地侧重于专业课的教育上，从而忽视了对学生的思政教育与综合能力的提升。其次，专业课教师政治素养相对不足，又缺乏相关思政内容方面的培训，导致其在教学过程中对思政教育教学的经验不够充分，对于如何将思政教育与专业课教育有机结合的理解不够深入，对于思政教育的教学资源获取渠道了解也不够全面。最后，思政专任教师对于新商科专业课知识方面的掌握相对于专业课教师来说较为薄弱，因此很难在思政课堂中引入专业课知识，从而实现二者的有机结合。

第二章

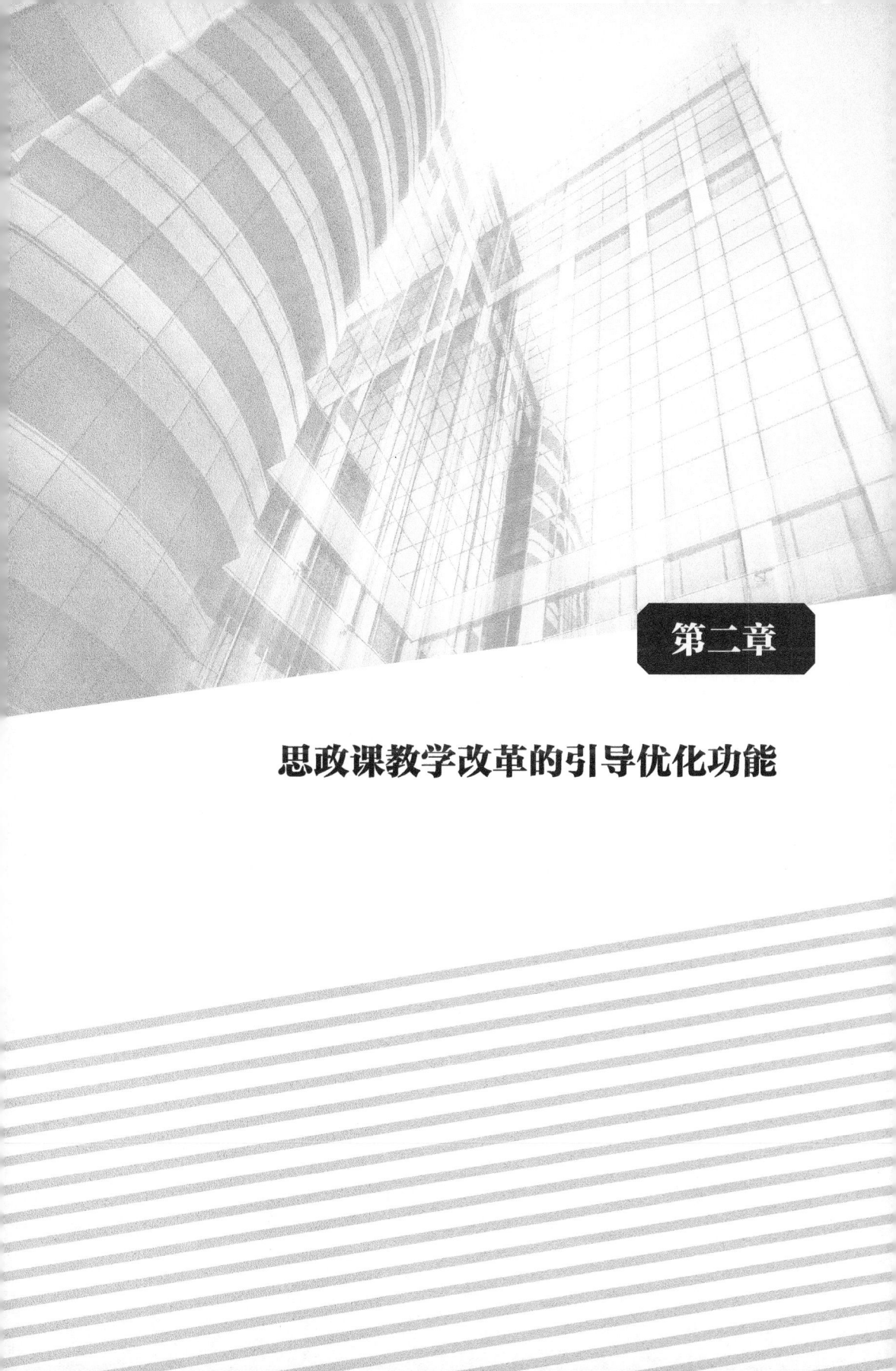

思政课教学改革的引导优化功能

第一节　思政课教改与改进大学生思政教育的引导功能

一、思政课教改的牵引功能

思政理论课教学改革（以下简称思政课教改）是指实施以教学方式方法和教学内容为主的双向改革。在教学方式方法上实施问题探究式教学模式，改进课堂教学效果；在教学内容上实施专题教学，创新教学思路，建构适合本校学生的教学体系。问题探究式教学模式遵循了思政教育规律，极大地发挥了师生"双主体"的积极性，在一定程度上改变了思政课教师"满堂灌"的传统模式，对于牵引大学生意识增强和能力提升、引导教师真正"走进"思政教育，以及引领思政教育确实从各种盲区和误区中"走出来"有重大意义。

（一）牵引大学生意识的增强

1.增强学生的学习意识。学生学习的过程是实现知识更新和再学习统一的过程，围绕着问题进行专题教学，既是给学生的硬任务，又是新动力。学生学习意识的增强主要表现在3个方面。第一，向前沿理论学习。学生围绕每个专题探究问题，通过各种渠道获取各种信息并对信息进行加工整理、筛选、更新，提高了学生内化知识的能力，与原有的知识结构进行联系并建构新知识体系。第二，向表现出色的对手学习，其中包括学习对手的演讲技巧、课件制作技艺等。第三，向提出中肯意见的点评同学学习。无论是小组探究还是个人探究问题，围绕问题探究式教改，调动学生通过各种途径和渠道查找资料、破题析题直至解决问题，整体上增强了学生的学习意识。

2. 增强学生的合作意识。俗话说：众人拾柴火焰高。随着思政课教改的推进，营造了学生之间合作学习的良好氛围。在思政课教改中引入合作学习的理念，采用合作学习的方法，教师组织与指导学生在自主学习相关教学内容的基础上围绕着小组探究问题进行合作学习，在合作学习中对教学内容做进一步的深入探究，从而达到改变传统的以教师讲授为主的教学方式，努力将思政课的教学过程演绎为师生交往、互动、共同发展的过程，改变学生被动式的学习方式，让学生养成自主学习、合作学习的良好学习习惯和态度，最终提升学生的人文素养和社会责任感，促进正确思想观念和良好道德品质的形成和发展。实践证明，无论是关注的热点问题合作探究还是对某些问题争辩后形成共识的合作探究，甚至是分工协作中细节问题的合作探究，都潜移默化地牵引着学生合作意识的增强。

3. 增强学生的竞争意识。为了本组成员成绩提高，为了自身能力得到提升……学生探究问题的态度会发生翻天覆地的转变。俗话说：态度决定命运。学生学习的态度由老师"要我学"到学生的"我要学"，形成你追我赶、你做得好但我比你做得更好的竞争意识。同班同学的点评竞争，同班同学不同组别的竞争，跨班级同学之间的点评竞争，班级与班级之间对同一个问题探究优劣之争，这些都大大增强了学生的竞争意识。

4. 增强学生的创新意识。大学生思想活跃，对新生事物充满好奇心且易于接受新生事物，但由于理论准备不足，他们对事物的认识往往停留在表面，容易受到社会上不良思潮的影响，看不到事物的本质。在传统思政理论课教学中，学生只是被动地听、记，对内容理解少，提不出问题，这不仅使学生的学习兴趣下降，而且使学生的认知发展受限，缺乏创造性、独立性和自信心。推进互动式教改，学生能主动参与到教学过程中，充分挖掘和发挥学生内在的积极因素，使思政理论课教学的过程成为信息交流的过程。课堂上，教师注重鼓励学生独立思考、大胆设疑、大胆提问、大胆挑战，对学生提出的正确观点给予分析、引导、肯定，从而增强学生的自信心，有利于增强学生的创新意识。教学手段的优化与教学方法的优选不但可以提高课堂教学的效果，更有助于培养学生创新的意识和科学的思维。教师采用新教学方法可以启发学生的思维，创新教学案例，有助于启发和培养学生的创新意识。此外，教学手段的多元化不仅增加信息量，并且可以提高教学效果，吸引学生的注意力，为增强学生创新意识创造条件。

5. 增强学生的纠错、批判意识。学生的纠错、批判意识主要表现在：对存在不足的其他组别探究问题的纠错；对存在疑虑的理论权威的质疑；对理论与现实反差大的问题的反思；对错误的价值观念、社会思潮进行针对性批判；等等。创新思政理论课的课程体系，要加强理论研究，尤其要加强具有中国特色、时代特征的高校哲学社会科学学术理论体系和学术话语体系建设，充分挖掘哲学社会科学课程的思政教育资源，否则，思政课就难以得到学生的认同。与此同时，思政课教师又要加强针对性批判。没有针对性批判，错误的价值观念、社会思潮就会泛滥。没有理论性研究，针对性批判就缺乏深刻的批判力度。在教改中必须把思政理论课的理论性阐述与针对性批判有机结合起来，运用理论性研究的成果批判错误的价值观念、社会思潮，不断增强学生的纠错意识和批判意识，从而让学生终生受益。

（二）牵引大学生能力的提高

1. 提高思考、反思能力。学习和思考是密不可分的认知过程。从认识论角度看，思考是认识的延续，思考的过程就是对照比较、学以致用、融会贯通的过程，也是理论联系实际的过程。思考能力助推学生内化知识的能力，提高学生把原有的知识结构与所思考的问题联系起来并建构出新知识体系。学会思考要养成勤于思考的习惯、培养善于思考的洞察力，尤其是要通过问题式探究、专题式教改、换位式教改，激发学生思考问题的积极性，形成思考人生、思考社会的自觉性，从而最终提高大学生理性思考的能力。反思能力是思考能力的延伸和发展，是学生对整个学习过程的监控及调节的能力，思考能力与反思能力有助于全面、理性地解决认知问题。

2. 提高提问、回答能力。问题根源于思考，学生问题的多少及回答问题的习惯与偏好从一定程度上取决于学生思考问题的态度和任课教师设计的问题。问答能力包括回答问题的能力和向老师、同学提问、反问的能力，这是外化知识的能力。通过回答系列问题，学生根据问题情境灵活运用各种所学知识并进一步内化知识。学生回答问题的精确性取决于教师设计问题的开放性和科学性，学生回答问题的积极性取决于教师掌控课堂、调动驾驭问题的灵活性。思政课的精彩程度不仅仅在于教师解读问题的生动性、准确性及学生参与回答问题的广泛性、主动性，更重要的是表现在学生反问教师问题的能力和水平上。课堂问答讨论是衡量思政课教改效果的重要方面。许多理论与实践问题，单靠教材的叙述与教师的讲授是远远不够的，特别是一些重大理论和疑难热点问题，还必须在学生与学生之间进行面对面的观点碰撞，而教师与学生之间的问与答、引导与启迪多以问答与讨论的方式予以解决。通过师生双向互动、沟通与对话，有针对性地提高教育教学质量，积少成多，不断地提高学生的素质，有的放矢地实现思政课教改的目标。

3. 提高语言、文字表达能力。表达能力是指运用语言文字阐明自己的观点、意见或抒发思想、感情的能力，包括口头表达能力、文字表达能力、数字表达能力、图示表达能力等形式。数字表达能力、图示表达能力属专业范围内的基本技能，通过思政课教改得以提高有相当难度，但对于语言表达能力和文字表达能力的提升效果明显。传统的教育理念造成教师单方面侧重于学生的卷面考试成绩，以至于造成大学生的语言表达能力普遍不高。通过师生换位，把学生推向前台的思政课教改有利于学生语言表达能力的提高。同时，围绕着探究问题，学生分析问题、解决问题到再发现问题的能力得到相应提高，无形中提高了学生的文字表达能力。在推进教改中还涌现出相当一部分学生参与到任课教师的课题撰写中，学生的文字表达能力得到潜移默化的提高。

4. 提高动手操作能力。动手能力是将理论知识转化为实践工作的重要保证。对于大学生来说，毕业之后无论从事什么工作，动手能力的强弱都会影响到自己的发展前途。思政课教改有机会让学生以小组为单位动手设计展示解析问题成果的 PPT，通过团队配合逐步提高学生的动手操作能力。

5. 提高联系沟通能力。随着社会的快速发展，信息时代需要高校毕业生必须具备较强的沟通能力。沟通能力是社会交往的关键，一个人只有具备了很强的沟通能力，才能够把工作做得得心应手。通过问题探究式教改，学生的回头率、抬头率和点击率明显提高。学生为了更好地展现探究成果，回头找教师的比率明显提高，课堂认真听课、细心记笔记并写心得的抬头率也明显好转，课后以 QQ、微信等方式联系老师的点击率也明显提高。

二、思政课教改的引导功能

（一）走进大学生的内心世界

思政课的重要育人功能在于帮助学生树立正确的世界观、人生观、价值观和历史观，提高道德修养和精神境界，促进学生身心和人格健康发展。当前，大学生获取信息的渠道很多，网络上各种信息也在很大程度上影响着他们的思维习惯、行为方式和价值取向。要提高思政课的教学效果，教师要先摸准学生的脉，走进大学生的内心世界，实施起来可以分 3 步。第一步，教师在课堂上近距离聆听学生的理论需求，真实"捕获"学生的内心想法。第二步，教师通过不定期地翻阅学生的学习笔记上记录的心得体会，侧面"暗访"学生的内心活动。正面直击与旁敲侧击，双管齐下是教师真正走进学生内心世界的有效途径。第三步，教师重新审视所列探究问题，讲真心话、讲家常话，从而真正走进学生的内心世界。

（二）解决大学生的疑虑、困惑

首先，要分门别类地关注大学生的疑虑、困惑，细分出大学生存在的理论上的困惑、理想与现实的反差困惑、未来是创业还是就业的疑虑。其次，要有序、有效地引导大学生的疑虑、困惑，为及时、便捷地引导他们解决自己的疑虑和困惑，教师要及时提供相关咨询，不定期地推荐大学生成长成才读物，对文件政策准确解读，引导学生提高实践能力（如动手能力）、就业能力（如适应能力）及创新能力（如独立思考能力）。

（三）实现大学生的实际需求

思政课不仅能够满足大学生的内在需求，还有助于实现他们的内在需求。如何有效地帮助大学生实现其内在需求，一直是高校思政课探索和追求的目标。恩格斯曾指出："辩证法是关于普遍联系的科学。"联系构成运动，运动引起变化，变化推动发展。联系是矛盾的表现形式，发展则是矛盾运动的结果。大学生要实现自我提高、自我发展、自我完善，就必须不断地发现和解决大学生的内部矛盾（内部联系）和大学生的外部矛盾（外部联系），两个矛盾的不断解决是大学生自我发展、自我完善的基本途径。思政课担当着帮助大学生解决两个基本矛盾的重任。

思政课教学有助于大学生且学且行且思，既从实践层面又从理论层面让大学生领悟到自己不仅应追求物质的富有，更应追求精神的富有。思政课始终强调理论与实践必须相结合，强调发挥意识能动作用的基本途径是实践，只有实践才是通向理想彼岸的桥梁，实践是成就自我的条件。这些知识性认知直接作用于大学生的实践活动，用无用乃大用的理论精髓吸引学生，帮助学生激活思想、实现追求。引领学生分析并认识到个人的成长需要自己的主观努力，要想成功，就必须改变自己。这既体现了思政课的实效性，又提升了思政课的价值性。思政课无论是在理论上还是在事实上都体现了人文关怀，对人的尊严、人的价值的关注，有助于实现大学生的内在需求。思政课教学是大学生实现内在需求的强大推力。思政课应该且能够创造条件让大学生体验一种有深度、有品位的精神生活，满足大学生内心精神世界的高雅性，用高雅的文化熏陶灵魂，用尊重人、关心人等人文精神和人文教养唤醒生命、陶冶灵魂、净化心灵、坚持精神操守。看似不能给大学生带来眼前利益的"无用的知识"，却有助于培养大学生高尚的精神气质和品格，培育、维护人类的理性与文明，实现人的终生关怀的目的。思政课的精神主旨和价值诉求与大学生的内在需求本身有相同之处，思政课以育人为本，始终是为了大学生、满足大学生、落脚于大学生。总之，思政课教改能够有助于大学生实现内在需求。

三、思政课教改的引领功能

（一）走出"满堂灌"的教育症区，凸显学生导向

一直以来，思政课教师心里有个症结：宁愿自己多讲一点而不愿放手换位，让学生登台亮相。究其原因，是担心学生上讲台乱说一通。当前，一些学生对思政课不感兴趣，原因主要包括课堂教学以教师讲授为主，甚至照本宣科，缺乏师生互动。

实现思政课由"教师为中心"向"学生为中心"转变，思政教学工作需要从"满堂灌"的教育症区中走出来，要尊重学生是受教育的主体，要认识到学生是有思想、富有朝气的、活生生的个体。通过思政课教改，使得教学不再是简单的老师讲、学生听，而是充分发挥学生的主体性，把被动学习变为主动学习，把单向传递变为双向互动，把主要用"心"学习变为"身、心并用"。思政课要充分发挥教师（总导演）的主导作用、学生（主演）的主体作用，实现思政教学工作由"教师为中心"向"学生为中心"转变，从而激发学生的学习兴趣，切实凸显学生导向。

（二）思政教育工作从旧式的盲区中走出来，彰显需求导向

大学生思政教育不仅仅是单线性的盲目工作，而应该从学生需求的源头上问诊。在思政课教改中要尊重学生的差异性，因材施教。读懂学生，首先要立

足于学生的成长需求和教学需求、学生的物质需求和深层精神需求、学生的现实应急需求和未来根本需求、学生的个人需求与群体秩序需求的相互对接。树立人本理念，尊重学生的主体地位，鼓励多样化的个性发展，多角度增强人文关怀；树立实践理念，既着眼于我国改革开放实践，明确新时期高校思政课发展的新要求，又着眼于学生生活实际，满足学生的生活需求和精神需求；树立合作理念，充分发挥教学过程中各要素的积极作用，上下联动、协调一致，构建生生合作、师生合作的良好教学格局。读懂学生，关键要从纵横双重维度研究学生，深化对其成长与成才问题的把握，确保思政课教改充分地体现学生的利益、诉求，增强学生主体身份认同。纵向方面，要深入群体调研，借助多学科研究方法，以总体时间为主轴，设置心理、交往、学习等多个自变量，动态考察学生不同成长时间点的发展变化，摸索大学生成长变化的一般规律及特定时间点易发生的影响事件。横向方面，要深入学生个体，创建学生成长成才资源库，挖掘影响大学生思维动态和思想转变的内外因素和偶然事件，全面了解和掌握大学生思想观念整体状况、一般特点、最新动向。在此基础上，坚持纵横交错，全方位动态考察大学生思想观念的形成和发展状态，探究其中的规律及影响因子，真正理解学生所思所想所为，切实提高思政课教改的科学性和针对性。

（三）思政工作方法从陈旧的误区中走出来，凸显问题导向

传统的思政教育是头痛医头、脚痛医脚。思政课教改的实践证明理论思维的起点决定着理论创新的进程。理论创新只能从问题开始，从某种意义上说，理论创新的过程就是发现问题、筛选问题、研究问题、解决问题的过程。突出问题导向，就要找准问题。高校要围绕如何解决这个问题查找自身问题，强化对高校思政教育工作的问题研判，增强思政工作的针对性。要抓好、抓实青少年身心发育的阶段性、常见性问题，做好深度分析与调研，特别是理想信念的形成、责任担当的固化、人生价值的判断等突出性问题，更要重点防守、严格把控。突出问题导向，就是要对症下药。解决好大学生思政上的突出问题，就要一手抓教育引导、一手抓思想建设。要用好课堂教学这个主渠道，加强思政

课在塑造学生世界观、人生观、价值观和历史观中的引导作用,加强法律法规、社会道德和职业伦理的教育,帮助广大学生形成自我规范、自我提升的意识。要强化学生时代的责任感和历史使命感,做到理想远大和脚踏实地的有机结合,激励学生把个人理想追求融入国家和民族的事业中。突出问题导向,也要做到防患于未然,才是长远所在。思政课的教改有助于找准、研判、解决思政教育的各种问题。

第二节 思政课教改与强化思政教育主渠道的作用

思政课是高校思政教育的主渠道,思政课主渠道作用的发挥取决于思政课教学效果。当前,思政课存在领导重视不够、各门课程改革各自为政、重方法轻内容、思政课教师综合能力不够等问题,影响思政课思政教育功能的发挥。今后,要通过构建合理的思政课体系、加强师资队伍建设、加强教学方法改进和教学实践等方面进一步改进思政课,提升思政课质量,加强思政教育功能。

一、正确认识思政课在大学生思政教育中的功能

大学生思政教育工作是一项系统工程,工程主体是思政课和日常思政教育。具体而言,思政课在思想政治教育中的功能有两个层面。

（一）思想引领功能

思政课的教学内容主要是共产主义理想教育、社会主义法治观教育、社会主义道德观教育、爱国主义教育等,目的是引领大学生树立共产主义意识,形成正确的世界观、人生观和价值观。几门课程各有侧重:《中国近现代史纲要》主要是对大学生进行国情与国史教育,用史实引导学生反思当前的价值观完全来自于历史的选择,激起学生的爱国主义热忱,提高民族自信心、自豪感;《思

想道德修养与法律基础》着重对大学生进行道德规范和法律规范教育，引导大学生树立社会主义法律意识，践行社会主义核心价值观，形成价值共识。

（二）确立理想信念的功能

根据素质冰山理论，理想信念是隐性素质，决定人的思维，其重要性不言而喻。近年来，随着市场经济和改革的深入发展，部分大学生在多元化价值观和各种社会思潮的影响下，产生思想困惑和迷茫，在复杂的社会环境和挫折中，没有坚定的理想信念，容易灰心丧气、缺乏斗志。

确立大学生崇高的理想信念是高校思政教育的根本要求。高校思政课不是单纯的知识灌输，而是从学生解决思想认识问题的需求出发，通过对各种社会思潮（如民粹主义思潮等）和社会问题（如民主问题、社会公平问题等）抽丝剥茧的分析，促使大学生廓清思想迷雾，去除价值混乱。

二、思政课存在的问题影响其思政教育功能的发挥

高校思政课思政教育功能的实现有赖于思政课的效果，但思政课在教学和改革中存在的问题则会影响思政课主渠道功能的发挥，大学生对思政课满意度不高，上课"低头族"现象严重。

（一）把思政课看成纯理论课，忽视思政教育的作用

第一，学校领导思想观念上的偏差。党中央多次强调思政课在大学生思政教育中的重要性，但有些高校领导对思政课主渠道作用的认识仅停留在口头上和文件里。2015年，中宣部、教育部印发的《普通高校思想政治理论课建设体系创新计划》指出，"一些地方和高校对思想政治理论课仍然重视不够，政策条件保障尚未落实到位，思想政治理论课在高校考核评价体系中的地位和作用不够突出"。导致出现这种现象的原因首先是有些高校领导在思想上没有真正认识到思政课在思政教育中的重要地位，仍然存在认识偏差，他们认为思政教育是辅导员的工作，思政课专业性不强、任课压力小，谁都可以胜任思政课的教学工作。目前，高校在一定范围内存在的思政课问题，如教师少、教学任

务重、流于形式等，通常也是因为学校领导思想上没有予以足够重视，对思政课投入不足，这些都会影响思政课思政教育功能的发挥。

第二，教师认识的偏差。思政课不同于一般意义上的专业课，不仅要传播知识，更要进行思想引领，是一种含有价值导向的课程。有些教师把思政课看成纯粹的理论教学，没有认识到思政课是引导学生树立正确政治思想的主渠道，是同某些国外势力争夺青年学生的主战场，忽视了其思政教育功能。这种以知识性、学术性、客观性等来淡化或否认思政课的政治引领、思想塑造功能的做法是错误的，不能达到让学生懂得道理、明白是非、辨别善恶的目的。有个别教师在教学过程中思想不够坚定，态度不明确，对待问题采取"价值中立"态度，只描述现实，不提出理论；有的只说明事实，不研究价值。这些都偏离了思政课的本质，严重影响思政课课堂思政教育效果。

（二）思政课课程改革各自为政，影响整体的育人功能

高校思政课是完整的课程体系，4门课程之间的内在联系紧密，内容上又各有侧重。因此，目前高校思政课改革大都依据各门课程的培养目标、教材内容进行课堂教学和学术研究，各自安排课时和实践，基本没有联合备课和相互听课制度，忽视思政课的总目标。这种只见树木不见森林的做法，造成教学内容交叉重复，既浪费课时又影响思政课课程的整体建设。

（三）思政课教学方法问题众多，影响课堂思想引领功能

课堂教学讲授多、互动少。传统的思政课教学模式，教与学往往是脱节的。多数情况下，基本上是教师讲、学生听，教师只根据自己的知识结构和教材设定内容讲解，极少结合学生的思想实际和接受程度讲解，也很少设置有针对性的现实问题引导学生探究。虽然很多高校已经逐步采用现代化的教学手段，比如多媒体、投影仪、幻灯片等，但师生之间被动的关系仍然没有太大改观，部分教师仍受困于以往的教学思维模式，忽视学生的主体地位，没有改变师生沟通不畅的问题，导致学生学习被动、教学效果欠佳。一个"低头族"多的课堂，如何进行思想引领呢？

教学方法、手段和教学内容与学生实际脱节。教学方法要服务于教学内容，部分思政课教师本末倒置，把主要精力用于现代化教学手段的设计，忽视对课堂教学内容和学生接受能力及思想问题的研究，试图以教学方法、手段取代教学内容的深度讲解和课程目标的实现。现代教育手段是教师的助手，不是课堂的主宰。有些教师过多使用PPT，甚至完全鄙视并抛弃黑板、粉笔、教案等传统教学工具，整节课被课件牵着鼻子走，教师扮演着放映员和播音员的角色，没有即兴发挥，没有讨论和引导，课堂艺术大打折扣。现代化手段的不合理使用，容易引起视觉疲劳，课堂效果不尽如人意，学生收获甚微，甚至还出现"教师制作课件代教案、学生复制课件代听课"的怪异现象。还有部分教师没有根据自己学校学生的水平和能力，盲目使用他校的课件，照搬教学模式，本科、专科用同样的教学方法。另外，部分高校的思政课网络精品课程建设也脱离实际，是投入多、使用少的形象工程。

三、改进思政课，实现思政教育功能

改革是提升思政课思政教育功能的唯一途径。时代在发展，学生思想观念的不断变化决定着高校思政课改革永远在路上。教改没有最好，只有最合适。要在改革中建立适合不同学校、不同层次的大学生的思政课课程体系和教学模式。

（一）整合思政课课程，突出整体育人功能

思政课课程整合，不是简单的融合，而是在深入研究高校思政课教学目标、内容、过程和高校思政教育目的的基础上，研究探讨各门课程的内容设置和教学安排，做到不重复、不遗漏，实现思政课建设全员、全方位、全过程育人。具体建议如下：一是校领导和学院领导召开4门思政课课程专业带头人联席会议，在整体构建思政课课程体系的教学目标上拿出宏观意见，突出思政课的总目标，用以指导各门课程的教学安排；二是在教学内容上进行合理分工，避免重复，各门课程既各有侧重又相互衔接，既注重教学内容的彼此独立又保持教

育目标的高度一致，发挥思政课整体育人功能；三是对4门课程的课堂教学和课外实践进行认真设计、统筹安排，注意课时比例、实践形式和实践基地的选择，不重复实践，不搞形式主义，提高思政课的整体性和实效性。

（二）提升思政课教师素质，实现教书育人功能

第一，加大督查力度，落实相关政策。根据相关文件精神，高校党委书记是思政课建设的第一责任人。落实领导责任是提升思政课师资队伍整体素质的关键。责任落实需要监督，上级部门要加大对各高校执行思政课教师队伍建设的相关政策的检查督导，解决师资队伍建设的困境。要重点督查思政课教师待遇不落实、专项经费被挪用和思政课师生比不达标的问题。这些问题的解决，既能保障思政课教师参加社会实践和学术会议的经费，又能保证教师有充足的时间用于教学和科研研究。

第二，加强培训，全面提升素质。有效的培训是提升教师能力和素养的主要渠道。思政课教师有多种培训途径，如全员培训、脱产进修、短期教学专项培训、学术研讨等，高校可以结合本校思政课教师队伍的实际情况选择不同的培训途径，建立有效的培训制度，确保所有思政课教师每年都有机会参加全国性的科研会议，每两年能短期进修一次，促进教师知识更新，拓展视野。尤其是要加强对青年教师的培训，注重青年教师思政教育方法论和理想信念的教育，注重科研能力和教学能力的培养，让青年教师尽快成长为思政课师资队伍的中坚力量。

第三，注重名师的传帮带作用。思政课名师不仅有深厚的理论功底，而且有丰富的教学经验，能艺术性地驾驭课堂，教学效果良好，深受学生喜爱。高校可以建立以学科带头人为核心的集体备课制度、定期教学和学术研讨制度、青年教师全程听名师上课制度、名师评课制度等，帮助青年教师全面提升能力。集体备课中，名师对教学内容的理解和安排能启发青年教师思维，促其准确把握课程教学目的、教学重点及教学方法的选择。名师评课能及时、面对面地指出青年教师授课的不足并给予针对性的指导，对青年教师的帮助最为直接有

效。通过名师的传帮带作用能低成本、高效地提升青年教师素质，从而提高思政课的整体教学水平。

（三）改进教学方法，提升思政课课堂教育引导效果

教学方法、手段的应用要识体。识体就是根据教学内容和学生特点选择教学方法、手段。要做到识体，思政课教师既要研究学生和教学内容，又要研究教学方法、手段，探究各个教学方法、手段的优缺点及与内容的适应性。相同学生不同内容及相同内容不同学生采用的教学方法是不一样的，即所谓的"教无定法"。教师要注意研究传统教学方法与现代化手段的优化组合，打好教学方法"组合拳"，与时俱进，不断开创思政课教学新模式，增强课堂吸引力，想办法让学生"抬起头"。

注重学生主体地位，建设互动课堂。现代教学理念强调学生是主体，教师是引导者。思政课教学要打破以教师为中心的传统，将师生主体易位，体现启发式教学精神，变单向传授为师生交流互动。可以运用课堂讨论、主题演讲、案例教学、情景模拟等方法设置互动课堂，激发学生的思辨热情。根据学生的经验和认识水平，设计与他们的思想、生活实际相适应的探究性问题。培养学生积极主动的参与精神，鼓励他们表达自己的观点，创造机会，让学生体验成功，实现教师与学生互动、学生与学生互动，使课堂教学成为既有教师讲又有学生议的双边活动过程，突出学生的主体地位。

（四）拓展课外实践教学，促进学生思想内化

《普通高校思想政治理论课建设体系创新计划》中强调："实施高校思想政治理论课建设要坚持理论与实际相结合，注重发挥实践环节的育人功能。"教师要有意识地将课堂内外统一起来，学生通过实践，印证、深化课堂所学的理论知识，运用所学理论分析问题、解决问题，践行社会主义核心价值观，达到知与行的统一。思政课的实践教学可以分为校内实践和校外实践两部分。校内实践有辩论赛、演讲比赛、模拟法庭等，属于第二课堂教学活动，对提高学生的道德素养、思辨能力、法律素养有着十分重要的作用。校外实践是依据思

政课教学目的，有组织、有计划地指导学生进行专题调查、参观见习、志愿服务、义务劳动等并要求撰写研究报告，促进学生在了解、研究社会现实的过程中深化对政策、理论的认识和感悟，增强社会责任感，提升思想觉悟，内化课堂所学理论。高校实践课教学要根据本校学生的实际，依据思政课课程的教学要求和主要内容，整合4门课程的实践教学课时，设计教学大纲，把实践教学课堂化；同时，实践教学要克服形式主义倾向，按照就近、管用的原则，充分利用本地资源，建设多层次的实践基地，促进实践教学制度化，满足不同年级学生社会实践的需求。

第三节 优化思政课教学是改进大学生思政教育工作的重要途径

思政课是系统帮助大学生树立科学世界观、人生观、价值观和共产主义理想信念的重要课程，是加强大学生思政教育的主渠道、主阵地。优化思政课教学，注重提升教学主体的自觉能动性，是改进大学生思政教育工作的重要途径，对改进大学生思政教育工作有着重要作用。

一、思政课教学是改进大学生思政教育工作的重要途径

中共中央、国务院2004年发出的《关于进一步加强和改进大学生思想政治教育的意见》中指出，加强和改进大学生思政教育，要以理想信念教育为核心，深入进行树立正确的世界观、人生观和价值观教育。大学生思政工作，要以理想信念教育为核心，把构筑青年的共同理想和精神支柱作为首要任务，明确历史使命，明白政治方向，自觉按照中国特色社会主义伟大旗帜指引的方向前进。理想是一个人追求和奋斗的目标，体现着大学生的个人愿望，并且指引着他们前进的方向和未来，在大学生成长成才中起着重要的作用。大学生有了理想，才会有奋斗的目标，有了坚定的信念，就会对理想表现出极大的热情和

深刻的感情，使个性具有主动性和积极性。大学生的理想信念必须建立在科学的基础上，需要自觉地以科学的世界观和方法论认识把握客观规律，以人类的全部科学和文明成果为基础且符合客观规律。

思政课在整个思政教育中起着基础作用，为大学生树立理想和坚定信念提供理论基础。面对深刻变化的国内外环境，唯有强化理论教育，用科学理论武装头脑，才能引导大学生深刻认识社会发展的规律，正确认识世界和中国发展大势，正确认识时代责任和历史使命，正确认识远大抱负和脚踏实地。共产主义理想存在于现实生活中，不是空洞的口号，而是活生生的历史过程。在大学生思政工作中，要以理想信念教育为关键，以社会主义核心价值观为重心，以正确认识共产主义理想的科学性。

思政课教学是从根本上解决社会问题和思想问题，解决理想信念动摇的问题。思政课教学就是给予青年学生学习和自觉运用辩证唯物主义和历史唯物主义的强大思想武器。在日益发展的今天，社会上出现这样或那样的问题并不奇怪，青年学生在思想上混乱也在所难免，关键是要以正确的立场、观点、方法引导他们正确认识、分析和解决所出现的社会和思想问题。大量事实证明：只有科学的人文社会理论的引导才能有效解决人们理想信念领域出现的问题。要做到这一点，思政课教学起着主要作用。要让科学理论入脑、入心，需要思政理论课的传授和帮助，课堂是主渠道、主阵地，教师和有效教学是关键。

二、思政课教改应着眼于促进大学生思政教育工作

优化思政理论课教学，途径与办法有很多，无论如何都要遵循思政工作规律，遵循教书育人规律，遵循大学生的成长规律，着眼于改进和促进大学生思政教育工作。

思政课教学要与时俱进，吸收人类发展的有益成果，有所创新，有所发展。一方面，要应用基本理论，按照正确立场、观点、方法去解释、说明并解决社会实践的实际问题；另一方面，要积极关注大学生的生活实践，从实践中找出

大学生对事物认识的热点、难点问题。比如大学生中产生的所谓"信仰危机"，本质是教学危机。所谓"信仰危机"，主要表现在：一是"信仰失真"，即对信仰的价值性产生怀疑；二是"信仰贬值"，即对信仰的真理性产生怀疑；三是双重怀疑导致的"信仰失落"。我国曾经由于"左"的思想影响，从而产生了"信仰贬值"的危机；同时，由于我国社会主义建设过程中走了一些弯路，出现的负面现象和社会问题使有的学生对正确的真理产生了怀疑。针对这一问题，思政课要改进教学，提高教学质量，才能既解决世界观问题，又解决价值观问题。具体而言，要从两方面解决这个问题。一方面，要多关注青年学生在大学生活实践中遇到的疑难和困惑，实现人本至上的答疑解惑。一直以来，思政理论课教育以培养"圣人"的道德教育为主，往往片面强调共性，忽视个性。思政理论课教学应由以义务为起点的教育转变为以权利为起点的教育，并在此基础上教育学生实现权利与义务的统一。另一方面，要多关注改革开放社会实践中遇到的热点和难点问题，实现科学、准确的答疑解惑。思政理论课的根本目的是育人，以提高学生的思政素质为目标。思政课就是系统地向大学生灌输马列主义基本理论，帮助学生完整、准确地理解马列主义的科学理论体系，使学生懂得自然、社会、人类思维的客观规律，确立正确的立场、观点和方法，掌握认识世界和改造世界的思想武器，从而拓宽大学生的视野，逐步树立无产阶级的世界观和人生观，从根本上提高大学生用正确的立场、观点和方法观察问题、分析问题和解决问题的能力。

思政理论课教学要强调正确立场、观点和方法的学习和掌握，关注思想方法、思维方式的革新与进步，而不是拘泥于个别结论。思政课既要传授符合中国实际的学说的表层含义，包括部分具体论断，更要注重其深层思想或根本指向，重在传授它所蕴含的科学精神、思想方法、世界观和方法论。

只要我们引导大学生掌握唯物辩证法的思想方法，犹如掌握了一把万能钥匙，就能更加顺利地打开各种理论和实践的大门，从而为大学生的健康成长和全面发展打下坚实的基础。我们应做到两个"解放出来"：一是"从那些不合时宜的观念、做法和体制中解放出来",使我们的一切思想和行动都与时俱进、跟上时代;二是"从主观主义和形而上学的桎梏中解放出来",在思想方法和思维方式上坚持实事求是的原则,不脱离实际,不脱离群众,用全面的、联系的、发展的观点看问题,反对任何片面、停滞、僵化的观点。

三、优化思政课教学应着眼于教学主体与主导合一

思政课教学的方式、手段在总体上变化不足,降低了课堂教学的时效性、针对性、生动性、说服力,造成大学生一定程度的厌学情绪。转变教学方式,着眼教学主导与教学主体并重,着力实现教学互动是思政课教改的当务之急,也是优化思政课教学的基本要求,这种优化操作将对改进大学生思政教育工作起到催化作用。

(一)积极创新教学方式

教学活动是教与学两个环节相互作用的过程,在这个过程中,教之主体与学之主体的关系处置不同,就形成两种不同的教学方式,一种是"灌输式"教学,另一种是"互动式"教学。

"灌输式"教学,强调教的环节,强调教师在教学过程中的主体性地位,教学过程被当成是教师(主体)对学生(客体)的单向灌输过程。这种方式只重教师教、学生听,而忽略学生的学,较少调动学生学习的主动性、积极性和创造性。这种方式尽管并非毫无优点,但它还是难免有"满堂灌"之嫌。

"互动式"教学,不仅重视教师讲、学生听,更重视学生主动、积极并有创造性地学。这种教学方式把教师与学生都当成教学过程中的主体,在教学过程中,教师与学生的关系是主、客双方互置、互换的,教师与学生处于相对平等的地位。作为教师,强调运用启发、讨论、对话、座谈、辩论等方式组织教学,教师尊重学生的自主性与独立性,注意引导学生创造性地学习及思维,通过自身的学识、人品、教学艺术吸引学生并赢得学生尊重。

两种不同教学方式不能简单加以评断优劣。事实上,两种方式在一定程度

上是可以互补的。在具体的教学过程中，究竟采取哪一种教学方式更好，要视教师教学与大学生思政教育工作关联、教师教学面对的特定大学生的特点及教学运作环境如何等确定。不能否认，在思政课教学过程中的某个特定阶段，对于某些特定的教学内容可采取"灌输"的方式实施教学，其教学效果可能较佳，但总体上而言，理论课教学运用"灌输式"教学方式具有局限性，明显不适合现代社会、现代高等教育的发展趋势，其教学效果会受影响。思政课教学在具体操作中应由"灌输式"向"互动式"转变，就是把教师与学生看作双主体在教学过程中互为互动的关系。"互动式"教学是教师创造性地"教"与学生创造性地"学"的结合和统一，通过教与学的互动，真正实现教学相长。

"互动式"教学，实践上至少应涵盖以下3点内容。首先是观念更新。"互动式"教学需要教师树立这样一些观念，以指导自身的教学行为：一是育人观念；二是教书观念；三是为师观念。教师应意识到：教学不仅是传播正确与科学的思想观念，而且在于怎样使这些思想观念为学生所理解并接受，从而内化到他们的思想深处，以影响并塑造他们健康的思想与人格，达到吸引学生主动配合与参与的目的。其次是方法与手段更新。"互动式"教学是一种开放、创造性的教学方式，需要思政课教师充分挖掘和发挥自身内在的潜能与创造性，在课堂内外生动活泼、引人入胜地开展理论教学与思想教育；同时，应注意运用一切新媒体、新技术为增强教学效果服务。在课堂教学上，教师用富有启发性的教学方法，如自学、提问、讨论、辩论、演讲等，在教师指导下由大学生自己组织课堂教学等；在课堂教学外，建立教师与学生的对话与交流机制，充分运用多媒体等现代化的教学手段。通过课堂内外的有效互动，实现创新。再次是教学效果评估更新。由于"互动式"教学的目标是把科学的思想观念内化到大学生的头脑与心灵之中，它更应重视教学效果的认真评估。客观的效果评估既是对教学成绩的检测，又是进一步教学改进与创新的依据，因为"互动式"教学反对一成不变地沿用某种固定方式，而是在特定的教学情景下采取灵活多样的教学方法，教学方法处于不断创新中。

（二）实现教学中主体与主导的合二为一

本质上，教学效果很大程度上取决于学生的认同。思政课教育最终是要激励广大学生投入建设中国特色的社会主义事业中来，从培养合格社会主义事业接班人的角度考虑，教学过程是必要形式，但最终目的是要通过教学实现思想教育，不仅使学生提高思想理论水平，更要使学生通过对自身主观世界的改造，变理论为行动，更好地投身于客观世界的改造中。从深层次来考虑，优化思政课教学，应在教与学的关系上明确地把学生摆在主体的位置上，围绕学生这一主体来考虑如何提高学生的素质、增强学生的理想信念、激发学生为社会主义事业多做贡献，而不是以教师为主体，要求学生围绕教师仅仅为考试而学习、为学分而学习。

在教学中确立学生的主体地位，要求我们必须关注以下4点内容。

一是转变思想观点，真正树立教学服务学生的思想。教学内容在坚持中国特色社会主义理论和社会主义方向的基础上，应根据大学生的思想特点，开展多样化教学，探索符合大学生思想实际的教学方式。

二是调动学生学习的积极性、自觉性。学生主体地位确立后，应该通过各种灵活多样的形式鼓励和允许学生参与教学过程，逐步使学生的思想从"要我学"转为"我要学"。

三是改善现有的各种教学形式，在教学改革中探索行之有效的形式。比如，根据社会发展现状，就大学生关心的热点问题开展专题讲座；根据大学生的思想状况，就某些认识上的难点开展辩论；组织大学生到校外进行社会调查，开辟"第二课堂"；等等。在确立学生主体地位的同时，必须非常重视发挥教师的主导作用。思政课教学不同于一般性课程，在日常教学中，不可以弱化教师的主导作用，无论如何，教师作为知识的传授者是主动的，学生作为知识的接受者是被动的。大学生要求上进、思想活跃，但阅历尚浅、思想不稳定，存在各种模糊认识。在这种情况下，教师主导作用的发挥就显得更加重要。必须在思政课教师中真正地树立起应有的责任感、危机感、紧迫感，以完成好时代赋予的光荣任务。

四是提高教师素质，主要是思政素质和业务素质。教师思政素质的高低直接影响其敬业精神，教师业务素质的强弱直接影响其工作效率。教师要进一步坚定马列主义信念和教书育人的自觉性，能在课堂上理直气壮地进行讲授，能在学生提出的各种各样的问题面前不厌其烦、谆谆教导。此外，还要进一步提高思政课教师的专业理论素质。教学基本大纲是相对稳定的，教学的具体内容随着时代而变化，为了适应这些变化，要求教师要不断地学习、学习、再学习，要通过各种研讨会、进修班等来加强自身业务素质，否则将会落后于教学内容发展的要求。定期集体备课也是提高业务素质的好形式，教师之间的信息交流有利于相互促进、取长补短。

思政课本质上要把育人放在重要位置，增强育人的自觉性和积极性。与其他课程相比，思政课不仅要传授理论知识，而且要通过理论知识的传授来解决大学生的思想认识问题，以树立正确的世界观、人生观、价值观。由此可见，加强教学改革、优化思政课教学，是改进大学生思政教育工作的重要途径。

第四节 "互联网+"教学模式对高校思政课教育的优化

"互联网+"教学模式彰显了互联网技术在高校思政课教学改革中的优势，是推动高校思政工作改革的必然要求，是提升高校思政课教育效果的有效举措。高校思政课实施"互联网+"教学模式必须坚守以高校思政课为体、以互联网为用的原则，牢牢坚持线上与线下教育的有机融合，借助互联网平台着力于优化教学内容、教学形式、教学管理和教学团队等方面的建设。

新形势下，高校思政工作的地位只能加强，不能弱化。加强高校思政工作的关键在于把握时代脉搏，改进方式和方法，增强工作的针对性、吸引力和实效性。

一、高校思政课探索"互联网+"教学模式的必要性

高等教育必须牢牢把握立德树人这一根本任务,培养好中国特色社会主义事业的建设者和接班人,办好中国特色社会主义大学。无论是培养优秀人才还是办好"双一流"大学,课堂教学都是至关重要的。高校思政课是高校思政工作的主渠道,优化高校思政课教学是改进高校思政工作的重要环节。

(一)推动高校思政工作改革的必然要求

互联网为新时期的高校思政工作带来了前所未有的挑战。"00后"大学生是在网络的包围中成长的一代,网络成为当代大学生重要的成长环境及学习、工作和交往的方式。在学习生活中,一些大学生碰到问题不问老师,而是问百度;遇到困难不求助班集体,而是在微信朋友圈中诉说。甚至有人说,几堂思政课抵不上一个微信段子。但是,网络是把双刃剑,高校思政工作如果不用积极、健康的主流思想占领网络阵地,就会被消极的非主流思想侵占。

信息化时代,传统的思政教育模式已经不适应当代大学生的成长特点,需要我们顺应教育改革趋势,转变教育教学观念。思政课教师也要自觉地从教学内容、教学方法等方面进行创新转型。探索"互联网+"教学模式,优化高校思政课教育,正是抓住了高校思政工作创新的主要方面,与新媒体、新技术的有机融合彰显了互联网技术在高校思政课教学改革中的优势,既有利于巩固课堂教学这个主渠道,又能主动占领网络思政教育这一新阵地。

(二)提升高校思政课教育效果的有效举措

提高思政课教育的实效性是高校思政课教育实行"互联网+"教学模式的最终目的。高校思政课的教学内容枯燥、教学形式单一、教学管理困难、优质师资缺乏等一直是影响其实效性的重要因素。本章探讨的"互联网+"教学模式是指在高校思政课教育教学改革过程中,通过与教育教学平台、微博、微信公众号、QQ群等"互联网+"平台的深度融合,使高校思政课教学内容更加丰富、教学形式更加多元、教学管理更加优化和优质师资得到整合,更好地发挥其教育引导作用。

依托互联网先进的技术手段，改变传统课堂教育"单向灌输式"的教学形式，打破时空的限制，实现"交互式""个性化"的教学改革和升级，追踪学生的兴趣点，解答学生的疑惑点，贴近生活，贴近实际，以大学生喜闻乐见的方式培育他们树立社会主义核心价值观。"互联网＋"教学模式支持多元化的学习，包括动态的学习、互动的学习、探究式和启发式的学习，更能充分发挥学生的主动性、积极性和创造性，激发学生的学习兴趣；同时，教师不只是知识的传输者，还是学习活动的组织者、参与者、管理者、引导者，在这个过程中，教师要实现教育理念和教育方法的转型。

二、高校思政课实施"互联网＋"教学模式的原则

高校思政课"互联网＋"教学模式正处于探索应用中，思政课教师要坚守以高校思政课为体、以互联网为用的原则，牢牢把握其在网络意识形态中的话语权，坚持线上与线下教育的有机融合，最大限度地发挥教书育人的功效。

（一）牢牢掌握正确意识形态话语权

高校作为意识形态的前沿阵地，直接受到来自国际和国内社会变革的压力，是各种思想与思潮的策源地和汇聚地。高校思政课教学的主要任务是在各种社会思潮和价值观的碰撞下，始终保持其意识形态性，坚持以社会主义核心价值观为指南，引导学生树立积极向上的价值观、人生观。高校思政课在引入"互联网＋"进行教学创新的同时，应正确处理好教学目的和教学手段的关系，做好舆论引导，避免思政理论课的价值多元化，积极防止负面信息对高校思政课的侵蚀。"互联网＋"平台给大学生更加自由、自主的学习方式，但不是意味着放任自由，高校思政课教师无论是在课堂教学中还是在互联网平台上，都要把握学生的心理变化，及时为学生答疑解惑，在思想价值引导中发挥主导性作用。"互联网＋"教学模式为高校思政课的教学带来便捷，也带来更多的责任，教师要对各类"互联网＋"平台上建立的专题活动和话题栏目进行网络舆论引导，牢牢掌握互联网时代正确意识形态话语权。

（二）坚持线上与线下教育的有机融合

"互联网+"教学模式最先兴起于哈佛大学、耶鲁大学、斯坦福大学等美国高等教育界的大规模网络公开课（MOOC，即"慕课"）。近年来，我国的大规模网络公开课也在逐步发展，如中国大学MOOC已经有包括北京大学、中国人民大学在内的100所顶级高校发布了821门课程，其中，有计算机科学、经济学、工程学等比较热门的学科，也有包括4门思政理论课在内的哲学与社会科学。线上的"互联网+"平台虽然能够解决部分思政课知识传授问题，但它不可能产生大学传统课堂中实时答疑解惑、思维碰撞、互相启发的作用。探索"互联网+"教学模式不是要彻底颠覆传统课堂教学，而是对传统课堂教学进行优化，使得高校思政课的教学形式从当前的老师讲、学生听的单一教学模式升级为师生双向交流互动，从有限的课堂时间延伸到无限的、灵活的课余学习时间，从现实面对面的交流到虚拟的随时随地的交流等。在这一过程中，我们应始终坚守以高校思政课为体、以互联网为用的原则，从高校思政课改革的核心需求出发去合理、高效地利用互联网，始终把"互联网+"平台作为高校思政课课堂教学的延伸和发展，将虚拟空间的学习、互动视作现实课堂教学的黏合剂，而不能反客为主，过分夸大互联网的变革作用，以线上的学习与互动完全代替课堂上的教育教学活动，从而以"互联网+"的工具理性代替课堂教学思政理论课的价值理性。

三、高校思政课建构"互联网+"教学模式的着力点

"互联网+"教学模式是高校思政课教学中一个全新的课题，如何将互联网技术深度融合于高校思政课教学中，从而解决教学中的实际问题，还要靠教师在教学中摸索、设计。近年来，各高校在利用互联网搭建网络教学平台、网络教学系统、网络教学资源、网络教学视频等载体上有了一定的成果，关键在于借助这些平台着力于教学内容、教学形式、教学管理和教学团队等方面的建设。

(一)借助互联网平台，延伸教学内容

充分利用互联网平台，增加高校思政课教学的信息量，丰富教学内容。传统的课堂中关注较多的是概念性知识和基础性知识的传授，需要深入探究的思想性、复杂性、前沿性问题常常一带而过、泛泛而谈。利用"互联网+"平台提前为学生提供与教材知识点相关的微课、拓展阅读资料等，由学生在课外时间自主完成基础性知识的学习，能为课堂的深入讨论赢得更多时间。在视频教学内容设计上，教学团队要严格遵循教材体系展开，注重理论知识传授的系统性和整体性，同时又发挥团队成员各自所长，结合教材知识点设置若干专题，开展深入讲授。思政课课程具有较强的思想性、理论性，需要有鲜活的资料来充实内容。在传统课堂中，一些案例资料大部分是教师在课堂上提供给学生，阅读资料占用较多的时间，导致无法深入探讨问题。通过互联网平台为学生提供丰富的图片、动画、视频等多媒体资料，对历史人物、历史事件、政治事件、时事热点等进行重点、详细的介绍，可以让学生利用课外时间预习，储备更多的知识信息，从而便于课堂教学的理解。在传统的课堂教学中，由于学生掌握知识的量和理解程度有限，再加上没有其他教学资源的辅助和引导，学生常常无法积极参与教师在课堂上即时提出的问题，或是学生根本不能对课堂学习的疑问及时提出问题，从而使课堂氛围陷入僵局，无法推进课堂讨论教学的开展。借助互联网平台，储备丰富的网络教学资源为学生思考问题和提出问题提供了信息基础，课前的线上学习使学生充分利用课外时间主动学习，也为学生提供了更多的思考时间，从而在有限的课堂时间内师生能够对问题进行深入讨论和探究。这样，通过运用互联网平台传授知识点，用课堂专题传播思想，让教师转变角色，从知识性教学真正转变到引导性、研究性、针对性教学上来，凸显教师教学的主观能动性，使教学内容在质和量上都有较大的提升。

(二)借助互联网平台，创新教学形式

充分利用"互联网+"教学模式增加师生互动的乐趣，翻转课堂，增强教学吸引力。思政课是一门时代性和实践性很强的课程，要增强青年学生的政治参与意识，提高青年学生的政治参与能力，就要求青年学生要有批判意识、问题意识，理论联系实际，学以致用。一是可以利用互联网平台开展开放式互动学习。例如，在网络教学平台上可以设置"讨论版"，结合教材体系知识点，联系大学生关心的时事热点问题，设计让学生有较大发挥空间的主题，如"理想遭遇现实，该何去何从"等开放式问题，引导学生开展讨论。学生讨论发言后，教师和其他同学进行网上回复和课题评论。开放式的互动学习使学生在教师的引导下，在师生、生生之间的评论对话中，在思维碰撞中，互相启发，从而不断修正自己的观点，实现理论的自我建构。开放式互动克服了孤独的自我学习探究的封闭性、思维定式的局限性，开拓了学生的视野，活跃了学生的思维，营造了更好的学习氛围。二是可以利用"互联网+"平台提前发布讨论主题，让学生们分小组协助学习探究。例如，在《思想道德修养与法律基础》课程中，提前发布设置"在依法治国的背景下，有权可以任性吗""如果程序正义与实质正义不可兼得，你倾向于哪一种正义""父母在，远游否"等多个主题，让学生在线上选题，选择同一个主题的同学随机组成学习小组，对该选题进行深入思考，协作式学习，在查找资料、总结提炼、课堂分享的过程中增强学生的价值认同。这样，通过网上讨论和课堂互动，建立起教师与学生、学生与学生、网络与课堂之间的互动教学体系。互联网教学从根本上改变了传统教学过程中的师生角色和关系。教师与学生的互动更为个性化，教师侧重个别辅导而不是讲课，从教学活动的主体逐渐转变为教学过程的组织者、引导者。教师不再是学生获取知识的唯一来源；学生作为认知主体的角色将得到充分体现，每个人既是知识的学习者，也可以成为知识的贡献者。

（三）借助互联网平台，优化教学管理

充分利用互联网平台，利用大数据跟踪学生学习动态，科学评价学生的学习成果，实现教学管理的精细化。例如，清华大学在线教育办公室和学堂在线共同研发的学堂在线"雨课堂"App，是一种集课前推送、课上实时答题、多屏互动、答疑"弹幕"、大数据分析等功能的软件。学生可以通过微信扫码进入"雨课堂"App，教师也能邀请其他人进入线上课堂，线上线下同时进行。在线上，学生也可以实时发出"弹幕"，对教师教学进行提问或反馈，教师可以实时提出问题，"雨课堂"App会当场统计正确率、答案分布情况，可以让教师及时了解每个学生对知识点的掌握情况。借助互联网，可以通过建立微信公众学习平台，发起读书笔记评选活动，鼓励学生通过微博、微信晒出课程笔记、阅读书籍笔记并分享心得，提高学生听课的积极性。可以通过开发集学习进度跟踪、课程考试、班级管理融为一体的优质"互联网＋"教学平台，解决传统大课堂管理控制难、跟踪评价难等问题。

（四）借助互联网平台，共享优势师资

打造优质的线上课程需要专业化教学服务团队协同配合，需要教学设计师、主讲教师、辅导教师、IT专家和摄影师等多方面专业人士的共同努力。建立"互联网＋"教学模式，需要教师投入大量的时间和精力，精心准备、认真设计。例如，复旦大学的《思修网络课》是一门以"慕课"形式推出的多校共建课程。该校组建了由全国10所高校23位思政课教师共同参与的教学团队，制作了1000分钟的课程视频教学内容，设计了36学时的课程线上学习计划。此外，该课程还设置了"大课堂直播互动"环节，邀请了来自思政理论、历史学、社会学等多学科知名学者为学生进行专题讲课，使选课学生线上和线下都有机会与名师零距离接触。在传统教学模式下，一些"211""985"院校，受困于师资、校舍及政策等客观条件，很多优质教育资源不能发挥最大效能，互联网则为整合优质师资、解决中国教育不均衡发展等问题提供了机遇。一些新建本科院校可以借助"互联网＋"平台，共享"211""985"院校优质的教育资源，以弥补本校教师教学技能的不足。

第五节　新媒体环境下大学生思政教育途径的创新探究

随着科技的进步和社会的发展，人类逐渐跨入全球化、信息化时代，新媒体已经被社会不同领域广泛应用。大学生作为一个相对特殊的群体，因具有较强的学习能力和对新鲜事物的猎奇心理使得新媒体在他们中迅速且全面普及，对大学生的思想道德品质、日常行为习惯、价值观念判断等都形成了一定的冲击和影响，传统的思政教育工作方法已经难以适应新时代环境的要求。探索在新媒体环境下创新大学生思政教育途径，已经成为摆在高校和思政教育工作者面前的一个重要课题。

一、运用校内外两个平台，加强大学生新媒体素养教育

大学生新媒体素养教育是为提升大学生的媒介素养而实施的教育，是一种通过指导大学生正确理解和运用新媒体信息传播资源的教育。通过开展媒介素养教育，旨在培养大学生获取、分析、评价和使用新媒体传播信息的能力，从而适应新时代的发展要求。结合我国的新媒体环境和大学生的发展特点，加强我国大学生新媒体素养教育可从以下两个方面着手。

（一）高校开展大学生新媒体素养教育课程

一是由专业老师开设新媒体素养的通识选修课，条件允许的情况下可开设必修课。二是邀请外界新媒体行业的专家、学者开展新媒体素养教育专题讲座和研讨会，让大学生切身感受新媒体素养的魅力。三是促进新媒体素养教育融入大学的课程体系。大部分高校都开设了通识教育课程，课程中有很多涉及新媒体的内容，可以试着将新媒体教育的内容与这些已有的课程相结合来达到新媒体教育的目的。四是充分利用校园新媒体资源，让大学生成为校园网站、校报、网络电视、广播台、微博、微信公众平台等新媒体实践活动的主体，参与各种形式的新媒体传播活动，切身体会新媒体的实际操作功能。

（二）社会要为大学生新媒体素养教育创造良好的环境

一是加大政府规范和保障媒介素养教育的力度。我国在媒介素养方面的教育尚处于起步阶段，由政府出面更能有效地组织与实施；同时，政府需出台相关的法律法规，优化媒介发展的环境。二是加强媒介素养教育的社会组织建设。从国外已有的成功经验来看，媒介素养教育的开展主要是通过民间团体来开展实施的。现阶段，我国媒介素养教育的专门机构还没有建立起来，根据我国的实际情况，笔者认为我国媒介素养教育应由政府出面组织建设、由社会组织来负责具体实施会更加可行。三是从法律和技术两方面加强新媒体管理。我国在原有相关法律的基础上，先后出台了《互联网信息服务管理办法》等，应在这个基础上尽快完善各种新媒体管理法规。要加强校园网管理，建立和健全一套特殊的管理体制。政府部门也要不断增加投入，建立权威网站，利用防火墙堵截来自海内外的各种有害信息，从而净化新媒体环境。四是加强媒介传播和舆论引导的责任意识，营造一个"干净整洁"的媒介环境，发挥其对大学生的正面引导作用。

总之，大学生媒介素养教育应努力做到学校、社会两方联动，由学校提供条件，由社会创造环境，大学生自身则应更好地利用媒介学习知识，建立对信息批判的反应模式，提高负面信息的免疫力，学会有效利用传媒促进自身全面成才。

二、加强媒体合作，促进思政教育功能的发挥

尽管新媒体已经取得了跨越式的发展，但传统媒体的作用依然不容忽视，新媒体只有与传统媒体合作，才能更有效地发挥其对大学生思想、意识、行为的引导作用，进而更好地发挥其思政教育功能。

（一）利用好传统媒体与新媒体之间的优势互补作用

传统媒体与新媒体在传播特点和功能方面具有各自的优势，应该充分发挥各自的优势，从而更好地发挥媒体的思政教育功能。第一，发挥传统媒体"把关人"的优势，起到对大学生道德导向的作用。传播信息是媒体最基本的

功能，但媒体对信息的传播不是社会信息的全面复制，而是有选择的，尤其是传统媒体通过"把关人"遴选，把体现社会主流意识形态的信息呈现给受众。第二，发挥新媒体"参与""互动""开放"的优势，发挥媒体对社会伦理发展的促进作用。新媒体以其"参与""互动""开放"的优势，形成了对传统媒体的冲击和互补。通过公众的参与和监督，使媒体自身的伦理道德建设得到加强，从而有利于保持优良的媒体环境，进而起到对社会伦理的促进作用。

（二）注重在媒介融合中促进新媒体与传统媒体合作

媒介融合概念的提出始于20世纪80年代的美国。媒介融合就是将原先属于不同类型的媒介结合在一起，即两种或多种技术融合后形成某种新传播技术。数字化技术为媒介融合搭建了平台，促进了传统媒体的数字化转型，也促进了传统媒体与新媒体的融合，为充分发挥传统媒体与新媒体各自的优势、更大程度上发挥媒体的导向和教育功能创造了条件。

（三）传媒活动的公众参与是促进媒体健康发展的手段之一

随着社会的不断进步，受众要求参与大众传播活动的愿望也日益强烈。在传统的大众传播活动中，传媒的话语权掌握在传媒自身和政府手中，这种少数人参与传媒的形式使得新闻话语官僚化、集中化、精英化，广大公众无法参与到新闻活动中。大众传媒对公众的逐步开放，尤其是新媒体的发展，为公众参与传媒提供了平台。公众参与大众传媒不能仅仅流于形式，要从制度上保证公众参与，要严明纪律，加强对传媒的伦理约束，要保证公众参与的平等。博采众家之长，才能使传媒有更全面的发展。

（四）紧紧把握加强传媒思政教育功能的脉搏

一是正确引导传媒的娱乐化倾向。大众传媒作为社会资源，一方面，它是高校教育与家庭教育的有效补充；另一方面，其娱乐性、商业性的发展趋势和特点对大学生的负面影响应当引起我们的高度重视，我们应有效遏制媒介的过度娱乐化倾向，坚持正确的导向，把社会效益放在首位。二是充分发挥传媒的主流道德文化信息传递功能。大众传媒的快速发展在某种程度上为大学生思政教育工作提供了一个新的信息平台，高校要利用好这个平台，传播主流道德文化信息，减少消极、错误的文化信息对主流的道德文化信息产生的冲击。三是着力提升新闻媒体的公信力。公信力是新闻媒体最有价值的内在品质，是一种被公众信赖的内在力量。从大众传媒的思政教育功能来看，新闻媒体的公信力是最重要的传播资源。我们应增强媒体从业人员的责任意识、自律意识，不断完善新闻媒体的监督管理制度，充分发挥新闻媒体在大学生思政教育中的积极作用。

三、坚持正确的价值观引导，构建高素质思政教育队伍

大学生思政教育队伍的强弱直接关系到思政教育的实施效果，在新媒体的环境下，思政教育队伍的建设有了更高、更新的要求。为了适应新媒体环境下大学生思政教育创新的需要，必须以社会主义核心价值体系为指导，不断丰富思政教育队伍的构成，提高队伍的综合素质，才能适应新媒体环境下大学生思政教育创新发展的需要。

（一）以社会主义核心价值体系为指导

在新媒体环境下，我国的社会主义文化受到西方意识形态、文化思潮的冲击和挑战，人们的价值取向多元化，思想活动的独立性、多变性、选择性和差异性较为突出，而这种情况在新媒体空间中表现得更为突出，这些都影响着社会主义文化思想对人们的凝聚力和整合作用的发挥。因此，我们应坚持以社会主义核心价值体系为指导，全社会培育和践行社会主义核心价值观，让富强、民主、文明、和谐、自由、平等、公正、法治、爱国、敬业、诚信、友善的价值理念凝聚人心。新媒体创设的虚拟世界与现实世界共存、价值观多元的环境给我国传统思政教育的一元主导思想和人们的价值观带来了冲击，要在这种复杂多元的环境中培养学生辨别是非的能力，需要思政教育工作者本身具备坚定的政治立场和深厚的政治理论修养。

大学生思政教育队伍建设必须坚持以社会主义核心价值体系为指导，才能

在新媒体环境下保证思政教育队伍在复杂多变的环境中坚持正确的政治方向，能够对学生进行正确的引导，保证思政教育目的和效果的实现。

相较传统的思政教育工作，新媒体环境下的大学生思政教育队伍比以往面临更多的挑战与考验，只有自身牢固树立社会主义核心价值观，才能在任何时候、任何情况下坚持正确的政治方向，坚定不移地走中国特色社会主义道路，密切联系群众，从群众中来，到群众中去，切实做到全心全意为人民服务，坚决维护人民群众的利益，一切从实际出发，与时俱进，解放思想，实事求是，开创工作的新局面。这样的思政教育队伍才能真正担负起对学生进行引导和教育的重任，才能做好新媒体环境下的思政教育工作。

（二）以丰富思政教育队伍为主体

思政教育队伍是高校师资人才队伍中不可或缺的一部分，是实现思政教育工作目标的根本保证。随着新媒体时代的到来，思政教育队伍的组成也在不断扩大，包括新媒体管理队伍、高校思政教育队伍及新媒体舆论引导队伍。为发挥他们在大学生思政教育方面的重要作用，要做好以下3点工作：一是培养一支思政理论素质和新媒体技术兼具的骨干力量；二是把握宣传教育工作规律，建立一支以学生工作辅导员为主体的专职队伍，具备使用新媒体独立地开展思政教育工作的能力；三是分门别类，建立一支包括论坛版主等新媒体使用人员在内的学生党员队伍，充分调动学生党员在利用新媒体开展工作方面的能力，从而与前两支队伍配合，逐步建立起覆盖面积广、活动能力强的立体化新媒体管理格局。其中，前两支队伍的培养是创新思政教育工作的当务之急。有效的途径是选拔具备一定信息技术基础的思政教育学科骨干和高校辅导员，进行专门培养，培养他们新媒体资源育人的理念，注重加强新媒体环境下思政教育的理论探索，熟练掌握信息技术知识和技能，从而确保思政教育的先进性和实效性。

（三）以新媒体舆论为问题引导

在新媒体环境下，对大学生进行正确的舆论引导显得尤为重要。在舆论引导队伍建设方面，主要是建立现代化的信息快速反应队伍，及时监控舆情和突发事件，培养一批意见领袖引导舆论。分析以往舆情事件的形成，一般都是先有热点、焦点，然后才有新媒体使用者的关注、评论、意见等，要有初期的防护、中期的疏导和事后弥补的措施。在新媒体时代，舆论引导中很重要的力量就是"意见领袖"。在传播过程中，常有少数人是消息和影响的重要来源，这部分人对有关事情有更多的了解，他们在一般网民中发表一些信息和表达看法，能影响普通人，这些人就是"意见领袖"。因此，在进行新媒体舆情引导和监控中，高校要把培养和争取"意见领袖"作为一项重要任务，建立与现有"意见领袖"的联系，争取为我所用。此外，更为重要的是培育我们自己的"意见领袖"来引导新媒体舆论。在高校的BBS论坛中，网络编辑、网络管理员、BBS版主、BBS评论员和高校思想教育工作者都充当着"意见领袖"的角色。同时，为更好地做好舆论引导工作，还需要建立专业的民意调查机构和专业调查队伍，确保在第一时间及时报告最新动态。

四、加强新媒体管理，优化大学生思政教育校园环境

学校校园网、官方微信公众平台、官方微博等新媒体作为与学生接触最密切的新媒体，对学生的影响很大。高校如何加强校内网站、官方微信和微博等校园新媒体的建设和管理，发挥其对学生教育的积极作用，值得大家研究与探讨。我们认为，应重点做好以下几个方面的工作。

（一）健全完善校园新媒体管理制度

高校新媒体思政教育工作是一项复杂、长远的系统工程，务必按照上级的指示精神和新媒体发展的客观规律，精心设计、完善制度、有效管理，从而有力保证这一全新工作项目能够健康、持续地发展进步。

1. 加强制度管理。规章制度作为校园新媒体科学管理的一项顶层设计，应该考虑到实施过程中的方方面面，从而保证新媒体系统的正常运转。新媒体管理制度应包括制订新媒体系统的安全维护制度和应急预警制度等。要坚持二级学院网站、微信、微博等实名注册原则，加强对二级学院新媒体信息员的培训，

保证发布的信息有源可查，确保信息的安全性、可靠性。要建立新媒体事故处理紧急预案，实施24小时新媒体全程监控，做到有备无患。

2. 加强管理人员培训。在新媒体安全管理中，要制订管理人员培训制度，加强管理人员、使用人员的安全防护意识，有效地消除内部隐患。在新媒体的管理中，要加强对管理人员的业务培训，明确工作人员的职责，无论是用户管理、权限管理还是信息发布、信息审核等，责任到人，保证系统的稳定运行，坚持不培训不上岗的原则。

（二）综合运用技术、行政和法律手段，加强校园新媒体管理

1. 运用科技的手段加强校园新媒体管理。目前，常用的新媒体安全技术主要有防火墙技术、数据加密技术、入侵检测技术、防病毒技术、安全区域划分技术等。由于新媒体存在虚拟性和隐蔽性，为防止不良信息传播造成危害，要对新媒体传播信息的内容进行积极监控，要依法利用新媒体技术及时删除不良信息和违法信息，避免对大学生产生消极影响。加强校园内部信息新媒体系统建设，为学校新媒体内部管理及信息保密提供技术支撑。

2. 运用行政举措和依靠相关法律加强校园新媒体管理。高校党委宣传部要根据我国新媒体管理的相关法律法规，结合学校自身的实际情况，制订本校的相关管理制度，切实抓好机关部门和二级学院的网站、论坛、微博、微信公众平台等新媒体使用的登记备案工作，落实用户使用责任制。高校校园网BBS论坛和留言板要严格实行用户实名注册制度，要有专门的管理员负责。开通期间，管理员不得离岗，实行轮流值班，及时发现和删除各类有害信息，对于在校园新媒体中传播有害信息的人员要依据国家法律和学校的管理制度追究其责任，给予一定惩罚。

（三）培养校园新媒体安全管理人才

学校党委宣传部门应设立校园新媒体管理工作专门岗位，专职负责学校主网站新闻信息发布和日常建设维护。学校新媒体技术管理部门和各部门要配备必要的专业新媒体技术管理人员，提高校园新媒体技术管理水平。要加强校园

新媒体管理工作队伍培训，健全新媒体通讯员队伍和网上评论员队伍，健全《新媒体管理工作考评制度》，切实提升新媒体工作的水平。要充分发挥党政干部、团委和学生会干部、新媒体专家、教师和学生骨干在学校新媒体建设中的生力军作用，形成人人关心、人人参与、人人支持学校新媒体建设的良好氛围，促进学校新媒体建设的快速、健康、协调发展。

此外，为了维护新媒体的安全，我们还应当注意培养大学生文明上网的行为习惯，因为只有他们的行为文明，才最有可能确保新媒体的安全。要在大学生中积极培育和践行社会主义核心价值观，引导学生明辨是非，教育学生客观看待网上传播的言论与信息，敢于与错误虚假的信息做斗争，自觉抵制黄色、暴力等不良信息，遵守相关的法律法规，提升自我控制能力。

第三章

思政教育方式在思政课课程中的运用

第一节 大学生思政教育精细化管理与优化思政课教学效果

大学生思政教育精细化管理是企业精细化管理的延伸，它适应了当前思政教育改革的需要，对于优化思政课教学效果有重要的意义。本章从大学生思政教育精细化的基本概念入手，分析当前推进大学生思政教育精细化管理的必要性，提出精细化管理对优化思政课教学效果路径的初步构想。

一、大学生思政教育精细化管理的基本概念

精细化管理（也称精确管理、精准管理、精细管理工程），其思想最早源自"科学管理之父"泰勒。1911年，泰勒出版的《科学管理原理》是世界上第一部精细化管理著作。第二次世界大战之后，随着企业规模的扩大，生产技术不断提高，产品不断地更新，生产协作不断地提高，企业的经营者对管理提出了更加精细的要求，许多理论如决策、运筹等被引入管理领域，之后被称为管理科学。20世纪50年代，日本把它作为企业的一种管理理念推广，随后在日本得到普及应用。目前，包括我国在内的大多数国家的企业都推行精细化管理。

精细化管理是针对过去企业粗放化管理而提出的在管理上的精耕细作。精细化管理强调目标的细化、分解、落实，强调数量化和精确化。精细化管理以提高企业经营绩效为目的。通过对企业战略目标的细化、分解、落实，保证企业战略能够在各个环节有效贯彻并发挥作用；通过细化企业管理单元，明确管理目标，改进管理方式，确保企业管理思想高效、准确、到位地落实。

大学生思政教育精细化管理是企业精细化管理的延伸，它将企业精细化管理思想引入到大学生思想和管理中。作为一种理念，"精细化"倡导凡事必须坚持一种认真的态度和科学的精神，并且坚持"没有最好，只有更好"的理念。大学生思政教育精细化管理始终坚持以人为本的原则，以大学生全面发展需求为导向，要求态度精心、把握精确、过程精致，对大学生进行细心教育、细心辅导、细心服务，对高校大学生的思政教育做到精、做到细、做到实。大学生思政教育的精细化管理要求思政教育工作者具备细节意识、服务意识、规则意识、系统意识，遵循"精""准""细""严"四大原则。精细化管理理念要高度契合大学生日常思政教育实效性和思政理论教育实效性的内在要求。

二、推进大学生思政教育精细化管理的必要性

（一）贯彻落实党中央及各省、自治区、直辖市文件精神的必要性

中共中央、国务院2004年发出的《关于进一步加强和改进大学生思想政治教育的意见》等文件分析了当前大学生价值取向、思想观念及学习方式、生活方式和思维方式的明显变化，要求各地各高校重视这些变化，坚持以人为本的教育理念，切实从学生各方面的需要出发，各项工作要坚持"做精、做细、做实"的原则，把思政教育工作做具体、做扎实、做出成效是当务之急。

（二）提高大学生思政素质水平的必要性

教育强则国家强，人才兴则国家兴。做好高校思政工作，必须围绕人这个中心，做到以人为本、立德树人。"以人为本""全程育人""全方位育人"等在一定程度上蕴含了推进大学生思政教育精细化的要求。当前，"95后"

大学生成为校园的主力,对他们进行思政教育有着十分重要的作用。然而,一部分大学生对思政教育课程存有不相信的态度。为了他们能够健康地成长,使他们与时俱进,推进大学生思政教育精细化管理、提高当前大学生思政素质水平是十分必要的。

(三)当前思政课教学改革现状的必要性

高校思政课改革一直是高校教育改革的热点、难点。一方面,思政课理论本身存在理论、概念、观点比较抽象与枯燥的现象,且课程内容本身较难结合社会及学生学习、生活的实际,使他们觉得思政理论课不仅难,而且没有多大用处,尤其是对他们今后的生活和工作没有帮助,促使他们不去上课,即使去了教室也无法专心听讲;另一方面,思政教育内容对经济发展不能产生直接的效应,在一定程度上被各行业及企业和家长、大学生等忽视,这给思政课教育教学及改革带来了困境。如何通过思政教育精细化管理加深各行各业深刻认识到思政教育的重要性,尤其是使大学生认识到思政教育的重要性是目前必要的事情。

(四)提升高校核心竞争力目的的必要性

人才教育培养质量是评价教学质量的重要标准。精细化管理讲究精益求精,以制订"高标准"的制度来执行"严要求"的标准,追求管理的质量,打造精品,塑造品牌。高校综合实力和办学水平的实力离不开精细化管理的支持。一方面,我国的财政支出对于教育的投入相对有限,高校的办学,尤其是民办高校在有限的经费下更要注重在成本节约的情况下提高效率;另一方面,随着社会的发展与进步,各课程之间的联系越来越密切,也要求各课程管理越来越精细,以精求细,以细促精,从而提升高校的核心竞争力。

三、精细化管理对优化思政课教学效果路径的初步构想

根据精细化内涵的应有之义,优化思政课教学效果要求思政课教学必须改变过去"理论灌输式"的教学模式,强调每一个教学环节的细化、分解及其落

实，强调课程章节的数量化和精细化，从而提高课程教学质量，即学生通过课程的精细化管理，用最有效的方式收获最有用的知识。通过对课程教学目标的细化、分解、落实，保证课程实施的各个环节都能够有效发挥作用，确保达到优化思政课教学效果的目的。

（一）改变教学理念

所谓教学理念，是指人们对教育和学习活动规律的认识的集中体现，同时也是人们对教学活动的看法、基本态度和观念，是人们从事教学活动的信念。传统的教学推崇和奉行以教师为中心，忽视学生在教学中应具有的主动性，把学生看成纯粹被动接受知识的对象，使用"满堂灌""死记硬背"等不良的教学理念，远远不能适应时代的发展和教育改革的需要。2015年，中共中央宣传部、教育部印发了《普通高校思想政治理论课建设体系创新计划》的通知，通知要求实施高校思政理论课建设要坚持教师讲授与学生参与相结合，注重师生教学互动，充分调动学生学习的主动性与积极性。

高校思政理论课教学要改变过去的教学理念，树立为学生服务的教学理念，如精细化管理四大意识中的"服务意识"，要求教学工作者树立学生也是教学过程主体的意识。只有教师克服传统的教育理念的弊病，才能更好地发挥学生学习的主体作用。教学也是一种服务，每一位教师都应该树立为学生服务的理念，这对优化教学效果能起到更好的作用。

（二）强化细节意识

俗话说，"细节决定成败"。该思想已经成为教学领域创新发展的必然趋势。作为思政课教学教师，要改变传统上以自己为中心的思维，注重学生主动性和积极性的发挥。在考虑思政学科自身的特点、性质及逻辑性时，还要兼顾大学生的个性心理及其专业知识背景，从而让教学内容尽量符合社会发展的需要和学生自身发展的需要。另外，不仅在课堂上要注重学生的心理发展需要，在课堂及课后也要及时了解学生的思想状态，及时知悉学生的变化，把握好学生的思想状态，做到有的放矢，有针对地实施教学，从而达到优化教学的效果。

（三）强调课程教学各项环节的精益求精

1. 备课精细化。备课环节包括备教材和"备学生"。

备教材是指教师对教学内容熟悉的过程，即对教材做到精细化准备，要求教师要掌握教材每一章的内容及相互联系。例如，《思想道德修养与法律基础》每一章的内容是什么，绪论和第一章到第八章及结束语都包括什么内容，它们之间有什么样的关联性，如何把社会主义核心价值观贯穿整个课程的始末，等等。在具体实施中，可以按专题备课，分成三大模块：思想、道德与法律，然后把内容逐项细化。在这里，作为该课程教学组的教师，应该制订严格的备课制度——集体备课制度并把它形成规范，让每一位教师认真执行。同一专业、同一课程的教师要定期进行教研活动，一起商量教学内容和手段等，规范教师讲授的内容及保证教学进度等。每一项内容都由对该部分最擅长、最专业的老师认真准备，主讲该内容教学的完整环节，其他老师在觉得不够好的情况下继续补充。这样，能够把每一位老师最优势的地方发挥得最好，从而达到精的效果。

"备学生"是指教师在备课时应考虑到学生的特点、兴趣及爱好，尽量联系他们的生活实际，走近他们的生活，经常用他们感兴趣的事物或话题来吸引他们的注意力，调动他们的积极性；同时，也应考虑到不同学生的成绩状况及理解能力的差异，设置不同梯度的问题以供不同层次的学生回答。例如，在《思想道德修养与法律基础》绪论中，关于大学生生活与中学生生活的不同，对于艺术类专业和非艺术类专业采取的教学方式就可以不一样。对于大多数艺术类专业学生而言，他们的理论基础较弱，上课的自觉性也较弱，可采用播放5分钟关于大学生生活的影像的方式，让他们直观感受到大学与中学的不同。对于大多数非艺术类学生而言，他们在各方面表现得比艺术类的学生积极，让他们以自己的亲身感受为例，通过1～2组同学课前的认真准备，在课堂内与大家分享各自所体会到的大学与中学的不同，然后，有疑问的同学可以在他们讲完后发问求解。

2. 课堂实施环节精细化。

第一，要对课堂纪律实施精细化管理。思政课程大多是70~100人的班级课程，管理难度较大，加上当前通信设备的普及和社会多元化的发展给大学生的视觉、需求等带来了很大的影响。目前，各高校通过调查发现，学生在上课时使用手机的频率较高，有的自觉性较差的学生整堂课注意力都在手机上，如何加强学生课堂手机使用的管理很重要。这里可以借鉴福州理工学院的做法，在每个教室配备足量的手机袋，学生上课前把手机放进手机袋里，下课时可取走，并且将此作为课程考核制度确定下来，要求每一位教师严格执行该制度，然后再针对个别开小差的学生，采取符合他们个性的手段管理。课堂纪律管理精细化是课堂实施环节精细化的第一步，地位尤为重要。

第二，在具体实施教学的过程中，教师应在精细备好课的基础上，把掌握的知识点充分应用到课堂教学环节上，为学生做好精细化示范教学。对基础知识点的讲解要严格、准确，精心设计课堂提问，及时洞察学生对知识的掌握情况，对学生的长处给予及时肯定；或者及时发现学生的学习问题，精心设计课后习题，及时补缺补漏。

第三，设计精准的考评。要改变传统简单的考评方式。就《思想道德修养与法律基础》课程来说，目前大部分高校对该课程的考核分成平时考核和期末考试两个部分。平时考核分为作业、课堂、发言等，但具体如何实施也没有具体的规定，即使在考核大纲中规定了平时考核所占的比例，每名教师在执行时也不一致。因此，思政课程教研部门应该制订出精细的考试大纲，尤其是对平时考核应当细化，最终使学生的成绩都有足够的考核依据，做到学生的成绩都有凭有据，促进教师在平时教学中对学生精细的管理，引起学生的足够重视，从而促进教学效果的优化。

（四）思政课程教学团队精细化建设

1. 加强思政课程教学队伍的执行力。当前，在高校各学科中，包括思政教育学科，几乎都规定了各项规章制度，有的甚至极其规范，比如集体备课制度。

但是，有不少人不真正执行集体备课制度，从而影响了精细化管理的要求。

2.加强队伍专业化、职业化建设。精细化管理就是要把小事做细、细事做精，既要讲过程，也要讲结果。思政课程队伍建设应该讲究资源共享，从而加快各自的成长。按照每个人的专长，为每位教师提供成长的环境，让思政教学的内容细化，让每位教师发挥自己的专长，在其擅长的领域里钻研教学内容，做到思政教学的专业化。通过开展教学比赛、说课大赛、教案设计大赛、课件制作大赛等，让教师通过参加比赛不断钻研、提高自己的职业化水平，从而促进思政教师队伍的专业化、职业化建设。

总而言之，当前在大学生思政教育中采取精细化管理是贯彻党中央文件精神、提高高校大学生思政水平、教育改革及提高高校核心竞争力的需要，从精细化管理的要求出发，改变教学理念，强化细节意识，在课程各环节讲究精益求精，从而加强对思政课程教学队伍的精细化管理，这对于优化思政教学效果会起到良好的作用。

第二节 构建有利于大学生社会主义核心价值观教育的思政课教学新模式

思政课是高校社会主义核心价值观教育的主渠道，高校思政课教学要以社会主义核心价值观为统领，把课堂教学与实践育人相结合，构建大学生思政理论课教学新模式，使大学生全面把握社会主义核心价值观的理论内涵和实践方法，让大学生将社会主义核心价值观内化于心、外化于行。以下以福州大学阳光学院为例。

一、思政课社会主义核心价值观教育的教学思路

高校思政理论课是进行社会主义核心价值观教育、帮助大学生树立正确的世界观、人生观、价值观的核心课程，如何提升思政课社会主义核心价值观教

育的效果，是思政课教师必须解决的重要问题。增强高校思政理论课程价值观教育的实效性，一方面，需要在教学中遵循价值观形成的规律；另一方面，应当采用适合当代大学生认知特点的教学模式。

人的价值观是在内外因相互作用的过程中不断建立起来的。内因是指内在的需求和自我意识；外因是指社会、家庭和学校的影响。学校所进行价值观教育是教师引导、帮助学生主动建构价值观的过程，需要发挥教师和学生双方的积极性。教师的积极性体现为积极引导学生认识、接纳和构建社会主义核心价值观。没有教师的价值引导，学生在价值观建构过程中就会感到迷茫、无所适从，没有方向感。学生的积极性体现为学生结合自身的需求，主动建构自己的价值观。不发挥学生的积极性，学生的价值观建构就无法实现。

引导学生培育和践行社会主义核心价值观是知、情、意的高度统一，在知识方面要求做到理解，在情感方面要求做到乐于接受、认同，在意志方面要求愿意付之于行动。这是一个价值观不断升华的过程，即在理解的基础上认同，在认同的基础上践行。要实现这样的价值观升华，在教学中就必须将知识传授、情感熏陶和社会实践有机结合起来，使大学生全面把握社会主义核心价值观的理论内涵，不断增强对社会主义核心价值观的情感认同，不断践行社会主义核心价值观，从而做到内化于心、外化于行。

基于以上认识，教师形成了以下教学思路：将社会主义核心价值观的内容分解成几个不同的部分，融入思政理论课的4门课程中，每门课程根据自身的教学内容特点与重点来承担社会主义核心价值观中某些方面的教育工作，并以社会主义核心价值观的不同内容设置不同专题进行教学。在教学方法上将理论讲解、典型示范、自我教育、实践转化、个别辅导相结合；在教学形式上将课堂教学与实践育人相结合，构建课堂、第二课堂、社会服务"三位一体"的思政课价值观教育教学体系。

二、思政课社会主义核心价值观教育的教学基本环节

（一）充分发挥思政课课堂教学的价值观教育功能，增强大学生对社会主义核心价值观的理论认识

课堂教学侧重于价值观的呈现和理性说服，这是一个讲"理"和认"理"相结合的过程。讲"理"是指教师对价值观的全面、准确呈现；认"理"是指学生接收到某一价值理念的信息之后，用自己的认知图式对这一价值理念进行辨识、甄别并决定是否认同的过程。传统的教学模式比较注重教师的讲"理"而忽视了学生的认"理"，导致价值观教育的效果不好。因此，我们需要对思政理论课的课堂教学模式进行创新，加强实践环节，综合运用案例分析、课堂讨论、时政评述、辩论赛等多种教学形式，为学生创设多种认知情境，引导学生运用所学理论分析社会热点及现实问题，让学生在各种情境中体验、领悟、比较、选择，从而接纳、认同国家的主流意识和核心价值理念并建构起他们自己的人生价值观。

比如，在讲授某门课程时，专门设计了一个学生讲时政的环节来进行社会主义核心价值观教育。该课程基本原理是社会主义核心价值观的重要理论依据，把握基本立场、基本观点和基本方法对于学生接受和认同社会主义核心价值观具有非常重要的意义。由于该原理是从现实社会生活中抽象出来的一般理论，具有高度的抽象性，单纯靠教师课堂讲解很难让学生做到准确、全面地理解这些原理，学生需要尝试着运用这些原理去分析现实社会的各种现象，才能获得对这些原理更深刻的理解。为此，教师在开学初将学生分成不同小组，每个小组提前准备好一个当前的时政热点问题用于在课堂上讲评，每堂课安排一组学生在课堂上进行5~8分钟的时政讲评。在每一组学生讲完后，其他组的同学可以提问或提出不同看法，教师则根据学生的讲解情况给予点评和引导。

在2016年上半学年的某堂课上，学生就围绕"两会"等主题进行了讲解和评述。学生在讲评时政时，一方面了解党和政府的政策主张和核心价值追求，另一方面也呈现了他们自己的价值观点和思维方法，使教师能够更清楚地了解

学生对社会主义核心价值观的认知情况,并在点评时帮助学生澄清价值认识,树立正确的价值观念。这一教学形式可以将价值观理论教育与学生的自我教育及价值观疏导等方面密切结合起来,从而提升价值观教育的实效性。

在《思想道德修养与法律基础》的课堂教学中,教师侧重于学生个人层面的爱国、敬业、诚信、友善及社会层面的自由、平等、公正、法治等核心价值观的教育,主要运用案例教学进行典型示范和价值观澄清的教育方法。教师上课时用视频或语言、文字、图片等方式呈现案例,可以选择正、反两个方面的案例。选择正面的道德模范和励志故事作为典型示范,通过创设价值情景来感染并熏陶学生;选择负面的违法乱纪和不道德行为供学生批判,对学生起警示作用。学生了解案例的内容后,讨论并回答教师提出的问题,教师再根据学生的回答情况做出点评和讲解,学生在经历观看或阅读案例、讨论和教师的分析讲解这一系列过程之后价值观念逐渐清晰。

(二)充分发挥思政理论课第二课堂的价值观教育功能,增强大学生对社会主义核心价值观的情感认同

思政理论课的特点是要把所学的理论转化成理想信念,升华为世界观和人生价值观,并最终演变成为人处事的方式和习惯。这个目标单靠课堂教学是不能完成的,需要在课后进一步反思、体验和拓展。为此,我们布置了特殊的课后作业,让学生广泛地开展第二课堂实践活动。

1. 组织学生围绕社会主义核心价值观开展校园调研活动。教师在上《思想道德修养与法律基础》课程时,布置学生分成小组进行校园调查,要求学生对大学生的诚信现状、大学生的法制意识、大学生的爱国情怀、大学生的择业观等内容进行调研,学生调查后写出调查分析报告并在课堂上进行分享交流。开展校园调查的目的是让学生进行自我教育。比如,和谐社会建设需要处理好人与人及人与自然的关系,而处理好人与自然的关系,需要我们树立尊重自然、顺应自然、保护自然的生态理念,需要我们节约资源和保护环境。学生通过课堂教学能明白这个道理,但不一定能落实到行动上。通过组织学生对校园节约

资源情况（主要是及时关电、关水）的调查，以及通过对调查所得数据的分析使学生意识到养成良好的行为习惯对节约资源的重要意义。

2. 通过舞台剧大赛的方式，组织学生围绕社会主义核心价值观的内容编写和表演舞台剧。教师在《思想道德与法律基础》《中国近现代史纲要》《毛泽东思想和中国特色社会主义理论体系》等课程中，组织学生围绕着社会主义核心价值观的主题自编、自导舞台剧，用舞台剧的形式呈现他们对社会主义核心价值观的理解。学生作品出来后，通过一层层的选拔，最后将优秀团队的舞台剧搬到学校的大舞台表演。2016年6月5日，阳光学院首届思政舞台剧大赛在科报厅举行，由不同班级遴选出来的8个团队进行角逐。最终，2015级外经贸系商务英语专业的陈慧菁等同学编、导的舞台剧《最初的梦想》夺得该次舞台剧大赛第一名。这出舞台剧是陈慧菁同学结合自己小学三年级之前口吃的经历编写出来的，讲述来自东北农村的女孩翠花不顾旁人嘲笑，克服口吃障碍，追逐梦想并最终实现梦想的故事，感动了现场不少观众。陈慧菁同学说："思政课在很多人的印象里都是比较枯燥的，但舞台剧这种'上课'方式让我们的思政课堂丰富起来，而且给我们提供了一个很好的锻炼和展示的平台！"比赛后，陈慧菁同学在接受采访时介绍："莫忘初心，这是我们团队的名字，通过这次比赛让我们更加深刻地理解了'追逐梦想、永不放弃'的人生道理。"这说明舞台剧的创作和表演对于学生的自我教育有着非常重要的作用。

（三）充分发挥社会实践的价值观教育功能，增强大学生对社会主义核心价值观的践行能力

1. 组织学生开展社会服务实践。大学生培育社会主义核心价值观的主旨就在于将之贯彻、实践于社会生活中。阳光学院思政部与学工部及各系学生管理工作部门联合行动，组织大学生运用专业知识优势，开展社会服务实践活动。比如，组织人文系运用心理学专业学生在马尾区福乐家园为智障儿童提供心理援助，组织法律系学生在马尾区为市民提供法律咨询服务，组织电子信息工程系学生到宁德市太姥镇向民众宣传节能减排、低碳环保的生活理念。通过这些

社会服务实践活动的开展，使学生体验到帮助他人的乐趣，增强他们的社会责任感，使社会主义核心价值观深深扎根在他们的心里。

2. 利用爱国主义教育基地进行实践教学。2012年，阳光学院与中国船政文化博物馆签订协议，共建大学生爱国主义教育实践教学基地。此后，阳光学院与中国船政文化博物馆合作，开展了船政文化教育教学、船政文化研究、船政文化宣讲、船政文化纪念品设计、船政文化摄影摄像、船政文化歌舞剧创作等一系列实践教学活动，产生了良好的教学效果，学生在实践过程中进一步深化了对社会主义核心价值观的认识。

3. 组织学生开展暑期思政课社会调查实践活动。阳光学院规定大一、大二学生必须进行暑期思政课社会调查实践活动，大一年级暑期结合《思想道德修养与法律基础》课程、大二年级暑期结合《毛泽东思想和中国特色社会主义理论体系概论》课程，由学生自行选题进行调研，调研结束后写出调研报告。暑期结束后，教师对学生的暑期调研报告批阅并择优进行表彰。暑期社会调查实践使学生能够近距离地了解和认识社会，从而使学生对社会主义核心价值观的认识具体化。

三、思政课社会主义核心价值观教育的教学实效评价

教学模式的创新是一个不断调整的过程，必须及时、准确地把握教学效果，根据反馈的教学实效对教学方式进行调整。为了及时了解思政课社会主义核心价值观教育的实效，教师通过以下途径获取反馈信息：其一，定期召集由各个专业的学生组成的学生代表座谈会，了解学生对思政理论课教学的看法和感受；其二，定期召开思政课教师座谈会，了解教师在实施这一实践育人教学方案过程中的感受、存在的问题和困难；其三，收集学生对任课教师进行的网络评价和教学督导课堂听课的评价信息，据此判断学生和督导对思政课的满意程度；其四，建立思政课教师与各系各专业的政治辅导员及专业课教师的定期沟通制度，了解学生在学校的实际表现。

从反馈信息看，总体上，这一思政课教学方案在社会主义核心价值观教育方面获得了较好的效果，主要表现为以下几个方面。

1. 课堂上的案例教学、讨论及学生宣讲时政等教学手段使学生能更主动地参与到课堂中，增强了学生学习思政理论课的兴趣，提升了社会主义核心价值观教育的效果。

2. 组织学生开展校园专题调研活动、舞台剧等第二课堂教学实践活动，使学生能够将学习、思考和行动结合起来，深化自我认识，强化社会主义核心价值观的认同感。

3. 组织学生开展社会服务和暑期社会调查研究等活动，培养学生的实际动手能力，增加学生的社会责任感和服务意识，使学生更加近距离地了解当代中国社会的国情、社情与民情，将社会主义核心价值观与社会生活密切联系起来，使社会主义核心价值观外化于行。

4. 以优势地缘文化为实践载体，组织学生参观学习和研讨，增进了学生对地方历史文化的认知，深化了学生的民族意识和爱国、爱乡情感，强化了学生对社会主义核心价值观的情感认同和践行能力。

通过对思政教学实效的分析和评估，使教师及时发现问题和困难并积极寻求解决问题和克服困难的办法，完善教学方案，提升教学效果。比如，在学生暑期调研实践活动中，发现教师对暑期调研实践活动的指导非常困难，由于学生人数较多，有一部分学生会敷衍了事，对调查做得不够深入。针对这一问题，我们加强了对学生暑期实践活动的管理，将一个班级分成几个小组，选出小组长，由小组长来管理本小组各成员的调研活动，再由小组长向指导老师汇报他们组的调研进展情况。做出这样的改进后，效果明显好转。

四、思政课社会主义核心价值观教育的教学模式反思

经过近几年在思政课上的社会主义核心价值观教育教学实践，我们总结了以下几点经验。

（一）将显性教育与隐性教育相结合，实现大学生社会主义核心价值观教育的"生活化"

大学生群体在长期的生活实践中已经建立了比较稳定的信念体系，如果在课堂上采用"满堂灌"的教学方式，学生容易感到厌倦和乏味，并且还会对这种价值观教育产生抵触情绪。针对这种情况，社会主义核心价值观教育需要将显性教育与隐性教育相结合，要将思政课堂进行延伸，从课堂延伸到课后，从校内延伸到校外，从而降低学生的抵触情绪，提升教学实效。要把校园作为社会主义核心价值观教育的舞台，从大学生日常生活出发，利用课堂、学生社团、宿舍、网络等载体，结合现实中具体细微的场景和身边具体可感的故事，通过感知、领悟和实践，使社会主义核心价值观真正成为大学生心灵的罗盘，做到内化于心、外化于行。

（二）发挥教师与学生双方的积极性，实现大学生社会主义核心价值观教育的自觉化

传统的教学模式过于强调教师的主导作用，忽视了学生的主体作用。学生的价值观是学生主动建构起来的，因而在教学中要充分发挥学生的主体作用。这就要求在教学各个环节都要有学生参与的途径，要强化实践育人环节，增加实践教学比重，规定相应的学时、学分，加强实践教学管理，将教师的价值引导与学生的价值建构密切结合，使社会主义核心价值观教育入心、入脑，成为指引学生行动的坚定信念。要在社会实践中加强大学生核心价值观体验和培育。组织开展社会调查、生产劳动、志愿服务、公益活动、科技发明和勤工助学等社会实践活动，抓住重要契机广泛开展特色鲜明的主题实践活动，使大学生对核心价值观的先进性和正确性有切身感受。

（三）建立规范的保障体系，实现大学生社会主义核心价值观教育的常态化

为保障思政理论课实践教学育人的正常运行，阳光学院制订了一系列相关制度。例如，将思政实践教学写进各专业的本科教学培养方案中并占有一定的

学分，大一、大二学生必须进行暑期的社会实践调研，考核不合格者必须重修；将"船政文化""国学"作为学生必选的通识课等。对思政理论课的考核机制也做了相应的调整。将学生的理论学习、平时表现和社会实践纳入考核学生的评价指标，综合考查学生分析问题和解决问题的能力，增强学生参与社会实践的自觉性等。以上这些措施使得社会主义核心价值观教育常态化，具有可持续性。

第四章

新商科背景下专业课课程思政建设内涵与方法探索

第一节 《市场调查与预测》课程思政建设内涵与方法探索

一、国内相关研究现状分析

（一）学校层面的研究现状

很多高校对市场营销专业课都进行了思政改革，比如王娟（2020）从教学目标、考核方法等多个维度进行了教学改革；曼琳（2021）以四川华新现代职业学院为例，开展了基于产教融合的市场营销专业人才培养模式研究，提出了思政元素的融合途径。

在本科及以上院校，胡保玲（2020）以青岛理工大学为例，在"三全育人"视域下对市场营销专业课程思政进行了改革；孙洁、韦恒（2021）针对高校新商科人才培养开展了专业思政的探索与实践；张东哲（2020）对市场营销课程思政元素进行了深入的挖掘研究。

（二）课程层面的研究现状

李磊（2021）设计了《汽车市场营销》课程思政教学13个可行的结合点

并设定了相应的价值引领目标；施颖、卞荣花（2019）在 OBE 理念的指导下，阐述了《汽车市场营销》课程思政教学体系的建设情况；郭丽娟、周晓强等（2021）梳理课程思政改革思路，课程内容有效融合思政元素。

综上所述，我们发现国内对成果导向教育的研究与应用尚属于探索阶段，成果较少。学者们的研究相对较为分散，缺乏系统性，没有形成适合我国国情的理论与应用体系。文献检索发现还没有教师将 OBE 理念应用于《市场调查与预测》课程的思政教学改革与实践。

因此，选择该课程进行基于 OBE 的改革与实践研究在本科师范类学校具有一定的理论价值与现实意义。

二、提高教学质量的作用和意义

进入 21 世纪以来，伴随着新兴经济体的快速发展，多极化的世界格局正在形成，大国之间的角力越发激烈。在这样的时代，优秀的人才是大国角力的重要力量。因此，卓越人才的培养是我国未来发展与中华民族伟大复兴的关键，而人才培养的关键在教育，教育则首先要解决"培养什么人、怎样培养人、为谁培养人"的问题。高校的传统商科教育往往偏重于传授专业知识与培养专业能力，对思政教育重视不足，导致学生价值观偏离、信仰缺失和道德失范等现象时有发生。

高校教育除了加强和改进原有的思政课程教育之外，挖掘专业课程包含的思政元素，积极探索专业课教学与思政教育的融合，既有助于建立全员、全过程、全方位的思政教育体系，又有利于提升专业教育的成效，对提高学生整体素质、为国家培养全面发展的人才具有重要意义。已有多位学者从理论高度阐述了从思政课程到课程思政的意义、价值和实施路径，并有多个高校积极开展了课程思政的实践，取得了较好的教学效果。

三、项目实施方案

（一）研究内容

1. 明确教学目标。一是注重基本的思想教育，从而提升学生的政治站位、社会公德，规范自身的行为，形成正确的"三观"。二是以高校学生特征和专业相关的就业方向为立足点，将思政元素与市场营销学进行有机融合，重点强化职业道德和素养，为社会培养具有职业精神、创新精神和社会责任感的专业人才。

2. 设计思政元素。教师应主动学习发布的政治学习文件，具体的每个学习单元分别如何融入课程思政元素如表 4-1 所示。

表 4-1　教学模块融入思政元素

教学模块	思政元素	思政内容	教学形式
市场调研概述	我国各项制度的优越性，中华优秀文化因素	在认识市场营销环境的过程中，穿插社会主义核心价值观	以先进的多媒体技术向学生播放我国优秀企业的成功案例，如青岛啤酒等
市场调研方案设计	民族情怀，社会责任感，创新思维元素	引导学生学习国内优秀企业案例，激发民族情怀和社会责任感	分析汇源果汁等案例，问卷调查实践
二手资料收集的方法	吃苦耐劳，科学严谨，工匠精神	引导学生以吃苦耐劳的品质、以科学严谨的精神对目标市场进行数据分析，使得目标市场精准	调研，案例分析
抽样技术和方法	中国梦，社会责任	中国特色社会主义新时代，新时代要以民族复兴为己任	调研，模拟，案例分析
市场调研资料的分析	实事求是，社会主义核心价值观	引导学生树立实事求是的态度，讲究诚信与科学	模拟，案例分析

续表

教学模块	思政元素	思政内容	教学形式
定性预测方法	职业道德与企业伦理	引导学生体验观察法、深度访谈法、焦点小组访谈法、投射法、德尔菲法的概念和优缺点及其实施过程，把握客观和主观规律	国有企业案例分析，教师引导学生自己总结经验
时序预测分析法	历史发展观，增强"四个自信"	历史发展规律融入思政课教学，引导学生增强"四个自信"	时序分析国有企业经济发展的各种数据
回归分析预测法	运用唯物辩证法基本规律思考实际问题的能力，引导正确的消费观	学生可以充分地体验现实生活中的相关事件，比如人均可支配收入和消费支出的回归分析	案例引导，上机案例操作演示

3. 教学思路改革。本课程形成"理论–实践–理论"的闭环，构成了OBE理念下该课程的完整授课体系，用学生的学习成果来评价教学效果。该课程五模块的设计示意如图4-1所示。

（二）研究成果

1. 课程思政教育目的：培养全面发展的人才。该课程思政建设立足于思政元素融入专业知识中，培养学生正确的世界观、人生观、价值观，热爱社会主义祖国，践行社会主义核心价值观，拥有健全的人格、向上的心态和高尚的人品，拥有深厚的爱国情感和中华民族自豪感。

2. 课程思政重视思辨能力提升：培养科学思维与态度。该课程思政教育既要帮助学生建立专业知识的理论框架，对专业知识有系统性的认识，又要在教学过程中有目的、有计划、有实效地对学生进行思政教育，引导学生尊重科学，以科学态度对待现实问题，鼓励学生做一个有责任感的人，透过复杂的问题表象寻找真相，正确处理遇到的困境与诱惑。

该课程改革计划后期形成教研的研究报告或相关的其他形式，推广到市场调查或调查与预测教学之中。

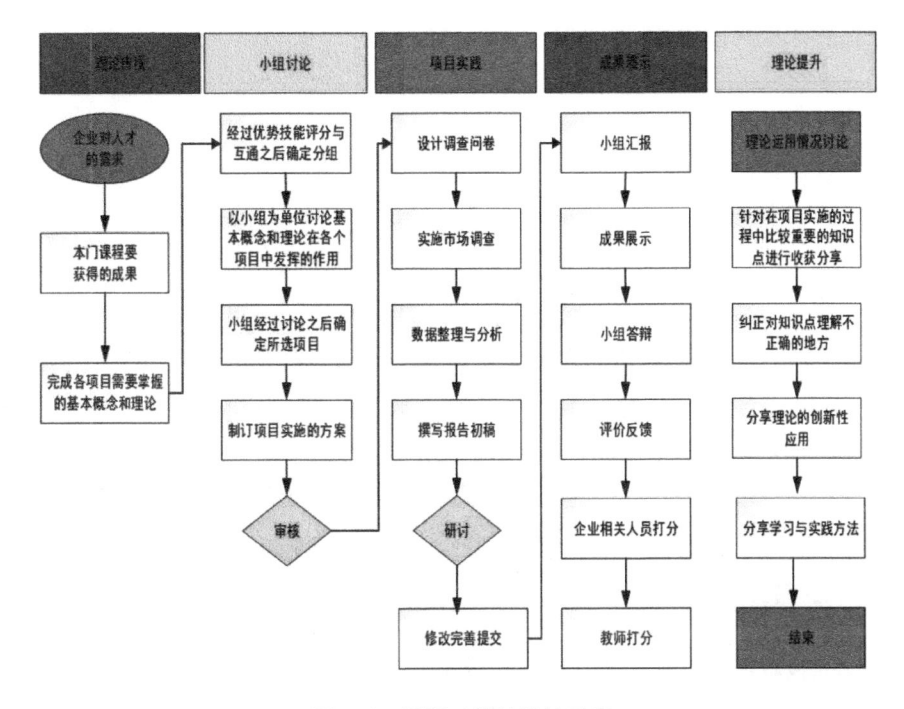

图 4-1　课程五模块设计示意

（三）实施计划

两年的实践步骤：将课程思政要求列入实训要求与心得总结当中。将案例材料提前通过线上方式发送给学生。学生分组线上、线下进行讨论及反思。学生以小组为单位讨论，学生主导课堂，教师点评、总结。

（四）研究特色

1. 即以"专业理论知识学习、案例分析、实践应用"共同构成三维立体的教学内容，第一、第二课堂双轮驱动并行，以期实现理论指导和实践锻炼辩证统一的"一体化"教学效果（见图 4-2）。

2. 基于 OBE 的成果导向教育在课程中运用。我们在课程建设中摸索出了一套基于成果导向教育的 ADDIAI 课程模式。所谓 ADDIAI 课程模式，就是一种按照岗位职责分析（Analyze）→目标设定（Define）→内容设计（Design）→课程实施（Implement）→课程评价（Assess）→改进提高（Improve）的流程构建课程的课程开发模式。

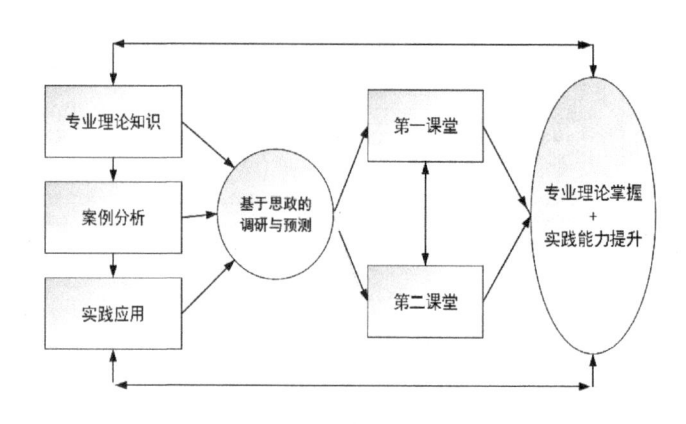

图 4-2 "一体化"教学效果

(五) 研究方法

将市场营销学专业知识点和思政要点融合,应该采用软融合的方式。如果只是生硬地插入会影响教学内容体系的完整性,学生也会有抵触心理。教师可以从学生视角出发,利用信息化工具引导学生自主学习,通过超星、爱课程等平台在课前发布思政教育学习资源,学生自主学习。通过案例教学法、翻转课堂、任务驱动法、线上线下混合式教学等方式,注重启发引导、实践体验,使课程思政被学生自动认知、认同并内化。

围绕《市场调查与预测》深入挖掘思政教学案例,不断丰富思政教学内容,优化教学设计,在传授知识的同时讲授人生哲理与文化意蕴。积极开展融合课程思政的教学方法、教学手段、教学载体及考核方式的研究与实践,采用"三位一体"的教学模式。即在教学课堂平台,通过讲解企业经营基础理论,加强学生专业知识和技能的培养;在网络教学平台,丰富各类教学资源,通过生生互动、师生互动,锻炼学生的专业技能;在实践教学课堂平台,借助专家、企业家进课堂和学生社会调研等机会,提升学生运用相关理论分析问题和解决问题的能力。

第二节　从《基础会计》"微课"看大学生思政教育的新趋势

课程思政是课程与思政教育相结合开展综合改革的重点方向，同时也是新时代教育领域实现立德树人根本任务的重要着力点。在我国会计实务中，从几年前的獐子岛、康得新到近年来的瑞幸咖啡、康美药业、新绿股份，财务造假事件频频发生，表明会计从业人员的职业道德问题没有很好地解决。会计教育的内涵有必要从专业教育拓展为专业教育与立德树人并重的双重轨道，这也是"德为先"、德治的社会需要，更是实现人生价值的需要。

《基础会计》的培养目标主要有知识目标、能力目标和思政育人目标。目前，在整个教学过程中，教师会将重点放在前两个方面，教学内容主要是《基础会计》的专业基本理论和基本技能的教育，而思政育人的内容比较少，课程教学过程的思想政治教育体现不明显。

一、"微课"教学形式的发端

"微课"是指运用信息技术，按照认知规律，呈现碎片化学习内容、过程及扩展素材的结构化数字资源。"微课"的核心组成内容是课堂教学视频（课例片段），同时还包含与该教学主题相关的教学设计、素材课件、教学反思、练习测试及学生反馈、教师点评等辅助性教学资源，它们以一定的组织关系和呈现方式共同营造了一个半结构化、主题式的资源单元应用"小环境"。因此，"微课"既有别于传统单一资源类型的教学课例、教学课件、教学设计、教学反思等教学资源，又是在其基础上继承和发展起来的一种新型教学资源。

"微课"这种形式是由麻省理工学院的萨尔曼·可汗在不经意中掀起的。他毕业于麻省理工学院，之前是一位基金公司分析员。2004年，他通过雅虎的涂鸦记事本，帮助他的亲戚解答一些数学难题，并且于2006年尝试将一些他认为会反复出现的问题制成 10 分钟左右的视频放到 YouTube 上。出乎意料的是，居然有很多学生对他的视频感兴趣，并且给他写评论，对其大加称赞。大家在留言板上称他是"数学上帝"。萨尔曼·可汗深受鼓舞，他决定从最简单的代数开始，给所有的中小学课程免费做视频并成立了非营利性的"可汗学院"网站，用视频讲解不同科目的内容并解答网友提出的问题。除了视频授课，"可汗学院"还提供在线练习、自我评估及进度跟踪等学习工具。很快，这个网站每月的平均点击量达到 200 多万次。2011 年，该网站制作的视频开始在全球热播。后期出现的 Coursera、Udacity、edXedx 等在线课程平台，标志着"微课"进入蓬勃发展的历史时期。目前，英国、美国、捷克、荷兰、日本等国家在基础教育和高校中已开始运用"微课"，部分实现了课堂教学模式的"翻转"。这样，以微型视频为核心的"翻转课堂"教学模式取得了巨大的成功，引起教育界的广泛关注与争论。

"微课"教学形式的产生，从表面上看，似乎纯属偶然，但基于传统大学课堂日益显现的诸如"课业繁重""缺少预习""时空固定""被动学习""教师为中心""广播式授课"等问题，"微课"作为科技革命和信息时代的产物，则具有方便快捷、独立自主、灵活高效的特点，恰恰满足了人们自由获取知识和培养创新人才的内在需求。因此，从这个意义上讲，"微课"的出现，不仅不是偶然，而且是转变传统教学观念、革新教学模式的真正起点，是未来教育教学改革的方向和必然趋势。

二、《基础会计》课程思政教育目标

（一）实现传授知识和立德树人的有机统一

长期以来，《基础会计》教学重"教"轻"育"的问题没有很好地解决。"教"在于"业"，"育"在于"德"。而今，通过课程思政，专业课教师可以把社会主义核心价值观、"四个自信"、爱国情怀、会计人员从业职业道德、会计文化等融入《基础会计》专业课教学中，实现传授知识和立德树人的有机统一。

（二）培养为我国社会主义现代化建设服务的优秀会计人才

《基础会计》课程往往将会计的基本概念、基本理论和基本技能作为学生掌握的核心内容，但缺乏对从业人员职业道德等方面的重视，这样培养出来的学生是应用型人才，但不一定是为我国社会主义现代化建设所需要的优秀应用型人才。基于《基础会计》课程思政，可以把社会主义核心价值观、"四个自信"、爱国情怀、会计人员从业职业道德、会计文化等融入整个教学过程中，培养出政治强、本领精、纪律严、作风正的优秀会计人才，为我国社会主义现代化建设服务。

三、《基础会计》课程思政教育融入点

（一）社会主义核心价值观及爱国情怀

《基础会计》是在时代的进程中不断科学和规范的，就其属性而言，既与生产力相联系，又与生产关系和上层建筑相联系，从而使会计既有技术性，又有社会性。时至今日，我国的《基础会计》课程必然是在新时代中国特色社会主义核心价值观的氛围中丰富和完善的，有明显的新时代中国特色社会主义的痕迹和烙印。社会主义核心价值观及爱国情怀等融入整个教学过程中，有助于培养出政治强、本领精、纪律严、作风正的合格会计人才，为我国社会主义现代化建设服务。

（二）优秀的会计文化

我国优秀会计文化具有几千年的历史和丰富的内涵，是中国优秀历史文化的重要组成部分。将这些优秀会计历史文化、精神文化、道德文化和行为文化按照课程相关内容排序并进行合理融合，可以讲述会计发展史上的某一个重要事件和关键人物，也可以挖掘事件和人物背后的情感性因素，这些情感、情怀、情愫是会计文化的核心，这样会使课程中充满文化，文化中承载课程，提升学生的文化自信，唤醒青年一代传承中华文明的历史使命和责任感。

（三）会计职业道德

近年来，瑞幸咖啡、康美药业、新绿股份等财务造假事件频频发生，说明会计人员的职业道德出现了问题。在基础会计的课程思政过程中，将会计职业道德的内容引入课堂，帮助学生树立会计职业道德的自律思想。引入会计职业道德的内容——爱岗敬业、诚实守信、廉洁自律、客观公正、坚持原则、提高技能、参与管理、强化服务，能够帮助学生树立起正确的价值观，坚守法律底线，知行合一地践行职业道德。

（四）会计信息质量的要求

会计是一项管理活动，其主要目标是为财务报表使用者提供决策所需要的信息及反映经营者受托责任的履行情况。要达到这个目的，就必须要求会计信息具有一定的质量要求，主要包括可靠性、相关性、可理解性、可比性、实质重于形式、重要性、谨慎性、及时性。基础会计课程思政中融入会计信息质量要求的核心思想，有利于使未来的会计从业人员遵循这些要求，更好地为企业的利益相关者服务。

四、《基础会计》课程思政教学内容设计

《基础会计》是会计学专业的专业核心课程，也是入门课程，教学内容主要涉及3个模块，一个模块是会计基本理论，主要包括总论、会计要素及会计基础3个教学单元。一个模块是会计基本方法，主要包括账户与复式记账、会计凭证、会计账簿、财产清查及财务报告5个教学单元。一个模块是会计理论与方法的综合运用，主要指企业主要经济业务的核算。在整个教学过程中以社会主义核心价值观、"四个自信"、爱国情怀、会计职业道德、会计文化等为思政元素融入点，将思政元素和教学单元相融合，形成一体化的课程单元。

五、《基础会计》课程思政教育的推进步骤

（一）课程思政贯穿教学大纲、教学计划、教案，对应开展

基础会计的课程负责人，要做好统筹考虑，完善整个课程设计。首先，课程的教学大纲中要有对应的课程思政的内容；其次，根据教学大纲安排具体的教学计划；最后，再进行教学内容的设计，包括教案、授课PPT等资料，在此基础上进行集体备课，集思广益，修改完善，才会取得事半功倍的效果。

（二）授课教师深刻理解思政育人目标

授课教师应对所教课程的思政育人目标有比较深刻的理解，不能再把教学目标只放在知识目标和能力目标上，要重点关注思政育人目标，基于思政育人目标对各教学单元中应当体现的不同思政元素有准确的把握，根据前面的思政教学内容设计开展思政教学。

（三）授课教师做好思政内容设计

授课教师应对所教课程中涉及的思政元素有明确的认识，根据各教学单元的教学目标和内容将思政元素融入。比如，在讲企业主要经济业务的时候，可以通过短视频向学生展示优秀会计的日常工作。然后，强调会计工作每天和数据打交道，最考验一个人做事是否细心和认真。最后，强调会计工作是一项相对比较枯燥的工作，要以平和的心态对待每天的工作。

（四）准备课程思政的教学资源

授课教师应该准备丰富的课程思政相关的教学资源，比如形成课程思政教学案例库，或者录制课程思政相关的动画、微视频等。融入方式也要多样化，可以采用小组活动、案例分析、情景演示、角色扮演等方式，结合热门话题、趣味游戏及实践活动等，争取能够实现思政育人的目标。

六、深化《基础会计》课程思政教育的几点反思

（一）《基础会计》课程内容与思政教育的衔接

《基础会计》是会计学、财务管理及审计学等专业的专业核心课程，也是入门课程，主要让学生掌握会计的基本理论、基本技能，更重要的是让初学者培养良好的职业道德和职业素养。要想实现这个课程目标，思政教育就应以"随风潜入夜，润物细无声"的形式和课程内容衔接在一起，找准思政融入点，以恰当的方式与思政教育融合起来。比如，在设计开学第一节课的内容时，涉及到课程育人目标，就给学生强调法律法规是必须要坚守的底线，融入会计法律法规的体系，再结合热点反面案例（如某会计为打赏女主播触犯法律，付出惨痛代价），让学生加深理解，最后再用知行合一、践行职业道德的会计前辈的优秀事例引导学生树立正确的从业价值观。如果为了思政而思政，不能将思政教育和课程内容衔接起来，就会显得突兀，效果适得其反。

（二）《基础会计》课程课时与思政教育的协调

《基础会计》总课时是64，其中理论课时48、实验课时16，课时本身比较紧张，如果将思政教育融入进去，势必会占用一部分课时，协调好课程课时和思政教育显得尤为重要。在这种背景下，我们应该重新设计教学内容，更新教学方法，将其中一些非重点、难点的内容放在课下，结合线上教学让学生自主学习，将思政教育融入进去。这样一来，课堂会变得更加有意义，课程内容也会更加丰富。

（三）学生兴趣与思政教育的配合

现代大学生比较关注明星娱乐、考研、就业、考证等热点话题，而对于会计专业的学生而言，专业证书比较多，考证压力大，学生对思政教育不是很感兴趣，这就要求教师们很好地设计思政教育的内容，将思政教育和学生兴趣结合起来，比如可以用教师自身的考证经历激励学生，将自己考证过程中坚持不懈、不言放弃的精神传递给学生，以教风带学风。再如，讲会计信息质量要求的时候融入"范冰冰偷税漏税案"及"郑爽偷税漏税案"等案例，帮助学生处

理好金钱、权力和人生价值的关系，让他们明确违反会计职业道德和社会主义核心价值观会付出惨痛代价。

会计课程思政建设就是将思政教育贯穿于整个人才培养体系的过程，是会计相关专业落实立德树人教育要求的重要抓手。学科课程是建设课程思政的基本单元，《基础会计》作为会计学科的专业核心课程同时又是入门课程，对其进行课程思政有助于将社会主义核心价值观、会计职业道德等融入整个教学过程中，实现知识传授和价值引领的有机统一，培养出政治强、本领精、纪律严、作风正的合格会计人才，为我国社会主义现代化建设服务。

（四）"微课"与大学生思政教育的新趋势

"微课"对教师而言，是革新传统的教学与教研方式，突破教师传统的听、评课模式，是教师专业成长的重要途径之一。对于学生而言，"微课"能更好地满足学生对不同学科知识点的个性化学习，按需选择学习，既可查缺补漏，又能强化巩固知识，是传统课堂学习的重要补充。在网络时代，随着信息与通信技术的快速发展，特别是随着移动数码产品和无线网络的普及，基于"微课"的移动学习、远程学习、在线学习将会越来越普及，"微课"必将成为一种新型的教学模式和学习方式。因此，大学生思政教育必须跟上新形势、新趋势。

1.继续弘扬社会主义的核心价值观，扎实推进思政工作。我国是社会主义国家，因此，高校思政教育工作的开展要坚定不移地坚持"富强、民主、文明、和谐；自由、平等、公正、法治；爱国、敬业、诚信、友善"为基本内容的社会主义核心价值观，以理想信念教育为核心，帮助大学生在繁芜复杂的信息时代树立正确的世界观、人生观、价值观，进而引导大学生树立实现中华民族伟大复兴的共同理想与坚定信念。坚决抵制消极意识形态的入侵，确保多元而又和谐的高校新媒体文化。同时，高校思政工作要充分利用新媒体优势，运用包括"微课"在内的各种传播手段，创新传播形式，传播和谐理念，做好高校思政理论课的"三进"工作，使大学生自觉践行社会主义核心价值观。

2. 增强思政工作者的新媒体素质，做好队伍建设。新媒体具有交互性与即时性、海量性与共享性、多媒体与超文本、个性化与社群化的特征。这就要求思政工作者具有新媒体思维，利用新媒体做好思政工作。可以让思政工作者参加各类相关的培训，提高思政工作者的媒体素养，更好地发挥新媒体的育人功能。思政工作者要调整思维，拥抱变化，自觉地投入新媒体技术培训中去，提高对新媒体运用的能力，跟上时代发展的潮流。同时，各类高校也需要给予高度的重视，组建领导小组，提供专项经费支持，只有这样才能真正提升思政工作者的新媒体素质，做好思政队伍的建设。

3. 主动占领思政阵地，创新工作新平台。思政理论课是大学生政治素质提高的重要环节，其他诸如社团活动、暑期社会实践、辅导员工作等也都对大学生的世界观、人生观和价值观转变起到积极的作用。在网络化、视频化的时代，信息日益多元，学生对新媒体、"互联网+"表现出极大的兴趣，因此，教学上的"微课"模式就是一种投石问路、顺应大学教育新发展的尝试。作为思政工作者，要敢于迎难而上，占领网络新媒体的思政阵地，创新思政工作平台新媒体网络。例如，利用"微课"、微信、QQ群等平台，引导大学生形成正确的学习观、价值观、人生观。通过推送各种正能量的"微课"、影视纪录片、电视剧等，使学生吸纳推动社会文明进步的优秀成果，进行传承与创新。同时，可借助这样的平台，与学生"无缝对接"，保持与学生的联系，了解学生的思想动向，共同讨论一些热点话题，引导学生思想追求进步，投入到有中国特色的社会主义现代化建设中去。

4. 建设学生干部的新媒体队伍，拓展思政教育工作。"微课"制作的最终目的是为了教学，为了学生的发展。在实际的操作过程中，我们发现学生具有很强的想象力和创造力，他们显得更加的"亲民"，知道彼此的关注点、薄弱点在哪里，可以"对症下药""有的放矢"，这也显现了发挥学生力量的重要性。思政教育工作应拓展渠道，发挥学生的作用，特别是学生干部的作用。学生干部也是学生，他们与学校的其他学生有天然的直接联系，一些思想及行为较容易被学生群体所接受。因此，在"互联网+"的时代背景之下，在学生干部中建立一支思想先进并掌握现代新媒体手段的队伍显得非常重要。其一，可选择业务能力强、思想上积极上进的学生干部加入这支队伍。通过校内外的各类学习及培训，提高大学生对新媒体的思想意识形态的风险把控意识，消除负能量，弘扬正能量。通过具体案例、现身说法、传帮带的形式，提高学生干部在新媒体环境中的应对能力。其二，通过建立各类考核制度，激励学生干部工作的积极性、主动性，让学生积极投入到思政教育的工作中去。

第三节 《财务管理》课程思政建设内涵与方法探索

近年来，课程思政作为一种新型的教育理念被广泛运用于高校专业课程教学中。课程思政就是通过课堂主渠道将思想教育理论有效渗透进高校专业课程，帮助学生树立正确的价值观念和思政意识，进而培养学生的道德素养。课程思政理念的倡导，就是为了打造高校课程的育人格局，以促进思政教育工作与各类课程并行发展、同向同行。坚持立德树人是高校教育的最终目标，是提高学生的思想道德情操和综合素养的强大保障。2020年，教育部在《高等学校课程思政建设指导纲要》中深刻阐明了课程思政的本质，明确提出高校教育教学改革的首要任务是以课程思政为指导，将学生价值观的塑造与知识的传授有机统一起来。鉴于此，我们在课程思政背景下探索管理类专业课程的教学模式改革，以《财务管理》课程为案例对象，探究了在课程思政理念下管理类专业课程进行教学模式改革的路径，深度挖掘《财务管理》课程的思政教育资源，将课程思政理念贯穿于《财务管理》专业课程，能够提高《财务管理》课程教育的实用性，帮助学生正确树立价值观念，努力打造出社会主义建设所需的、德才兼备的全面人才。

一、当代大学生的思想特点

当前，我国正处于社会转型发展的时期，也是各种矛盾比较突出、问题多发的时期。在这样的时代背景下，大学生特有的生理、心理特征及其所处的社会环境，必然会使学生对各种社会问题产生强烈的兴趣。大学生对社会问题的广泛关注，必然会产生各种各样的思想疑惑和问题，这就给新时期的课程教学改革和发展带来新的课题、任务和挑战。

（一）大学生多元文化价值观带来的挑战

改革开放之后，各种思想文化之间的交流和碰撞日益增多，多元的思想文化价值观成为当前社会思潮发展的主流态势并逐渐成为一种常态。在此大环境背景下，作为高校课程教育教学主要群体的大学生也日益受到社会各种思潮文化的影响，他们的思想变得日趋活跃，胸襟更加开放，更乐于接受和尝试新鲜事物，同时具有强烈的好奇心和求知欲，不愿接受简单的说教，喜欢对传统事物进行质疑，能够积极、主动地思考和探索，并且希望得到令人信服的解答。同时，大学生的思想选择性、多变性、差异性也明显增强。因此，面对当代大学生在思想上出现的新特点、新情况，课程教学必须认真对待、加强分析、因势利导，使新时期的课程教育教学更加适应当代大学生的思想认知特点和需求，改进教育教学方法，注意克服传统课程教育教学中机械灌输的方式与方法，坚持理论联系实际的根本要求和原则，强化课程教育教学对热点理论和现实问题的专题性研究和教学，努力回答好当代大学生普遍关注的重要理论和现实实践问题。专题性问题探究教学强调坚持从学生的思想实际出发，强化问题意识，积极回应和解答好学生的思想困惑及他们关心的疑点、难点和热点问题，无疑会使课程更好地贴近学生思想实际，真正触及学生的心灵，使学生真懂、真信、真用，从而提高课程的教育教学效果。

（二）大学生主体作用发挥的要求

当代大学生具有自尊心强、讲求独立、喜欢表现自我、凸显个性等特点，不再将父母、教师的教诲视为个体行为的标准，在各种活动中愿意主动表达自己的诉求并展现自己。传统的课程教学对学生主体的个性、愿望和需求关注不足，具有很强的自上而下的指令性和片面强调社会本位的特点。现代教育学认为，在教学过程中，教师是关键，也是主导，而学生是根本，也是主体，要高度关注学生主体。另外，传统课程教育模式普遍存在以知识灌输为主的现象，很少考虑学生主体的需求和接受特点，模式化、标准化现象严重。因此，我们需要重视加强学情研究，认真解决学生在成长发展过程中的多方面需要和问题，改变过去片面强调知识灌输的教育教学方式和方法，强化问题意识，努力从学生的问题出发，构建以问题为中心的开放式教育教学模式，积极培养学生的问题意识、思辨能力、创新精神和实践能力，充分调动和发挥学生主体的积极性、主动性，从而更好地发挥课程教育教学在促进学生成才、成长需要和全面发展中的重要作用。专题性问题探究教学是一种以培养和发展学生的主体能力和品质为根本目标和价值取向的教育实践活动，从学生的问题意识出发能够激发学生的主体性，促进学生思考、质疑和分析、解决问题等能力的发展，有助于更好地关注学生主体，促进学生的个性化发展，更有效地培养和发展学生的主体性能力和素质，从而体现了现代教育学对主体性教育教学的发展要求。

二、课程思政背景下，《财务管理》课程现状分析

（一）教学方法单一

目前，《财务管理》专业课程教学主要围绕筹资活动、投资活动、营运资金活动及利润分配活动4个方面的内容展开。教学过程中，基本是"满堂灌"的教学模式，教学方法单一，主要是教师在讲台上讲授，进行单向理论输出，学生的思维完全受教师的引导而被动接受知识。由于教学内容停留在枯燥的理论层面，疏于将理论知识运用于实际，导致学生对《财务管理》课程各部分内容的理解较为片面，知识的整合性较差。这种单一的教学模式严重忽略了学生在《财务管理》课程教学环节中的能动性与创造性，不利于学生综合素质的

（二）教学过程中的思政教育环节较少

目前，很多高校的《财务管理》课程的课时不多。一方面，教师在有限的学时内无法全部讲完课程内容，更无法进一步延伸和拓展课堂活动，由于缺乏课堂互动及对《财务管理》专业课程相关知识点涉及的人文价值的讨论和反思，导致该课程教学效果难以提升；另一方面，教师对《财务管理》课程中蕴含的思政类教育资源重视程度不够，忽视《财务管理》专业课程背后的思政教育素材的开发，教师在课堂上疏于将学生价值观塑造有机地融入知识传授当中。长此以往，学生对于《财务管理》课程的学习聚焦于知识点的记忆，欠缺与价值取向相关问题的思考，导致"价值塑造"与"知识学习和能力培养"相脱节，因而不利于育人、育才相统一目标的实现。

三、课程思政理念在《财务管理》课程中实施的意义

（一）发挥《财务管理》课程的隐性教育功能，提升应用型专门人才的核心素养

随着经济社会中各行各业的迅速发展，很多领域对应用型专业人才的要求也越来越高。众所周知，应用型专业人才培养是一个复杂的系统工程，涉及方方面面。首先，要求应用型专业人才不仅具备高尚的思想道德修养，还要有专业能力、解决问题的能力、沟通能力与团队协作能力等。现阶段，高校财务管理人才培养目标仅仅关注于理论知识的掌握和实践能力的提升，忽视对学生价值观、世界观等的塑造。鉴于此，在《财务管理》课程教学中融入课程思政建设是大势所趋。教师可通过案例教学和课堂讨论等方式引导学生，找到《财务管理》课程目标与课程思政的契合点，使学生在学习专业技能知识的同时培养正确的价值观念和思政理念，从而为社会培养出高素质、高品质的应用型财务管理专门人才，充分发挥《财务管理》课程的隐性教育功能。

（二）提升《财务管理》课程教学效果，育人、育才有机统一

新时代背景下，高校教育教学改革要求课程专业知识和思政教育工作有机融合，努力达到育人、育才的完美统一。如今，很多高校的《财务管理》课程教学只聚焦于本专业涉及的理论知识传递，忽略了学生的价值体系构建，使得《财务管理》课程的教学内容没有充分挖掘出课程中的育人元素。该门课程单纯从专业知识的角度讲解课程内容，教学效果有待提升。在课程思政背景下，进行《财务管理》课程思政教学改革时，要求教师应结合现实经济活动中正、反两方面的具体案例，充分梳理《财务管理》专业课程中涵盖的育人元素，帮助学生树立正确的价值观念与人文情怀，使学生置身于生动有趣的课堂氛围中，激发学生对《财务管理》课程的学习热情，在潜移默化的课程教学中实现教书和育人的相统一，大大提升《财务管理》课程教学效果。

（三）适应新时代对高校教育教学改革的要求，推动高等教育发展

高校教育教学改革的根本任务是立德树人，培养德才兼备的复合型专门人才。如今，《财务管理》课程教学方案注重培养学生专业能力而忽略学生的综合素养，甚至有相当一部分的财务管理专业学生缺乏诚信意识。长此以往，将给社会带来潜在危害。因而，在《财务管理》课程教学中推进课程思政建设是刻不容缓的，其重要性迫在眉睫。众所周知，《财务管理》属于应用性、技术性和实践性并重的课程，在《财务管理》课程教学中融入课程思政元素，在重视智力教育的同时进行德育教育同等重要。在协同育人模式下，积极推动高校专业课程与课程思政教学改革，促进高校教育教学的发展。实践证明，专业课程教学过程融入课程思政理念的教学改革非常契合我国高校教育教学改革的要求，在《财务管理》课程教学质量提升方面具有重要意义。

（四）以《财务管理》课程作为有效切入点，积极探索《财务管理》专业思政及学科思政的构建

《财务管理》课程的课程思政是构建财务管理专业思政与学科思政两个体

系的有效切入点。现阶段，《财务管理》课程的课程思政以课堂教学为着力点，以专业教师作为思政教育工作的主体力量，通过优化《财务管理》课程设置，完善《财务管理》课程课堂教学设计，修订《财务管理》课程教材，把思政教育工作体系贯穿《财务管理》的专业体系、教学体系、教材体系、学科体系等。《财务管理》课程的课程思政建设的逻辑思路充分体现出把思政工作贯穿人才培养体系的可能性与有效性，通过把握课程思政的核心，构建《财务管理》课程的思政逻辑。一言以蔽之，基于建设教育强国，加快教育现代化，办好人民群众满意的教育要求，进一步深化《财务管理》课程的课程思政建设力度，从构建《财务管理》专业思政及学科思政两个体系的角度出发，积极探索《财务管理》专业思政及学科思政的建设，能够极大提升人才培养质量。

（五）有助于营造大学生思辨的课堂氛围

课程专题性问题探究教学模式积极关注学生，回归现实，贴近生活实际，注重学生主体性的发挥。在这一教学过程中，学生充分参与，师生之间有效沟通、真诚交流，学生的诉求得到最大程度的满足，有助于学生将内心想法展现出来，这对于表现能力和自尊心强的大学生而言，是一种积极的肯定和鼓励，同时也有助于营造自我表达想法的氛围。除此之外，在课程专题性问题探究教学模式下，学生们的讨论、辩论甚至争论成为一种课堂新常态，大学生主动参与其中，各自的思想和意见得以交流和碰撞，从而使大学生培养自身思辨力的积极性很容易被调动起来，大学生也会乐在其中，进而更好地为思辨能力的培养创造有利条件。

（六）有助于培养大学生思辨的主动意识

课程专题性问题探究教学模式结合大学生与社会热点问题、重大理论问题等，包含了哲学、政治学、伦理学、经济学、社会学、心理学、法学、管理学等学科内容，大到国家、社会，小到个人问题，都是其研究的范畴。对问题的讨论和辨析在客观上要求学生不能只通过记忆学习来掌握这些内容，而是要有意识地去分析、思考、判断这些命题中蕴含的道理和本质。比如，在人生观中关于有价值的人生的解析，不仅要了解人生价值内在地包含自我价值与社会价值两个方面，还要思考二者是一对矛盾的统一体。人要生存和发展离不开自我价值实现；同时，人作为一种社会存在，没有社会价值，人的自我价值就无法真正实现。人生价值评价的根本尺度还是看个人发展是否符合社会发展规律、是否促进了社会进步，这样才能掌握人生价值这个问题的真谛，这样具有思辨意识的学习方式才是辩证的、合理的。通过提出问题、分析问题和解决问题，让学生在意识上重视思辨力。

（七）有助于提高大学生运用思辨的能力

课程专题性问题探究教学模式是以培养学生运用理论的能力，是运用立场、观点和方法分析辨别问题、解决问题的能力及指导自己行为的能力为导向的教学方式，旨在教会大学生怎样去应用理论，而非仅仅掌握基本理论知识，即给学生以分析和批判的武器。理论运用能力的培养和提高，有助于大学生自觉运用理论去观察、分析和解决相关问题，从而进一步促进学生理论知识理解和逻辑思维能力的增长，真正实现理论"内化于心、外化于行"。

课程课堂教育的重心除了知识本身，要更加注重学生的思辨过程和思辨能力的培养。课程专题性问题探究教学模式坚持以问题意识为导向，突破传统课程教育教学模式的局限性，重视把课程教学转化成对学生问题的关注，转化为对社会现实问题的有效回应，通过多视角、多维度的讲解，将问题内容相对完整地展现出来，引导学生学会辨别、思考，然后建立正确的世界观、人生观、价值观，做到围绕学生、关注学生、服务学生、贴近学生、贴近实际、贴近生活，对进一步激发课程教学的生机和活力与增强思政课教学的吸引力、感染力和说服力及培养学生的思辨能力等正在发挥着积极的作用。

四、课程思政背景下，《财务管理》教学方法改革探索

（一）修订财务管理专业人才培养方案，加强《财务管理》课程体系建设

作为指导高校教育活动开展的指导文件，专业人才培养方案是高校人才培

养目标的具体化和中心环节。然而，目前很多高校财务管理专业人才培养方案关注于应用性和实操性，对学生思想道德教育方面的要求鲜少提及。为了切实保障课程思政意识在高校专业课程教学改革中得以贯彻实施，亟需修订财务管理专业人才培养方案，从人文素质、专业理论知识、思想品质提升与社会责任感等多个维度对人才培养方案进行修订与更新，把课程思政元素嵌入专业人才培养方案的内容中，以确保《财务管理》课程思政教学建设的规范化与制度化，为课程思政理念的持续推进提供保障。通过合理设置专业课程教学方案并将课程思政元素在教学方案中予以明确体现，以指导专业教师深入挖掘课程中涉及的思政优质素材资源，进一步规范课程思政教学行为，根据实际教学活动中反馈的问题不断进行调整与完善，最终使得人才培养方案更好服务于人才培养的根本任务。

（二）强化教师的课程思政意识，构建《财务管理》课程协同育人体系

构建《财务管理》课程协同育人体系，其中至关重要的环节就是强化专业教师的课程思政意识。前已述及，课程思政理念是当今时代对高校教师提出的新要求，该理念要求所有专业教师在传授知识的同时做好价值引领工作，作为高校《财务管理》课程思政教学改革的主体力量，专业教师需转变传统教学理念，应根据课程的目标和教学计划，在课程教学内容中融入思政元素，既要向学生传输理论知识，也要做好价值引领工作，提升学生思想道德情操和专业素养。教师在重视智力教育的同时也要同样重视德育教育，结合课程优质思政资源和法制观念，强化学生守法意识，借助课程思政引导，使学生树立正确的社会主义核心价值观；与此同时，通过加强学生的思政教育工作，使学生成为有高尚的道德情操、勇于承担社会责任的新型人才，最终保证财务管理工作的真实性和可靠性。

（三）改进课程教学设计，将课程思政元素与《财务管理》课程内容相结合

在高校《财务管理》课程思政改革过程中，应改进课程教学设计，将课程

思政元素与《财务管理》课程内容相结合。教师应努力发掘新时代背景下课程内容背后的思政元素，找到思政素材与财务管理课程内容的契合点，这就需要专业教师下很大功夫审慎梳理课程教学内容。基于此，教师在《财务管理》课程思政改革的全过程中要持续更新思政资源，不断优化整合课程教学设计。具体而言，在《财务管理》课程的教学内容设计上，教师可围绕课程的某一知识点结合思政元素进行课堂教学内容情境设定，通过案例教学将现实经济社会中出现的正、反两方面实例向学生阐述并以此传递正确的价值观。这样一来，具体的课堂情境设定和案例教学有利于学生在直观的学习氛围下加深对知识点的理解，进而培养学生高尚的思想道德情操和正确的伦理道德观念。通过将《财务管理》课程知识点转换成生动有趣的思政案例，激发了学生学习的兴趣并进一步发挥了《财务管理》专业课程的隐性育人功能，从而最终实现既完成《财务管理》课程目标又达到思政教育效用最大化的目的。

（四）顺应教育教学改革的要求，创新《财务管理》课程思政教学方法

课程思政背景下，高校《财务管理》课程思政教学模式改革时，应顺应高校教育教学改革的要求，创新《财务管理》课程思政教学方法。换言之，随着课程思政理念的不断潜移默化，培养高素质财务管理专业人才是顺应高校素质教育改革的需要。基于课程思政的背景，合理安排《财务管理》课程思政教学内容，充分利用《财务管理》课程思政教学资源，创新《财务管理》课程思政教学方法，可以极大地提升学生的学习效率。具体而言，专业教师应将课程有关的思政素材熟练运用到课堂教学活动中，确保思想道德教育全过程、全方位贯穿于整个课程教学过程，以期实现智力教育与德育教育并行发展的目标。与此同时，在《财务管理》课程教学过程中，教师还需留心观察学生的思想状况，通过发挥正面引导作用带领学生走出思想困境并全面激发学生的学习热情。通过将课程思政教育理念落实到《财务管理》课程教学活动中并转化为具体的教学手段，能够建立协同"教"与"学"的共同体，打造协同育人机制的新格局。

课程思政理念对于高校《财务管理》课程教学有着深远的影响。课程思政理念要求高校专业教师在传授知识的同时做好价值引领工作。《财务管理》课程课堂教学是融入思政教育元素重要的环节，其课堂思政教学模式的构建也是为了顺应社会经济发展及高校教育教学改革新趋势的要求。在课程思政背景下，《财务管理》课程的课程思政教学模式的构建需要强化教师的课程思政意识，构建《财务管理》课程协同育人体系；通过修订财务管理专业人才培养方案，加强《财务管理》课程体系建设；进一步改进课程教学设计，将课程思政元素与《财务管理》课程内容有效契合，创新《财务管理》课程思政教学方法。只有在《财务管理》课程思政教学过程中，理论知识教育与思想品德教育达到并行发展，才能优化课程思政背景下的《财务管理》课程课堂教学内容，从而极大提升《财务管理》课程课堂教学质量，在潜移默化的课程教学中实现"教书"与"育人"的有机统一。

第四节　《物流成本管理》课程思政建设内涵与方法探索

在应用型本科转型背景之下，在教学教育实践中，高校思政理论课应当将培育大学生的创新素质作为教学目标之一。培育创新素质是素质教育中的重要环节，以培育大学生的全面发展、尊重大学生的个性发展为中心，通过科学的教育途径，充分发掘人的潜力，实现提高大学生的主体性、创造性和个性等综合素质的目标。

高校为彰显立德树人的时代价值，思政内容主线为坚定树立学生爱党、爱国、爱社会主义、爱人民、爱集体的理念。思政实现形式为使课堂思政环节的设计丰富化、多元化，系统性进行中国特色社会主义和中国梦教育、社会主义核心价值观教育、法治教育、劳动教育、心理健康教育、中华优秀传统文化教育，将思政教育与课程知识传授、岗位技能培养有机结合，持续推进《物流成本管理》课程改革，打造属于物流工程专业的课程思政教学体系。

一、《物流成本管理》课程思政教学实施过程

《物流成本管理》课程思政以中国超级工程中的中国桥、中国路、中国车、中国港、中国交通、中国电商等物流主题为基础，将正、反面案例融入教学内容，采取正面案例引导（lead）+反面案例警示（warning）+学生反思总结（summary）+掌握技能（skill）的教学路径，在训练学生扎实掌握专业知识的同时，培养学生明辨是非、沟通表达、独立分析与解决问题的能力，使学生对待事物时具有客观性、严谨性、理性，形成有原则、守底线、遵纪守法的职业素养。

在课程导论部分精心安排思政元素。导论内容紧紧围绕国家经济发展和物流发展形势，积极引入思政教育，同时结合思政主题，在课前10分钟为学生进行讲演。

理实合一，贯穿爱岗敬业课程思政。做到课程教育理实合一，实施分组教学，对学生在物流工作体系中承担的职能与扮演的工作角色进行合理设计、统筹安排，使学生"识岗""研岗""爱岗"，增加组间交流沟通，时刻提醒学生遵守职业道德。

学生进行反思总结。让学生分别针对相关案例并结合自身情况进行反思和总结，查找自身不足，思考在以后的学习和工作中如何改进，全面提升职业道德水准、职业综合素质和岗位技能。

提升岗位技能。物流工程专业要求学生不但要扎实理解和掌握理论知识，更要学会运用相关的专业技能，这样才能培养出兼具理论、技术、实战综合能力的应用复合型人才。拟选定智慧物流职业技能等级初级证书作为学历证书以外的"X证书"并将相关技能证书考核内容作为正常授课内容之一，注重学生的技能提升。

二、本科院校《物流成本管理》课程思政践行路径探索

　　加强师资团队师德与师风建设，提升师资团队课程建设的意识和能力。首先，要营造课程思政的良好舆论氛围，通过校刊、校园网、校园信息化系统、微信、微博等平台宣传课程思政教学改革的重大作用和意义，引导课程团队深入学习，牢固树立课程思政育人理念，激发教师立德树人的使命感、责任感。其次，加强师资队伍课程思政教育的培训，可将课程思政纳入教师在岗培训、师德与师风建设、教学能力专题培训等工作中，使该项工作常规化。再次，充分发挥教学组织的作用，建立课程思政集体教研制度。可通过课程思政教学先锋"传、帮、带"、专业课老师联合思政课老师合作展开教学、课程组集体备课等方式推动广大教师创新课程思政模式。最后，加强推进课程思政名师与课程思政团队的建设工作，分别从学校、院系层面遴选课程思政方面的优秀教师、优秀课程等，树立标杆。

　　加强课程资源建设。根据物流工程专业的特点与《物流成本管理》课程的教学内容，明确课程思政的落脚点，融入环节、方法和技巧，将思政元素融入课堂，实现思政教育和课程教学的无缝衔接。同时，教师要不断更新自己的知识库，丰富课程思政案例库、试题库。根据课程思政教学工作的发展需要，课程团队可定期开展集体思政与备课活动，充分挖掘团队智慧，发挥团队价值，提升课程思政教学效果。

　　将课程思政融入课堂教学全过程。课程思政要重点突出诚信、法治的思政主题，使学生在获得知识目标的同时提升社会责任感。整个课堂的45分钟时间分为4个环节：前5分钟进行新课预习，学生通过老师在线上推送的视频及相关学习资料，对概念性的基础知识进行自我学习并通过"翻转课堂"模式进行自我检验；新课讲授30分钟，先由老师播放相关视频，通过问题式导入进行知识点讲解，学生积极发言并对案例进行分析；老师利用3分钟左右的时间进行课堂内容总结，或者让学生以小组为单位进行组内总结；最后7分钟，组织学生以小组为单位，搜集典型案例相关资料并进行讨论分析，老师对学生的

提问进行答疑解惑。课下，鼓励学生以小组为单位建立"诚信档案"，小组成员之间根据平时的诚信行为相互进行打分，真正实现生生互评。

完善课程思政建设质量评价和激励机制。多采用案例教学、视频教学，增强学生的学习主动性和求知欲，进而理解掌握专业知识；多采用成果激励机制，增强学生的自信心。教师需进行阶段性总结和优化，牢记课程三维教学目标，有效达成知识与技能目标、过程与方法目标、情感态度与价值目标。将思政元素融入课程考核内容，改变传统只重视专业知识学习效果评价的考核机制。要实现"N+1"考核方式，其中"N"有课堂表现、作业等，包括线上线下、日常诚信、课程思政要素考核等多方面，"1"代表期末考试形式。

从课程思政的角度改变课堂模式。课程思政要求课堂模式有所创新和改变。通过线上线下教学的有机结合，要求教师多引导、多启发，鼓励学生多参与、多讨论、多探讨，最终实现课堂的"五个转变"。

第五节　《统计学》课程思政建设内涵与方法探索

一、相关研究现状分析

（一）学校层次层面研究现状

自"课程思政"的概念被提出以来，学术界高度关注。近年来，很多高校都围绕《统计学》课程思政建设的内涵、融入路径及实现路径等方面开展了大量的研究，比如王丽敏、石淑娜（2023）基于思政育人内涵的理解和《统计学》课程性质及内容的把握，凝练统计学课程总体思政育人目标，设计了课程思政实施方案；刘华、赵荣波（2022）探索了课程思政视域下高职院校《统计学》教学路径的创新。

在本科及以上的高校，张馨文等（2022）以财经类院校为例，以《统计学》课程特点为前提，深入挖掘了思政元素的融入点；薛艳、周川（2023）以应用型本科院校为例，从重新修订教学大纲、编制课程思政案例库、将课程思政纳入评价体系、构建思政一体化的教学设计等方面提出了《统计学》课程思政的建设路径；郝红霞（2021）以财经类高校为例，从教学目标、教师的综合素质等方面开展了对《统计学》课程思政教学改革的探索与实践。

（二）课程层面研究现状

刘美芬（2021）提出了《统计学》实施课程思政建设的改革措施。向仁康、魏兴福（2022）提出了在《统计学》课程思政教学中的创新研究，包括调整教学内容、注重社会实践与完善评价机制的"三位一体"实现路径。王春生等（2022）则从教学大纲优化、教材修订、课堂教学改革、学生主观能动性、课程考核方式改革等方面提出《统计学》课程思政的融入路径。易校石等（2022）以统计调查的实践课为例，从统计发展史、数据收集、实践学习方面将思政教育与专业课学习有机结合，改进教学设计，更新教学理念。董明涛（2023）对《统计学》课程思政中存在的问题进行了分析，在此基础上进行了《统计学》课程思政的教学内容设计，从转变教师观念、修订《统计学》课程教学大纲、改变授课模式等方面提出了统计学课程思政的实现路径。胡国治、曾婕（2023）从学科历史、课程内容和课程教学手段3个方面入手，深入探究了在《统计学》课程中融入课程思政的方法。杨晓莹、赵强（2023）充分挖掘统计学课程中蕴含的思政元素，精心设计教学内容，融合历史、文化、道德、价值观等元素，全面提升隐性教育效果。

综上所述，我们发现国内对成果导向教育的研究与应用尚属于探索阶段，成果较少。学者们的研究相对较为分散，缺乏系统性，没有形成适合我国国情的理论与应用体系。文献检索发现很少有教师将"OBE+对分课堂"的理念应用于《统计学》课程的思政教学改革与实践。因此，选择该课程进行基于"OBE+对分课堂"的改革与实践研究在本科师范类学校具有一定的理论价值与现实意义。

二、提高教学质量的作用和意义

现代科技和商业的发展凸显了知识和技术的重要性,因此在大学专业教育中过分注重知识和技术而淡化了教育的育人功能,学生通过严谨的专业学习,专业知识和技能日益扎实和熟练,但其世界观、人生观和价值观并没有通过这些课程的引领而获得显著的提升。因此,高校开展课程思政势在必行,这一举措影响着国家的长治久安,对民族复兴和国家崛起起着重要的作用。

《统计学》是高校经济管理类专业的一门学科基础课,蕴含着丰富的课程思政元素。开展《统计学》课程思政,一方面能够发挥专业课特有的育人功能,与思政课程同向同行,做到为培养德才兼备的社会主义建设者"守好一段渠,种好责任田";另一方面也可以使学生领略到《统计学》课程的魅力,有效地提高统计学课程教学质量和水平。

三、项目实施方案

(一)研究内容

1. 明确教学目标。统计科学中蕴含着大量的辩证唯物主义和历史唯物主义观点,其关乎社会发展、百姓生活,因此《统计学》课程本身蕴含着非常丰富的思政元素,对课程内容进行深度开发,使思政教育元素与专业知识传授有机融合,实现思政教育与专业教育同向同行、协同育人,最终达到将价值观的培育和塑造"基因式"地融入课程,将立德树人的根本任务落实在课堂教学中。通过凝练"四史"和中国传统文化中蕴含的统计学指导思想和方法,从政治、思想和情感等方面引导学生的认同感,增强对哲学、党的创新理论的深刻理解。通过关注历史和现实问题,进一步坚定中国特色社会主义道路自信、理论自信、制度自信、文化自信,践行社会主义核心价值。学、思、践、悟党中央的全面依法治国新理念,深化职业理想和职业道德教育,实现全员、全过程、全方位育人,培养知中国、爱中国且堪当民族复兴大任的时代新人。

2. 设计思政元素。教师应深入挖掘《统计学》课程中蕴含的思政元素并使其服务于思政育人目标，使《统计学》课程教学内容、思政元素与思政育人目标有机契合，浑然一体，提炼出《统计学》课程各章节的思政元素与育人目标。《统计学》课程部分章节思政元素融入和育人目标如表4-2所示。

表4-2 《统计学》课程部分章节思政元素融入与思政育人目标示例

章节	教学内容	思政元素融入	思政育人目标
数据的搜集	①数据的来源 ②调查方法 ③实验方法 ④数据的误差	①国民经济和社会发展统计公报、人口普查公报等 ②"没有调查就没有发言权" ③"浮夸风"年代数据造假，当代论文数据造假、剽窃抄袭	①提升关注时事民生、经世济民的职业素养 ②一切从实际出发，实事求是的工作作风和严谨求真的科学精神 ③培养"实事求是，不出假数"的统计职业道德 ④树立合法使用数据，保障数据安全的意识
假设检验	①假设检验的基本思路及方法 ②两类错误 ③总均值和总体比例的检验	①PM2.5排放达标问题。蔬菜农药残留达标问题 ②从"疑罪从无"看我国法治发展 ③经济发展与生态保护的两难	①培养批判性思维和质疑精神 ②增强政治认同和社会主义核心价值观认同，增强新发展理念和人民至上思想认同
相关与回归分析	①变量间关系度量 ②一元线性回归 ③多元线性回归	①体育锻炼时间和学习成绩之间的关系 ②广告支出和销售收入之间的关系 ③GDP增长速度和哪些因素有关	①培养辩证唯物主义联系的观点认识问题，区分本质联系和非本质联系、因果联系和非因果联系 ②培养国情民情关注，增强社会责任感 ③培养严密的逻辑思维和一丝不苟、严谨求真的科学精神
指数	①总指数的编制 ②指数体系及因素分析 ③几种典型的指数及综合评价指数	①从物价指数到人类发展指数 ②"两山指数"，"中国发展指数RCDI"	①培养系统论思想 ②增强新发展理念认同，激发爱国热情

3. 教学思路改革。本课程遵循课程思政的目标导向教育，深入挖掘《统计学》教学内容的思政元素；同时，优化教学设计，在遵循课程思政目标导向教育的基础上，采用对分课堂模式进行教学设计，按照导读式授课 – 学生独学 – 分组讨论 – 教师答疑 – 总结式讲授这5个环节形成了教学过程和学生学习过程的闭合，构成了"OBE+对分课堂"理念下该课程的完整授课体系。

（二）研究成果

1. 课程思政教育目的：培养全面发展的人。该课程思政建设立足于思政元素融入专业知识中，能帮助学生树立正确的世界观、人生观和价值观，激发学生认真学习科学文化知识的热情，树立为国家建设贡献自己力量的信念；同时，能够引导学生认识到自己在专业领域中的社会责任，激发学生的社会参与意识；使学生感受到在中国共产党的领导下，全国人民上下一心，通过努力奋斗使我国发生了历史巨变，增强了学生的爱国情怀。

2. 课程思政重视思辨能力提升：培养学生的辩证思维。该课程开展思政教育，需要对学科知识中蕴含的思政元素进行充分挖掘与提炼，结合《统计学》课程的性质和教学目标，应对相应元素进行具有情境性的剖析、挖掘和运用。从中国传统文化、中国发展现状、国内外企业统计案例、相关法律法规等方面切入，寻找与课程专业内容相匹配的映射点，融入社会主义核心价值观、民族自豪感，既使学生建立使命感，激发爱国情怀，又要引导学生尊重科学，以科学态度对待现实问题，鼓励学生做一个有责任感的人，透过复杂的问题表象寻找真相，正确处理遇到的困境与诱惑。

该课程改革计划后期形成教研的研究报告或相关的其他形式，推广到《统计学》课程教学之中。

（三）实施计划

两年的实践步骤。第一，将课程思政的内涵贯穿课程教学、实践教学、第二课堂教学等环节，实现全过程覆盖。第二，将知识传授与社会热点、国家大事、中国发展数据、学生职业生涯规划相结合，让学生在学习过程中加强对我国改革开放所取得成就的认识。用数据展示制度自信，增强民族自豪感，使学生在学习过程中增强对社会主义核心价值观的理解。第三，多种教学方法并用，保障课程思政的主要内涵与精神引领得到贯彻。在教学过程中，运用案例分析与比较法、第一课堂与第二课堂相结合、上机实训操作等教学方法，采用"大班教学、小组讨论、上机实训、实际运用"4个环节的多样化课程组织形式，引导学生将知识内化，实现课程思政目标。在教学目标修订方面，教师对《统计学》原有的教学目标进行了修订，增加课程思政目标要求，如在"时间序列分析与预测"模块，可以增加"着眼中国自改革开放后经济的腾飞，激励学生为祖国建设添砖加瓦"这一教学目标。

（四）研究特色

1. 即以"精准匹配专业知识与思政元素、案例分析和线上线下混合等多种教学方法、实践应用环节延续理论教学的思政教育"共同构成三维立体的教学内容，结合"OBE+对分课堂"的教学模式，以培养社会主义高质量统计人才。从能力和德育两个维度，重新对统计学课程目标设置，将课程思政融入案例教学、实践教学，从而影响学生的思想和行为活动，培养出既具有品德又具有应用能力、创新创业能力的应用型高素质人才，最终达到立德树人的目的。

2. "OBE+对分课堂"教学模式在课程中运用。"OBE+对分课堂"，顾名思义，是一种将OBE和对分课堂相结合的教学模式。OBE是outcomes—based education的简称，称为目标导向教育，明确了教育的目的性。自目标导向教育理念提出以来，就成为教育改革的主流理念。对分课堂的的核心理念是将课堂时间进行对分，一半分配给教师，教师讲授作为课堂教学形式；另一半分配给学生，以学生讨论、教师引导作为课堂教学形式。在讲授和讨论之间的课下环节给学生足够的内化时间，让学生自发地对教师讲授的内容进行再学习，内化吸收并参与下一节课的讨论。这种教学模式既保留了传统讲授式课堂的优势，又融入了讨论式课堂的长处，还可以整合"翻转课堂"、合作学习等多种教学方法，构建全新的整合式教学模式，实现了对课堂管理、教学环节、学习环节的新变革。

（五）研究方法

第一，深入精准发掘思政元素，建立课程思政教学体系。①明确课程德育目标，完善教学大纲。②明确思政教育在专业课教学中的依据，这是保证课程思政得以实施的前提；深度挖掘教学内容，精准提炼教学素材。做好、做精教学内容是提升课程思政教学效果的重要保障，实现这一目标，必须依托完备生动的教学内容。③精准匹配专业知识与思政元素，丰富教学内容。以先进典型和人物楷模的事迹为例，培养学生热爱祖国，忠于祖国的家国情怀。④改革教学方法，提升"双育人"效果，合理有效运用教学方法是课程思政目标实现的重要手段。专业课程实施思政教育，一方面要发挥价值引领功能；另一方面又要避免生硬说教，要丰富课堂形式，实现多样化教学，提高话语传播的有效性。可采用案例分析、小组讨论、问题导向和线上线下混合等方法，提高学生学习的主动性，增强课堂教学的互动性。

第二，构建思政教育协同机制，形成协同育人模式。专业知识教育应该与思政教育在内容、方式方法和途径载体等方面做到衔接有序、相互配合、取长补短、同向同行，形成课程思政的最大合力。这一协同机制的建立，离不开教学内容方式的协同、师资力量的协同、结果评价的协同，以及隐性教育和显性教育的协同。

第六节　《Python》课程思政建设内涵与方法探索

一、相关研究现状分析

（一）学校层次层面研究现状

目前，已有多个高校对《Python》课程进行了思政的改革，比如齐芸等人（2023）从"三全育人"视域下对课程思政在高职《Python 程序设计》课程教学中的建设进行了实践探究并提出了相应的应用策略；桑冬青（2023）分析了《Python 编程》课程思政建设存在的问题，重构了高职院校《Python 编程》课程思政教育的教学目标、教学内容和教学实施等。

在本科及以上院校，王若佳等人（2023）以中医药院校《Python 程序设计》课程为例，提出了贯穿课前、课中、课后全过程的课程思政实施方法路径。曾晓云（2022）以广西财经学院为例，通过对计算机专业《Python 程序设计》思政教学案例的设计，提出了《Python 程序设计》融入思政教学的办法。

（二）学科层面研究现状

陈洁（2023）以文科《Python 程序设计》课程为例，深入挖掘了课程知识中的思政元素。王海燕等人（2022）提出了新工科背景下《Python 程序设计》课程思政建设的目标和途径。王晓静等人（2021）以辽宁大学文科学科为例，以公共基础课《Python 语言程序设计》为研究对象，深入挖掘了学科知识蕴含的思政元素并提出了显性教育与隐性教育相结合的融入式教学方法。

（三）课程层面研究现状

汪贵生（2023）以《Python 语言程序设计》课程为例，将课程思政元素与专业课程教学进行了有效融合。张帆等人（2023）以《Python 语言程序设计》课程为例，提出了课程思政的教学改革措施。李金海（2024）深入挖掘了《Python 程序设计》课程的思政元素。高和平等人（2022）探究了课程思政理念下的《Python 语言程序设计》教学新模式。杨文娟（2021）深入挖掘了《Python 语言》课程中的思政元素，基于 O2O 线上线下双向互动教学模式，从教学内容设计、教学手段实施、考核方式转变等方面对课程思政建设进行了探究。李成渊、杨旭娇（2021）以课程思政教学改革为目标，提出了《Python 程序设计》课程思政改革方案。

综上所述，我们发现国内对成果导向教育的研究与应用尚属于探索阶段，成果较少。学者们的研究相对较为分散，缺乏系统性，没有形成适合我国国情的理论与应用体系。文献检索发现很少有教师将 OBE 理念应用于《Python》

课程的思政教学改革与实践。因此，选择该课程进行基于 OBE 的改革与实践研究在本科师范类学校具有一定的理论价值与现实意义。

二、提高教学质量的作用和意义

立德树人是教育的初心和使命。在当今的信息化时代，《Python 程序设计》课程思政建设是卓越人才培养的关键。在课程教学中，将专业知识与思政元素有效融合，可以有效提升学生的学习热情，激发学生的爱国主义情怀和民族自信，有助于学生树立正确的世界观、人生观和价值观，使学生养成良好的道德修养，激励学生努力进取、不断追求卓越。

积极探索专业课教学与思政教育的融合，既是深入学习贯彻全国教育大会精神的客观需要，也是帮助学生筑牢理想信念、铭记使命担当的实践途径，是培养学生良好职业道德、增强社会责任感的重要举措

三、项目实施方案

（一）研究内容

1. 重构教学目标。《Python》课程教学内容不应仅仅局限于知识传授、能力培养，还应该注重价值塑造方面的引领，以满足新时代产业结构对复合型人才的需求。例如，在知识方面，要求学生掌握 Python 语言的基本语法、基本数据类型、程序的控制结构、复合数据类型、函数、文件、异常处理及类等知识，同时结合具体的应用，掌握常用的第三方库等；在能力方面，要求学生具备运用计算思维寻找解决问题的途径、找到最终解决问题的方法并熟练掌握将问题的解决思路转换为 Python 语言程序代码的能力；在价值塑造方面，重点培养学生严谨细致、精益求精的科学态度，使学生在学习基础知识的基础上，养成独立思考和与人沟通交流、相互合作的方式，激发学生的学习热情和兴趣，塑造学生勇于面对困难、认真务实的科研精神。此外，还要有意识地培养学生的爱国主义情怀，增强学生的社会责任感，引导学生树立社会主义核心价值观、

树立远大的理想信念，养成良好的道德修养，利用学到的技术更好地服务于社会。

2. 设计思政元素。针对课程思政德育目标，结合 9 个课程内容知识点与思政元素融合，具体课程内容思政元素的融合点设计如表 4-3 所示。

表 4-3 课程内容思政元素融合点设计

课程内容	思政元素	德育目标
Python 概述	神威太湖之光，九章大数据算力中心等	"四个自信"
Python 代码规范	生活中"霸座"、音响外放现象	守法守规，团结协作
列表、元组、字典、集合	新"四大发明"，我国 2020 年十大科技成果和国家最高科学技术奖获得者	爱国主义教育，正确的"三观"教育
程序基本结构、本转向量和文本聚类	科学探究和算法设计	计算思维培养
正则表达式	爬虫数据获取	知识产权教育和守法教育
函数	规范意识，合作意识	计算思维训练和"三观"教育
文件	数据隐私	伦理教育
可视化	各国 GDP 数据纵向、横向对比	"四个自信"
大作业实例展示	中国教育发展趋势及数据分析实证	专业能力、科学态度、情感意志、规则意识、独立思考和团结协作等

3. 教学思路改革。本课程从重构教学目标、设计教学内容、优化学生评价这 3 个方面出发，以教学目标达成度分析结合思政元素的与时俱进，以成果为导向持续改进教学，形成教学闭环，构成了 OBE 理念下该课程的完整授课体系。

（二）研究成果

1. 课程思政教育目的：培养全面发展的人。该课程思政建设立足于将思政元素融入《Python》课程教学全过程，强化学生的家国情怀、全球视野、法治意识等，培养学生的设计思维、工程思维、批判性思维和数字化思维，使学生真正学以致用，投身到祖国信息化、数字化建设当中，通过信息化与数字化服务民生，通过信息化与数字化助力强国。

2. 课程思政重视思辨能力提升：培养科学思维与态度。该课程思政教育既要帮助学生建立专业知识的理论框架，对专业知识有系统性的认识，又要在教学过程中有目的、有计划、有实效地对学生进行思政教育，深度落实立德树人的育人任务，将爱国、敬业、自信、工匠精神融入课程教学中，培养学生严谨的思维方式和认真的学习态度，坚持不懈。

该课程改革计划后期形成教研的研究报告或相关的其他形式，推广到《Python》课程教学之中。

（三）实施计划

两年的实践步骤。①确定育人目标，挖掘思政元素。通过对《Python语言程序设计》课程的学习，培养学生分析问题、解决问题的能力；培养学生的工匠精神，做到认真细致、爱岗敬业、精益求精。②创新教学方法，拓宽思政元素融入渠道。《Python语言程序设计》课程主要采用线上线下相结合的教学模式。线上教学以学院教学云平台等为载体；线下教学包括理论授课和实践练习两个部分，分别在多媒体教室和实训机房完成。③基于教学任务，推动教学实施。围绕课前、课中、课后3个阶段完成教学任务，实现"四个融合"，即课程思政意识与育人能力的融合、课程思政元素与《Python语言程序设计》课程的融合、形式多样的教学方法的融合、专业知识和思政素养的融合。

（四）研究特色

1. 即以"寓价值引导于知识传授、教学案例+项目实践、挖掘思政载人载体"共同构成三维立体的教学内容，线上线下相结合的教学模式并行，以期实现理论指导和实践锻炼辩证统一的"一体化"教学效果。

2. 基于OBE的成果导向教育在课程中运用。借鉴相关课程的思政教学改革经验，基于OBE教育理念，探索思政教育与专业教育的有机融合，总体方案设计如图4-3所示。以学生为中心，对接学生毕业能力要求，梳理思政育人目标，将课程思政有机融入课程教学目标；围绕教学目标，设计教学内容，注重寓价值引导于知识传授，挖掘思政育人载体，通过融入思政元素的教学案例和项目实践，达到思政教育与专业教育的有机融合；以评价教学目标达成为目标，形成性评价和结果性评价相结合，优化教学评价方法；教学目标达成度分析结合思政元素的与时俱进，以成果为导向持续改进教学，形成教学闭环，不断提升课程育人质量。

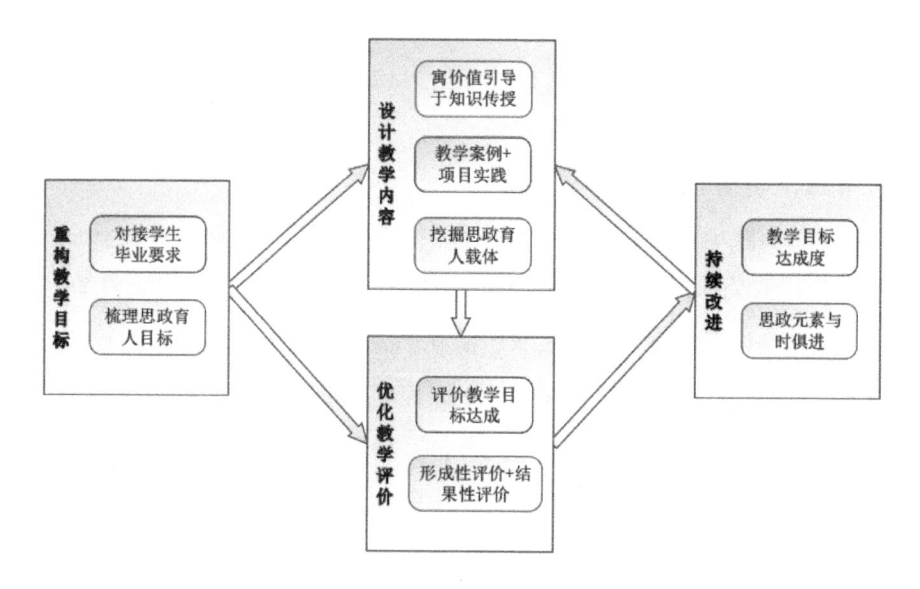

图 4-3 基于 OBE 理念的课程思政教学改革总体方案

（五）研究方法

1. 结合程序设计的特点，将思政元素融入教学中，让学生在学习专业知识的过程中领悟到其中蕴含的思想价值及人文精神。

2. 教学案例优先选择能充分体现核心价值体系和社会主义核心价值观的实例。结合程序设计的融合点准备相应的课程思政材料，设计课程思政典型案例，引导和鼓励学生积极参与思政内容和资源的建设。

3. 设计教学内容。思政育人载体纽带功能的充分发挥，只有配合适当的教学方法，才能像盐溶于水一样"润"思政于课程教学。采用课上课下、线上线下相结合的混合式教学方法，有机融合专业教育与思政教育。

第五章

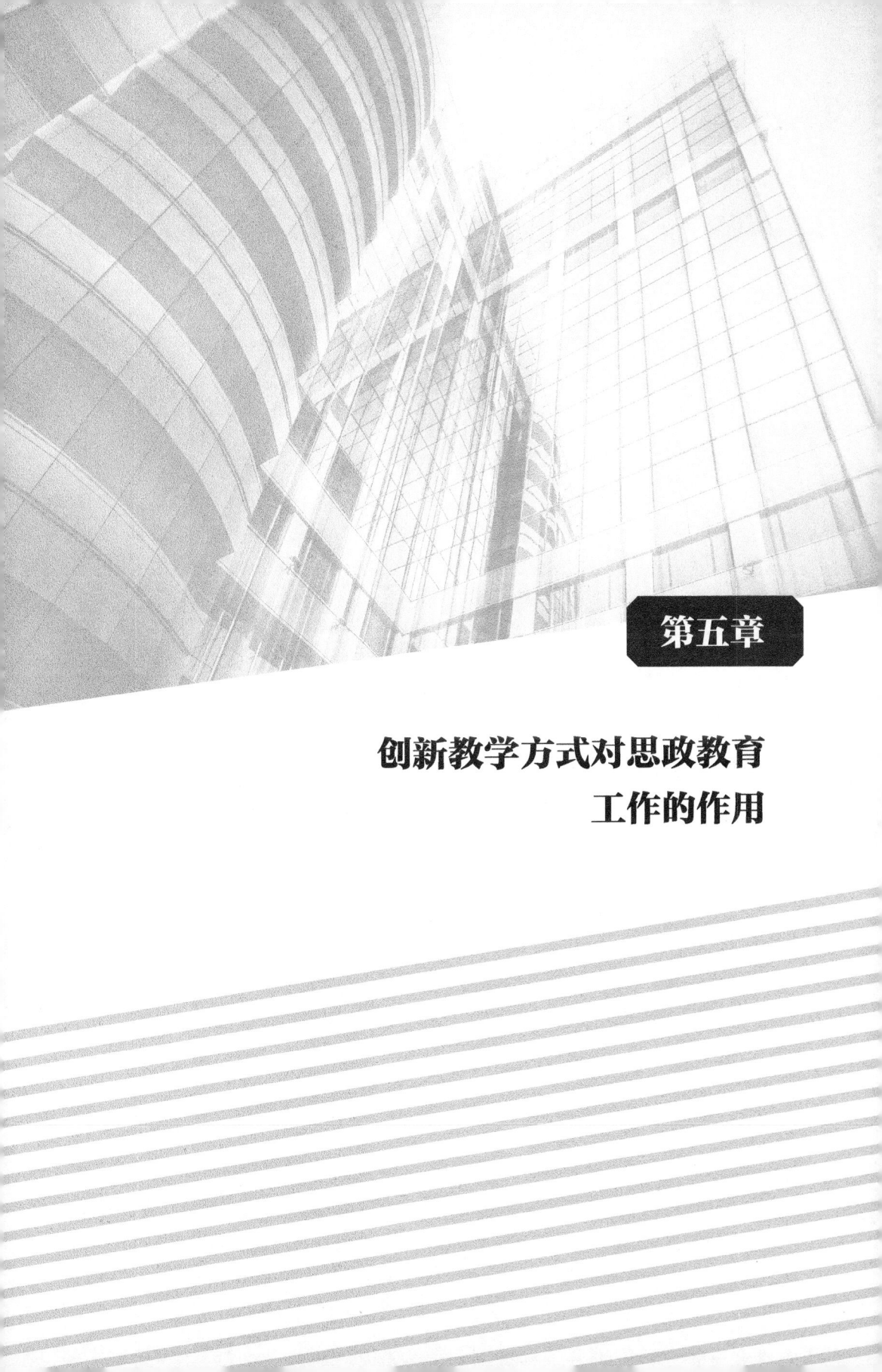

创新教学方式对思政教育工作的作用

第一节 运用"翻转课堂"增强学生学习思政课的积极性

"翻转课堂"是一种以掌握学习理论和建构主义理论为指导,通过信息技术手段支持来实现的教学模式,将其运用于高校思政课教学,具有可行性和诸多优势。为增强学生学习思政课的积极性,需要将"翻转课堂"教学模式很好地运用于思政课教学。教师可以通过尝试以下4种方式来增强学生学习思政课的积极性:第一,在学生群体中大力宣传"翻转课堂"教学模式;第二,制作具有吸引力的微视频;第三,设计适量的学习任务单;第四,有效开展思政课"翻转课堂"面对面教学。

"翻转课堂"教学模式自2011年由重庆聚奎中学率先在全国引入课堂教学以来,短短几年间,我国许多中小学和高校在课堂教学中纷纷效仿实施,理论界对此的研究也是铺天盖地,期刊、报纸、网络媒体大量地刊登和介绍有关"翻转课堂"教学的信息。作为长期从事高校思政理论课教学的教师,我们也对"翻转课堂"给予了很高的关注。面对当前高校思政课教学现状,尤其是学生在课堂上表现出来的懒散、懈怠,探讨如何运用"翻转课堂"来增强学生学习思政课的积极性具有重要意义。

一、翻转课堂的内涵和高校思政课教学现状

（一）翻转课堂教学模式的内涵

"翻转课堂"，也被译作"颠倒课堂""颠倒教室"，它是将传统的课堂教学模式翻转过来，让学生在课前进行自学，理解并内化知识点，在课堂上开展实践或练习等活动，吸收并掌握知识点。自2007年美国科罗拉多州洛基山林地公园高中的两位化学老师乔纳森·伯尔曼和亚伦·萨姆斯率先尝试"翻转课堂"教学模式以来，"翻转课堂"在美国日渐流行起来。随后，"翻转课堂"教学模式逐渐被推广至世界各地，在我国也逐步兴起，引起国内学者对此的研究热潮。

众多学者结合自身的理解，从不同角度对"翻转课堂"教学模式进行了定义。例如，范海燕、许丽萍认为，"'翻转课堂'也被称为'反转课堂'，指的是在信息技术快速发展的背景下，任课教师以教学视频的形式为学生提供学习资源，由学生在上课之前通过视频学习相关知识并在课堂上通过作业进行解答和协作探究"。钱国贤指出，"所谓'翻转课堂'，就是课前教师自主创建视频或使用名师讲课视频，学生在课外观看教学视频，回到课堂上，师生面对面地交流和完成作业的一种教学形式"。孙华（2014）认为，"翻转课堂"就是将原来传统的大班上课讲授基础知识，然后个人在家中学习基础知识的顺序进行颠倒。"翻转课堂"中，学生在课前自主学习课程并完成练习，课堂教学则由教师组织学生讨论、答疑互动活动来完成。

以上学者对"翻转课堂"教学模式的定义可谓仁者见仁、智者见智，但普遍认同的是："翻转课堂"教学模式完全颠倒了传统课堂教学模式的顺序，是对传统课堂教学模式进行颠覆性的、破坏性的改革和突破。我们认为，"翻转课堂"教学模式本身是相对于传统课堂教学模式而言的，是首先让学生运用老师提供的教学资源在课前对基础知识点进行自主性的学习，然后在课堂上由老

师组织学生进行讨论式、互动式教学，通过课堂上对基础知识的练习与实际操作，从而将理论知识内化并转化为学生自身能力的培养。

（二）当前高校思政课教学现状

思政理论课作为高校的必修课，对于大学生正确"三观"的形成、人文素养的提升、思想道德和法律素质的养成等方面有着重要作用。高校大多以培养高素质、高质量、高层次型人才为目标，对于思政理论课在人才培养方面的作用有着足够的重视。但是，就目前高校思政课教学模式现状来看，还有一些不尽如人意的地方。比如，很多学生一提起思政课首先想到的就是用枯燥乏味来形容它，很多学生在课堂上的听课表现大多显示出无所谓的态度。由于教学方式的单一和死板，学生很少参与到课堂教学中来，难以真正实现思政课的教学效果。据对某高校的调查显示："44.5%的学生的学习动机完全是为了应付考试，39%的学生在课堂上只是偶尔听听自己感兴趣的内容，74%的学生不做课堂笔记，还有42%的学生认为思政课的作用不大。"在思政理论课的课堂上，由于教师对学生的心理特点和思想状况不够清楚、明确，忽视了学生对教学内容是否感兴趣的问题。

目前，有很多高校的思政课教学采用多媒体教学方式，老师在课堂上也尝试使用片段电影、视频等多媒体来改进教学方式，但学生在课堂上的参与度和积极性依然不是很高，教师也不能激发学生主动学习、主动思考。基于此，对于当前的思政课教学，只有实施改革才能提升思政教育的有效性。

二、"翻转课堂"运用于思政课教学的可行性

将"翻转课堂"教学模式运用于高校思政课教学，就目前形势来看，具有可行性。

（一）大学生能够接受"翻转课堂"教学模式的运用

现在的"00后大学生"是在网络时代成长起来的，他们对于新事物通常保持一定的好奇心，能够比较快地接受新鲜事物。"翻转课堂"教学模式的出

现，首先能够引起大学生足够的兴趣。在课前，通过引导大学生观看短小精炼的教学视频，实现对思政课的基本理论知识的自学；在课堂上，充分发挥学生的主动性，组织学习小组进行面对面地交流、讨论，实现对理论知识的内化。大学生基本具备一定的自学意识、自学能力，即使他们的自律性不够，也可以通过完善监督管理体系，达到管理学生的目的。比如，可以让同学之间互相监督，一起完成教师布置的定额学习任务。

（二）思政课教师能够胜任"翻转课堂"教学模式的运用

"翻转课堂"从本质上讲是以网络信息技术优势为依托，是对教与学的整个过程的内涵式发展。因此，"翻转课堂"对于教师的要求非常高。比如，思政课教师要有改革自己旧的教学模式的勇气和决心；教师必须紧跟科技发展的步伐，利用现代信息技术进行教学方法改革等。从教学能力来看，当前从事高校思政课教学的教师基本能够顺应潮流，积极学习新的教学模式，也有足够的勇气和决心去改革以往旧的教学模式；从网络技术方面来看，思政课教师基本能够胜任常规的教学视频制作、学习资源网络化管理等任务，即使有的还没有掌握所需的技术，由于其技术含量并不高，通过学习都可以很容易掌握，而且"翻转课堂"的前期教学准备工作可以由教学小组的教师成员们合作完成。

（三）学校硬件设施支持"翻转课堂"教学模式的运用

"翻转课堂"教学模式的前提就是制作教学视频，并不限制时间和地点，由学生根据自身需要随时观看。目前，大多数高校基本都能够在视频拍摄、制作方面提供相应的财力和物力支持。在网络方面，基本能达到整个校园网络的全覆盖和网速的畅通，而且现在的"00后"学生几乎人人都有上网的手机、电脑、平板电脑，有的学校还能够向学生提供进行自学的机房等。

三、高校思政课采用"翻转课堂"教学模式的优势

"翻转课堂"是一种以掌握学习理论和建构主义理论为指导，通过信息技

术手段支持来实现的教学模式，将其运用于高校思政课教学，具有诸多优势。

（一）有助于激发学生自主学习欲望

在传统教学中，高校思政课往往是教师占据课堂主导地位，以灌输的方式讲授知识，尤其是在大班授课的情况下，更是很少调动学生的主动性来参与课堂的讨论。虽然也不乏有教师组织课堂讨论，但由于课堂时间有限、学生人数众多等因素，很多课堂讨论只能流于形式。"翻转课堂"教学模式强调学生才是学习的主体，能够让学生在课前根据自身的情况安排和调控学习，注重学生的自主探究和独立思考，要求教师为学生提供相关资料，鼓励学生自主安排学习过程并提出相应的问题，通过合作探究的方式加以解决，以体现学生的主体地位，让学生更为积极地参与学习活动，全面提高课堂教学效率，为培养学生良好的终身学习能力奠定基础。

（二）有助于教师实施个性化教学

在实施"翻转课堂"的教学过程中，教师要始终明确学生才是学习的主体，要鼓励学生自主设计学习过程，不管是学习的时间和地点，还是学习进度与练习内容，都应由学生自己掌控，学生完全可以根据自己的时间与性格特征选择适合自己的学习方法，对于自己已经掌握的知识或简单的内容可以大体看一下，而对于自己不会的、难以理解的问题可以反复看。如果反复看之后仍有不解之处，可以拿到课堂上与教师或同学一起解决。教学实践证明，这样的教学方式有助于教师实施个性化教学。

（三）有助于促进学生间的交流互动

在实施"翻转课堂"时，教师应在课前加强构思与设计，注重激发学生的学习兴趣，调动学生的学习欲望。在"翻转课堂"中，学生和教师之间存在很多面对面交流的机会，教师可以充分利用这些机会，加强师生之间、学生之间的互动交流，促使双方相互理解、相互启发、补充见解等，不断拓展学生思路，丰富课堂教学内容，营造和谐愉悦的教学氛围，从而达到最佳的教学效果。

四、运用"翻转课堂"增强学生学习思政课的积极性

通过以上分析,高校思政课采用"翻转课堂"教学模式具有可行性和明显优势,那么,如何运用"翻转课堂"来增强学生学习思政课的积极性呢?下面,我们具体分析一下。

(一)在学生群体中大力宣传"翻转课堂"教学模式

"翻转课堂"教学模式的具体实施离不开学生的配合。首先,需要在学生群体中大力宣传"翻转课堂"教学模式,让同学们从心理上对这一新的教学模式产生兴趣。其次,需要教师制订清晰的学习计划和考核制度。第一,教师务必要充分利用好大纲,一开课就发给学生一份翔实的课程大纲、教学周历、课堂讨论规则、考核方式等,合理安排团队及助教工作任务,与学生充分交流学习过程中可能出现的问题。教师应按照教学进度和固定周期,逐步上线教学资源,至少提前一周发布,保证在整个课程教学周期内可供学生随时观看。第二,根据学生团队合作学习情况,指定1~2组学生做演示,在生生互动后再师生互动,教师也可以在生生互动中适时穿插引导,将课堂真正还给学生,使课堂既是丰富的知识获取渠道,又是思想交流与碰撞的阵地,在争辩中既提升学生的思维能力,又训练学生的语言表达能力。在"翻转课堂"过程中,教师与学生通过选择恰当的主题,全面呈现主题的具体资料,凸显主题的争议点,教师不要要求学生接受某一权威观点,要让学生进行充分的讨论。第三,课程评定标准多元化。应以学生学习投入度和学生学习能力提升度为主要标准,充分体现学生在"翻转课堂"模式下的自主学习表现、课堂教学参与度和综合学习表现,将形成性评价与终结性评价相结合。在考核主体上,转变为"教师引导下的学生自评和互评"与"教师考核学生"相结合。对学生的评价包括线上与线下两部分。在线下学习中,教师对学生在课堂研讨内容的积极参与程度、研究性团体小组的任务完成情况、学习成果的展示情况进行评价,学生对小组学习和组间讨论中学生的表现展开自评和互评。这种形成性评价可以激励学生始终投入到各个学习阶段。

（二）制作具有吸引力的微视频

微视频是开展思政课"翻转课堂"的工具和手段，老师要在吃透教材内容的基础上制作短小而又实用的微视频。学生往往只会观看学习那些自己感兴趣的微视频，所以，老师要有针对性地选择制作那些能够吸引学生注意力或能够引起学生共鸣的教学内容来制作视频。视频中可以适当穿插动画和超链接，可以设置1~2个互动点，这样比较受学生欢迎。教师在制作微视频时，应注意以下几个问题。一是明确教学内容，突出重点。二是搜集多样化素材，对教学内容进行梳理。三是把握好时间，最好控制在10分钟以内，因为这样的时间符合学生注意力集中时间较短的规律，以免学生在自主学习过程中因时间过长而产生厌烦情绪。四是灵活设计教学结构，采用新颖有趣的方法在最短的时间内吸引学生的注意力。五是明晰课程结构，使用精炼的教学语言，保证每一个环节都清晰、有序。六是收尾简洁明快，提出有针对性和目的性的问题。七是结合具体内容编制相应的微练习，教师应熟知教学目标和重点难点，灵活设计相配套的练习题并保证练习数量与难度符合学生的认知规律，满足学生的学习需求。如果问题过难，会打击学生的积极性；如果问题过于简单，则不易激发学生的挑战欲望。

（三）设计适量的学习任务单

让学生明确学习任务是"翻转课堂"的开端，为了学生能够按照教学视频资源开展学习活动，在微视频资源中要按前面提到的要求设计好。教师需要根据每个单元的主要内容设计适量的学习任务单，既不要让学生感觉任务繁重，也不要让学生感觉很容易就能够完成。学习任务的设计要突出学生的主体地位，鼓励学生自主探究，增强学生的积极性。教师要积极主动探索如何通过信息技术手段了解学生的学习进度、学习难点并及时督促学生完成视频学习，还要结合学生提出的问题确定课堂讨论答疑的内容，通过课堂活动设计最大限度地帮助学生内化知识。如果学生通过独立思考无法完成学习任务，可以组织学生合作学习。在任务单上应注明以下内容：探究主题、实现目标、学习方法、学习形式、学习任务、问题设计、练习题等并注重引导学生记录相关重点和难点，激发学生的质疑欲望，鼓励学生提出相关问题并在学习结束之后进行相应的反思，以保证课堂学习质量，顺利完成课堂学习任务。

（四）有效开展思政课"翻转课堂"面对面教学

在开展思政课"翻转课堂"教学过程中，如何组织课堂才能提高学生的积极性是值得每一位思政课教师思考的问题。因此，为增强学生学习思政课的积极性，在面对面教学过程中需要开展形式多样的教学。目前在实践中比较可行的方法是将学生分成若干个小组，每次课由一个小组的学生讲解议题，其余学生旁听，并且可以随时向讲解的同学提出疑问。这样的教学方式还能同时训练学生的沟通表达能力，教师也可以更有效地检验学生课前学习的效果。在每节课结束前，教师进行启发式点评，指出学生的可取之处与有待改进的地方。教师根据学生的完成情况进行点评后，把优秀的学习作品放在网络教学平台上展示。教师还可以收集与教学内容相关的拓展学习资源，设置拓展任务，学有余力的学生可以挑战拓展任务，实现学生对知识（技能）的巩固和拓展。此外，教师应充分了解学生课前学习任务的完成情况，备课时要特别关注完成课前任务有困难的学生及经常在课堂上沉默不语的学生，教师要主动帮助学生完成学习任务，运用各种激励手段鼓励学生参与课堂讨论。只有这样，教师才能既充分调动每名学生的积极性，又把握好多讲与少讲的平衡点，辅助学生更好地完成知识的学习与内化。

高校思政课老师要在教学实践中紧跟时代发展的步伐，从思想上认识"翻转课堂"教学模式的先进性和重要性，同时在具体的教学实践中不断加强学习及进行实践摸索，真正发挥"翻转课堂"的作用，增强学生学习思政课的积极性，提高高校思政课教学效果。在"翻转课堂"教学模式下，高校思政课教学能够真正释放课堂时间给学生，能够更加关注学生对于知识点的内化程度，关注学生实践能力的提升，关注学生思想道德素质和法律素质的培养等。充分运用这种新的教学模式有利于解决思政课中存在的一些问题（比如教学模式单

一、缺乏吸引力），提升课程的时效性、针对性。但是，就目前思政课的一些特点而言，在教学改革的过程中还有几个难点需要解决。比如，高校的思政课大多是大班教学，在课堂上的时间有限，比较难以实现全体学生的互动、交流；再者，思政理论课方面的优质网络教学资源还比较缺乏，各个高校之间、教师之间的信息共享机制还不够健全等。

综上所述，在当前的思政课教学过程中适当地运用"翻转课堂"教学模式，能够增强学生学习思政课的积极性，但它不能替代传统课堂，对于高校思政课来说，面对面实施课堂互动才是"翻转课堂"中最有意义和价值的部分。未来，混合式教学或许是谨慎而理性的选择。

第二节 思政课辩论式教学有助于提高大学生的理性认知能力

随着思政课教学改革的发展，辩论式教学作为一种行之有效的教学方式受到不少思政课教师的青睐。辩论式教学通过辩论方式来揭露对方认识中的矛盾，逐步引导学生自己思考并最后得出正确的答案，有助于提高大学生的理性认知力。为了进一步推进思政课辩论式教学对大学生理性认知能力的提升，应注意以下几个方面的问题：选好主题，确定辩题；周密准备，增强实效；充分备课，提高能力。

一、辩证唯物主义认识论是唯一科学的认识论

辩证唯物主义认识论既表现出唯物主义和辩证法的统一，又体现了辩证唯物主义和历史唯物主义的统一。同时，哲学的认识论不把自己看作是一个封闭的体系。它客观地遵循科学认识运动的道路，不断地概括和总结各门科学知识的成果，以丰富自己的内容，又反过来不断为科学认识开辟通向真理的道路。它认为，认识的辩证法不仅表现在一个具体认识过程的形式中，更重要的是表

现在认识发展的社会历史过程的形式中。列宁强调，按照马克思的理解，辩证法包括认识论，这种认识论"应该历史地观察自己的对象，研究并概括认识的起源和发展，即从不知到知的转化"。哲学的认识论反对那种建立永恒不变的绝对认识体系的企图，也反对对认识活动及其结果做超历史的抽象评价，强调认识的历史特点，强调真理的具体性。

一定的具体历史条件下的社会实践的性质和发展水平决定相应时代的认识的结构和发展水平。但是，一切在实践基础上产生并经过实践检验的认识，都具有不依赖于主体、不依赖于人和人类的内容，即客观真理。辩证唯物主义认识论建立了关于绝对真理和相对真理的辩证关系的学说。在整个社会历史发展过程中，人们的实践不断地向前发展，人们对客观现实的认识也不断地向前发展。在实践基础上由感性认识上升到理性认识，又由理性认识向实践能动地飞跃。实践，认识，再实践，再认识，循环往复以至无穷，认识的内容由此而不断地扩展和加深，展现了整个人类认识从相对真理向绝对真理不断迈进的辩证过程。

辩证唯物主义认识论指出，人们在实践基础上所得到的关于外部世界的初级认识是感性认识，它包括感觉、知觉、表象等形式。感性认识是对外部世界的直接反映，是人们获得知识的第一步，属于认识的初级阶段。辩证唯物主义认识论强调认识主体在获得感性认识的基础上，必须用理性思维对感性材料进行逻辑加工，即遵循从感性到具体再到抽象，又从抽象上升到思维具体的方法及逻辑的东西与历史的东西相统一的原则，通过归纳和演绎、分析和综合，以概念（范畴）、判断、推理的形式，形成理论知识的体系，把客体作为许多规定的综合，即多样性的统一的整体在思维中观念地再现出来，这就是理性认识。理性认识是对事物抽象、概括的反映，也是对事物的本质、全面的反映，是认识的高级阶段。认识的能动性不仅表现于从感性认识到理性认识的能动飞跃，而且还表现于从理性认识到实践的能动飞跃。人们在获得理性认识以后，必须通过理想的目的及理想的计划、方案等形式，使之应用于实践，向现实转化。

这是实践检验理论、实现理论的过程，是整个认识过程的继续。

二、大学生理性认知能力现状

理性是指人在正常思维状态下为了获得预期结果，有自信与勇气冷静地面对现状并快速、全面了解现实，分析出多种可行性方案，再判断出最佳方案且对其有效执行的能力。大学生处于成年初期，年龄一般为17~24岁，这一时期是个体思维发展的一个重要时期。尤其对大一学生来说，新的学习环境和学习方式带给他们很大的冲击。同时，学习不再是大学生生活的全部重心，他们还会遇到各种社会问题，如适应问题、交友问题、婚恋问题、消费问题、择业问题等，大学生会采取何种思维方法来应对这些问题，是检验大学生理性认知现状的一个方式。

为了了解大学生理性认知现状，我们在某市3所公立本科院校进行了问卷调查，针对大一至大三学生，发放了300份试卷，共收回275份，有效问卷265份。调查问卷显示，当被问到"你自认为在日常生活中用到最多的是感性认识还是理性认识"，83.9%的大学生选择"感性认识"，说明大学生的理性思维方式不足。当被问到"你和朋友聊天时，对一件事情你们通常交流彼此的直观感受，还是对事件进行深入探讨"，59.6%大学生表示通常交流彼此的直观感受，40.4%的大学生会对事件进行深入探讨，说明大学生的理性思考不足。当看完一部电影之后，只有36.8%的大学生会对电影表达的思想内容进一步思考，而63.2%的大学生通常热闹地看完一场电影后就不再对其进行思考和关心。同样，当被问到看到一个新闻事件的时候，人产生的最直观的感受就是人的感性认识，如为之振奋、感到遗憾、让人震惊等，而在此之后，只有38.9%的大学生会继续对事件进行深入的思考，发掘其背后的意义，思索事件发生的原因和后果，或者思考相应的应对方式等。此外，99.2%的大学生习惯在微信朋友圈发表评论，但只有23.5%的大学生会在微信朋友圈发表理性观点，76.5%的大学生则更倾向于在微信朋友圈表达自己的感受。36.7%的大学生会主动去学习有关理性思考、理性认识的知识,其余 63.3% 的大学生表示平常不太会主动学习有关理性思考、理性认识的知识。

三、思政课的理性魅力

高校思政理论课自开设以来,经历"85 方案""98 方案""05 方案"的调整与改革,已经逐渐发展成为以课程建设为基础,以学科建设为依托,以学院建设为保障的课程体系。为何高校思政理论课的地位如此重要?其价值何在?

在国家层面,增进政治认同,走中国特色社会主义道路。高校思政理论课引导大学生关注中国特色社会主义事业取得的辉煌成就,增强中国特色社会主义道路自信、理论自信与制度自信。

在政党层面,夯实执政基础,保持党的先进性与纯洁性。高校思政理论课能够引导大学生增强对中国共产党的政治认同,内化党的宗旨、路线、方针、政策,进一步拥护和支持中国共产党的领导;畅行群众路线,自觉树立全心全意为人民服务的责任意识与奉献意识,以自己的行动巩固党的执政基础;帮助大学生学习党的基本理论,参与党员先进性教育活动与党团组织实践活动,提高自身思政素质与党性素养,增强入党意识,端正入党动机,积极为党的建设与国家发展贡献力量。

在个人层面,培育核心价值观,塑造完美的政治社会人格。高校思政理论课能引导大学生把握时代脉搏,树立远大理想,增强民族观念、国家意识、社会责任与奉献精神;帮助大学生提高理论素养,增强辩证思维能力,理性认知和处理历史与现实、个人与国家、权利与义务、自由与责任的关系;鼓励大学生努力追求人生价值,正确面对生活困难与挫折,磨砺意志,塑造品格,增强自我教育、自我约束、自我管理能力。高校思政理论课将知识教育上升到价值观教育,塑造大学生完美的政治社会人格,正是其价值的生发机制使大学生能够更好地融入社会生活,实现个人自由全面发展,进而成为中国特色社会主义事业的合格建设者和接班人。

四、思政课的辩论式教学

2015年7月，中宣部和教育部印发《普通高校思想政治理论课建设体系创新计划》，文件中强调"全面推进教学科研改革，优化教学内容，创新课堂教学形式"，要求"积极培育和推广优秀教学方法，建设理念科学、形式多样、管理有效的思想政治理论课课堂教学体系"。在教学改革背景下，涌现了一大批新方式、新方法，如讨论式教学、演讲式教学、表演式教学、专题式教学、项目制教学、互动式教学、微电影教学等。其中，辩论式教学也是不可忽视的一种教学方法。

辩论式教学是指以学生为主体，以反向思维和发散性思维为特征，由小组或全班成员围绕特定的论题辩驳问难，各抒己见、互相学习，在辩论中主动获取知识、提高素养的教学方式。思政课辩论式教学的主要组织方式和过程如下所述。

（一）师生参与，商讨辩题

在思政课教学过程中，通过课堂交流或课后交流的方式，了解学生感兴趣的话题，采取双方互动的方式确定辩题，一方面，提升学生的主体地位，有效提高学生的积极性；另一方面，教师结合课程内容对辩题进行引导和修改，提升教学的实效性，以免辩论变成"吵架大会"。辩题一般要与教学内容相结合并在相应的课程内容教学之后开展，否则，辩论的锻炼能力体现不出来。

（二）选择模式，全员参与

开展辩论的最重要环节是参与环节。最好是全体动员、人人参与。由学生推举一辩和四辩，其余两辩可以固定也可以不固定。事先将学生分为正、反两方，由学生自愿报名固定二辩和三辩的身份有利于辩论的程序开展，但容易使观众学生置身事外。如果不固定二辩、三辩，则可以鼓励更多的学生担当起二辩和三辩的身份，全员参与，给每个学生有发言的期待，锻炼更多的同学，也给学生的准备工作带来动力。

（三）辩前引导，提高效率

要开展好辩论式教学，必须在事前引导学生做好充分的准备。准备分为两个阶段：辩题分析阶段、辩论资料准备指导阶段。如何分析辩题，需要教师进行指导，悉心的指导能够有效引导学生查找有效资料，也有助于学生开拓思维方式。教师在辩论前进行理论和技巧的指导，尤其是对辩题的资料查找方向的分析及对课程内容的运用，特别是对于辩论过程中思维方式的展开，需要进行更详细的指导，如此才能提升辩论课的实效性。

（四）实时点评，及时调控

由于学生不是专业辩论队出身，很容易陷入为辩而辩的困境，一场辩论课有可能就变成了一场发言的展示课，甚至有些学生因为年轻，满腔热血，可能将原本应该是理性的针锋相对演变成非理性的人身攻击。因此，在辩论过程中，针对正、反双方学生的唇枪舌剑，教师要在每个观点阐述到差不多的时候，给予适时暂停，再一次明确双方观点的交集处，给下一回合的辩论指明方向。教师还要及时点评学生的辩论，实时点评、及时调控。

（五）结尾升华，突出要点

一场成功的辩论课通过正、反双方你来我往的交锋往往能使正、反两辩题在学生的心中留下深刻的印象，引发他们更深层次的思考。在辩论结束的时候，教师要对结果进行深度的总结和升华，结合课程内容，才能将通过辩论既加深学生对教学内容的理解，又提高学生问题分析的能力和理性认知的能力。

五、辩论式教学有助于提高大学生的理性认知能力

真理的本性即为理性，人对真理的探究结果产生理性。俗话说，真理越辩越明，辩论过程中并不直截了当把学生所应知道的知识告诉他，而是通过讨论问答甚至辩论的方式来揭露对方认识中的矛盾，逐步引导学生自己最后得出正确的答案。思政理论课向学生介绍的是中国化的理论成果，不仅富有理论性，

而且政治性很强。教师讲授这门课，应当致力于帮助大学生提高从纷繁复杂的社会现象中认识事物的本质和内在规律的能力，通过客观、全面、冷静的分析来帮助大学生从就事论事、只关注现象形态的思维模式中解放出来，提高他们的理论素养，提高他们分析问题、解决问题的能力。同时，帮助学生具体学习什么是正确的立场、观点和方法。灵活运用辩论式教学这种新型的教学方法，可以起到事半功倍的教学效果。

六、推进思政课辩论式教学的注意事项

辩论式教学运用得当，既能搞活课堂气氛、调动学生的积极性，用轻松的方式解决教学重点、难点问题，又能训练学生全方位思考问题的能力，克服片面、主观、偏激地看待社会现象和社会问题的倾向。但是，情景辩论对于教师的理论素养、课堂驾驭能力等都有很高的要求。在辩论式教学过程中应注意以下3点内容。

1.选好主题，确定辩题。结合课程内容和时政焦点、热点进行辩论，锻炼学生的认识判断能力。辩论的主题必须体现本课程的教学目的要求，紧紧围绕教学重点、难点问题而展开。同时，该论题还必须具备另外两个要素：一是学生普遍关注的社会热点问题；二是比较复杂、颇有争议性的问题，学生对此问题的认识还比较混乱。

2.周密准备，增强实效。提前宣布论题，大约给学生一周的准备时间，并且对学生进行分工，收集资料，思考判断，就某一辩题展开辩论和预测。学生在讨论中掌握了知识，理论知识也得到了深化。教学实践显示，大学生对这样的教学方式很感兴趣，特别是运用所学知识和思考对未来形势进行预测和判断，能极大地调动学生的积极性，体现思政理论课的魅力和政治思考与判断的价值。

3.充分备课，提高能力。辩论式教学作为一种探求真理的方式，涉及很多学科知识，要求任课教师扩大知识领域，增加知识储备。一是教师必须认真研

读经典著作，掌握丰富的理论知识。只有这样，才能确保课堂总结达到很高的理论层次。二是教师必须主动阅读辩论学、演讲学、口才学方面的书籍，熟悉这方面的专业知识。只有这样，才能给予双方辩手良好的专业指导。三是教师必须广泛涉猎哲学、法学、政治学、伦理学、经济学、社会学、教育学等人文社科方面的书籍，了解这些学科的基础知识。只有这样，才能引导课堂辩论沿着正确的方向持续深入地进行下去。辩论式教学操作流程复杂，掌控难度很大，要求教师勤于学习、勇于实践。既要仔细观摩优秀教师的辩论式教学活动，借鉴他们的成功做法，又要积极开展辩论式教学活动，认真汲取经验教训。通过以上途径，不断提高组织教学、指导学生、调控课堂、总结辩论的能力。总之，思政课教师必须具备渊博的知识、过硬的技能，才能轻松地胜任上述角色。

第六章

教学内容变革对思政教育工作的作用

第六章 教学内容变革对思政教育工作的作用

第一节 "慕课"学习+专题教学，挖掘思政教育新动力

高校思政理论课，常常给人以枯燥乏味的印象。"大班教学""老套的授课内容""灌输式的授课方式""单一的考核方法"似乎已成为传统思政课的标签，而"提高出勤率，提高抬头率"成为思政课教师面临的难题。高校思政理论课肩负着最新成果武装大学生头脑这一重要使命，是大学生思政教育的主阵地。如何通过教学方式和理念的革新，让思政课真正入耳、入脑、入心，对于加强和改进大学生思政教育、培养高素质人才至关重要。这就要求高校思政理论课教育教学必须在实践中与时俱进，这是大学思政课教学创新过程中必须要解决的问题。

在"互联网+"教育的大背景中，实施"慕课"教学，不断进行专题教学尝试，在实践中大力促进大学生的思政教育，是一个不错的尝试。

一、传统教学中高校学生思政课学习的特点

目前，高校特别是民办高校的学生，对于思政课的学习态度，整体是消极

懈怠的，造成思政课的教学教育效果一直不尽如人意。

第一，高校思政课教材内容多与中学政治课内容存在交叉重复的问题，教学内容不能充分体现高校学生实际，缺乏时代感，新鲜感消失，与"00后"学生面对的信息大爆炸时代存在不协调。因此，要促使学生认同理论、乐于实践，必须在教材内容上狠下功夫。

第二，高校思政课教法普遍比较传统，教学设计模式主要是以教师讲授为主，部分教师喜欢唱高调、"满堂灌"，通过课堂讲解，全堂电子课件展示，或有板书辅助表现，其教学方式主要是以单方注入和灌输的形式为主，学生的学习主要是集体化和单一化相结合，致使高校思政课被边缘化。

第三，在现代发达而丰富的互联网信息的冲击下，每日摄取的大量即时网络信息的多样性使学生对手持移动设备产生严重的依赖性，部分学生上课时可以忘记带书，但绝对不会忘记他的手机与耳麦，对传统思政课学习不再感兴趣。

第四，一些学生学习兴趣性不高。高校学生学习思政课的态度往往可以分为三大类。第一类是非常珍惜在校学习生活的学生。这类学生对任何科目都非常重视，各科成绩优秀，他们能欣然接受并认同思政课的教育安排，甚至会积极向党组织靠拢，但这类学生在所有学生中所占比例最少。第二类是有极强的功利心理的学生。他们重视专业课和技能课，忽视公共基础课，把主要的时间投入到专业课程的学习中，他们往往认为思政课的设置可有可无，在思政课的学习中喜欢开小差，以"60分万岁，多一分浪费"的心态蒙混过关，此类学生占高校学生的比例较大。第三类是对所有课程都不感兴趣的极少数学生。他们天真地认为缴了学费，毕业时就应该给他们颁发毕业证书，对包括思政课在内的许多课程的学习带有抵触情绪，甚至存在较强的叛逆心理，即使是开卷考试，也不会认真做答。这类学生没有信仰，经常将个人对生活、人际交往中的不如意、不顺心转嫁为对社会或客观现实的不满。这类学生虽然不多，但破坏力与负面影响力巨大，最需要思政教育者的特别关注和帮助。

第五，高校思政理论课缺乏教学的针对性，导致学生厌倦学习。当代"00后"大学生，普遍生活条件优越，体会不到今天的美好生活来之不易，加之网络负面信息轰炸式的诱导，迷失混沌中容易接受西方的享乐主义价值观。当遇到挫折或失败时，喜欢将原因归咎于政府和社会。这一表现行为也说明了当代大学生缺乏自我思辨能力，缺乏对国情、社会的正确认识，容易在社会实践中迷失自我。

以上诸多因素，说明了高校的思政理论课亟待强力的教学改革。专题教学为思政课的教学创新、提升大学生思政教育实效性提供了一种重要的有效途径。

二、"慕课"背景下，专题教学的必要性

"慕课"学习中要求学生自身要有强烈的自制力，能主动、自觉地上线学习，但在"慕课"实践中，高校学生的学习态度与积极性并不能令人满意，他们似乎与生俱来有着对"政治课"的抵触情绪。教师与学生面对面富有情感的互动消失了，代之以依靠电脑和视频为媒介，师生之间树起了一道现代化天然屏障。对于思政课教学及大学生的思政教育工作来说，这无疑是一种大忌。因此，采取线下专题教学的模式以弥补线上学习的不足是必要的。

（一）实施专题教学是贯彻落实中央有关文件精神的需要

中宣部、教育部2005年印发的《关于进一步加强和改进高等学校思想政治理论课的意见》强调：要精心设计和组织教学活动，认真探索专题讲授、案例教学等多种教学方法。因此，专题教学也是高校思政课实现教育教学目标的需要。

（二）实施专题教学是"互联网+"教育背景下思政课教学改革的需要

在教育领域中，一场信息化的颠覆性变革正悄然发生着，互联网具有高效、快捷、方便传播的特点。微课、"慕课"、"翻转课堂"、手机课堂就是"互

联网+"教育。"互联网+思政课",要谨防"新瓶装旧酒"的"伪创新"。不摸准青春的脉搏,不参透学生"成长的烦恼",不更新内容表达方式,只在互联网"外衣"上过度发力,同样不会收到预期的效果。

(三)实施专题教学是增强思政课教学针对性和时效性的需要

高校学生的思政理论课主要开设《思想道德修养与法律基础》《毛泽东思想和中国特色社会主义理论体系概论》及《形势与政策》。《思想道德修养与法律基础》课程是由思想道德修养与法律基础知识两门课程合并而成,教材是经过专家集思广益编撰而成的,其观点的权威性不容置疑,但教材部分内容缺乏系统性与连贯性也是一个不争的事实。同时,教材中相当一部分内容具有较强的理论性、抽象性。因此,为了满足教学实际需求,提高教学的针对性和时效性,就需要实现从教材体系向教学体系的转化。同样真实的是,合并后课程的授课总课时大为减少,教学学时少与教学内容多的矛盾成为必须要面对和解决的一个重要问题。

(四)实施专题教学有利于充分发挥教师潜能、提升教师综合素质

网络这种新兴媒体以其强大的影响力对大学生的政治态度、道德观念、价值取向、行为模式乃至心理产生了强大的冲击,极大地改变了高校思政理论课的教育环境,增添了思政理论教学的复杂性和难度。在此背景下,部分高校已经实行了"慕课"学习,这就要求教师要努力适应这种复杂的环境,不断加强研究新问题、新环境、新需求,真正做到"坚持潜心问道和关注社会相统一",以研促教。在自身掌握信息技术的基础上,通过网络搜索对各类网络平台的关键词汇、热点事件、焦点现象进行挖掘、分析、整理、分类和整合,在讲授思政课重要理论知识时以我们所整合的、学生"喜闻乐见"的内容为切入点,对最核心、最有价值的内容进行时尚且流行的编辑,加以生动、接地气的点评。在这一过程中,"润物细无声"地促进了大学生进行理性思考,教师也真正做到了对学生进行兴趣的激发和思维的引领。同时,要对理论的内容进行时尚的

编辑和生动的点评，能熟练运用App等，这就要求教育工作者转变思想观念和教学方式，不断提高自身综合素质。

（五）实施专题教学是培养学生创新能力的需要

采用专题教学方式，选择以问题意识的方式切入教学内容，可增加学生对课程的兴趣。引导学生在"是什么"的基础上往"为什么"层面思考、探究，从而真正达到传道、授业、解惑的目的。

三、专题教学的组织和实施

目前，国内一些高校已逐步上线了"慕课"学习平台，部分高校在遵循教学计划和教学大纲的前提下，根据思政课程的章节体系，将一个章节的内容"碎片化"，分解为符合阅读习惯的若干个知识点，每个知识点都被制作成5~15分钟的独立视频，"慕课"课堂中不仅有教师讲授知识点的基础视频资料，还提供了课程讲义、PPT、在线讨论、在线测试、课后思考、课外资料推荐等丰富的学习资源，"就像在饭店点菜一样，学生可以根据不同的需要组合不同的菜单"，这就使传统的课堂教材重复教学失去了意义，需要及时改变陈旧的教学模式。

在专题化教学中，应该重视以下3个方面的组织和实施。

1.教学内容的专题化是实现专题教学的前提。所谓专题式教学法，就是打破传统的按照教材的章节体系依序授课的方式,根据教学大纲规定的基本要求，按照课程内容的内在思想和逻辑关系对教学内容进行整合、提炼、概括和充实，形成既有先后连接又相对独立的系列专题，围绕着专题确定教学方案，相对集中、深入地进行教学的一种课堂教学方式。为了提高专题教学的针对性和实效性，并且突出重点、化解难点、解析热点，以笔者所在的高校的思政教研部为例，根据教学内容、教材体系的理论逻辑关系和系统完整性，对现有教材内容进行优化整合，精心设计专题教学实施方案，确定专题教学体系的框架和重点。最终，将《思想道德修养与法律基础》课程分成4个专题，进行了专题式教学的初步运用。主要内容包括：新的启程——大学适应教育；走向人生的彼岸——感悟生命价值，谱写无悔人生；公民教育——社会公德、家庭美德、职业道德；增强法律意识，自觉遵守法律。专题式教学法大胆打破教材体系，在板块设置的基础上，围绕理论重点和难点及重大社会热点、学生疑点确立专题，因而，推行专题式教学就成为"慕课"学习背景下思政课教学方法的必然选择。

2. 促进教学团队专题化，是组织科学、合理的专题教学内容的保证。思政课能不能吸引学生，最关键的还是要看教师能不能把这些专题讲好、讲活，讲出《百家讲坛》的水平和精彩，能否做到每一个专题都是一个精品。为此，可以将不同专业和不同研究方向的教师组织在一起，分成专题教学组，共同完成同类专题的研究，小组集体备课，博采众长，通过团队能快速解决教学中的困难，准确分解、深入把握教学内容，使之更加精练、充实。教师一个学期只讲授一两个专题，并且在学校该年级各班进行循环，然后下一学期再轮换讲授其他专题。这样，专题教师对专题的内容做到了全面的理解和把握，能够对教学专题的内容、形式、方法、案例、教态及课件等进行不断修改和完善，做到专题内容源于教材又高于教材，以史为据、史论结合，既能展示出理论的逻辑魅力，也能反映教师科学、严谨的治学态度及其渊博的学识，还能体现时代性，充分展现教师的人格魅力，真正做到重点突出、详略得当，以理服人、以情感人，实现理论深刻性与教学生动性的和谐统一，提高思政教育的针对性和时效性。

3. 利用多手段落实专题教学是关键。由于专题教学内容的开放性，在课堂上可以利用和发挥多种教学方法和手段的优势，如案例教学法、问题教学法、讨论教学法、情境教学法、多媒体手段……恰当地运用这些教学方法和手段，能增加课堂的趣味性、直观性、艺术性和生动性。此外，以笔者为例，所在高校专门开发了"慕课"教学平台与福软通手机 App 软件，在慕课平台和手机客户端设有专题栏目；设立了学院党委领导、思政部具体指导和管理的新媒体工作室，在影视制作及多媒体等专业内，指导学生撰写反映校园与社会正能量的微电影剧本进行拍摄和展播。要重视实践专题的实施,从校内到校外,从个人到集体,从小事开始,通过参观体验、社会调查、公益活动等形式完成专题实践的目标,锻炼学生团结协作、与人沟通、创新等多种能力。以学生喜爱、围绕学生、关照学生、服务学生学习的思路,使学生从"要我学"变为"我要学",使思政课能入耳、入脑、入心,实现知行统一,真正形成良好的思想品德和行为习惯,树立起正确的世界观、人生观和价值观。

四、实践效果

以笔者所在的高校为例,经过一学期的"慕课"学习与专题教学的结合和实践,明显取得了初步的效果。

1.较好地克服了教材与现实脱节的缺点,提高对学生进行时事和思政教育的效果。每当国家出台重要决策、国内外发生重大事件之际,教师应在相关的专题教学内容中补充进去,及时进行解读和引导。例如,每年的感动中国十大人物、天宫二号发射、APCE会议……专题教学使教学内容与时俱进,能及时地宣传党和国家的方针政策,在教学过程中与学生互动,第一时间了解和把握学生的思想动态,很好地把专题教学与学生思政教育进行融合,从而更有效地指导并解决学生的思想倾向问题。

2.较好地解决了以往教学中存在的实际问题。一是在有限的教学时间里把某些突出的热点、难点讲清、讲透,将理论性的知识点架设于"慕课"平台,没有了时空的限制,学生随时可以实现提前学习、重复学习的目的。二是把网络在线学习、课堂教学和课外实践有效结合,要运用新媒体和新技术使工作活起来,推动思政工作传统优势同信息技术高度融合,增强时代感和吸引力。三是教师的主导性和学生的主体性充分发挥,使教师真正术有专攻,将专题做成精品,在学生群体中得到更多的认可和尊敬,同时也树立了威信,学生的自主学习意识也更强了,颠覆了传统教学中教师"一言堂"的弊端。"'慕课'学习+专题教学"不但使思政教学取得了实效,也进一步促进了学生通过网络平台、课堂学习和社会实践对所学知识的认识，丰富了思政教育的工作载体，实现了从单一模式向立体格局的转变，学生及时、正确掌握到更多的国情、民情，提高了大学生的思辨能力、动手能力、应变能力、社交能力和团结协作意识，开阔了他们的眼界，也增强了他们的爱国主义情感，使他们的综合素质不断得到锻炼和提高。

3. 思政课得到了更多学生的认可。一学期以来，根据学生上课的出勤率、专注度、课间参与度等指标的观察和统计，可以发现学生对专题内容的兴趣度和认可度在提升。在教务部门组织的学生对课程的评教和座谈会评议中，学生对思政课的兴趣大大提高，学生反映密切联系社会实际问题的专题教学培养了他们正确分析和理解社会问题的能力，学生能更加关注国事、天下事，了解国情、省情和地方事、身边事，更多的学生向党组织递交入党申请书，2016级学生的入党申请率达80%以上，思政课教师的工作得到好评和肯定，这充分反映了专题教学的效果，也对大学生思政教育中的学生党建工作起到了积极的推进作用。

4. 专题教学促进了教师的教学科研水平的提高。借助思政课专题教学改革的推动，思政课教师自身必须加强相关理论的学习，第一时间把握国家、社会的热点、关注点，思考与教学内容的结合，增强了自身的观察力，提高了自身的思政素质，进一步巩固了科学的世界观和人生观；科研能力得到提升，在集体备课过程中的发言更积极主动，内容更有创新性，教研积极性有了明显的提升，教学能力得到了增强，为学院的思政教育培养了一支有创造力的高素质教师队伍。

"慕课"在线学习背景下的专题化教学模式树立了思政课教学的新理念，强化了思政课教学的针对性和实效性，是提高高校思政课吸引力和感染力、实现高校思政课教学目标的有效模式，为高校的思政教育开创了新平台、新途径，值得发扬和推广。

第二节　问题探究式教学彰显思政教育的潜在效果

问题探究式教学作为一种问题取向的特殊教学方法，其精髓在于运用科学探究的方法以培养学生的问题意识和解决实际问题的能力，它反映了现代教育教学的基本规律，符合大学生的求知心理，将其引入高校思政理论课具有很强的可行性和得天独厚的优势。

思政理论课教学是现代思政教育的主要渠道和重要方式，承担着对当代大学生进行系统的理论教育和思想品德培养的重要任务。思政课教学成效直接关系着学生对社会主流意识形态和价值观念的理解、认知和评价，关系着学生世界观、人生观和价值观的树立，关系着学生的成长、成才和全面发展。特别是我国目前正处于社会快速转型发展的时期，也是各种矛盾比较突出、问题多发的时期，在这样的时代背景下，大学生特有的生理、心理特征及其所处的社会环境，必然会使大学生对各种社会问题产生强烈的关注、兴趣和好奇。为了应对挑战、积极回应学生的问题诉求，结合学生的思想实际和认知特点，强化学生的思政素质教育，在思政理论课上采用问题探究式教学就成为实现这一教育效果的重要趋势和要求。

一、问题探究式教学概述

问题探究式教学并不是凭空构建起来的，而是新时期高校思政理论教学实践发展的客观要求和结果。本节把问题探究式教学作为一种特定的教学体系来研究和看待，因此，必须为这一教学体系寻找并确定一定的历史和理论基础，阐明与梳理问题探究式教学的基本内涵和主要特征。

（一）问题探究式教学的理论渊源

长期以来，虽然我们并不曾正式地提出所谓问题探究式教学思想，但它却深深地蕴含于有关问题教学的思想和论述之中。其实，问题探究式教学中的问题意识也深深根植于理论之中并与思政教育相关的哲学、教育学等理论资源紧密地联系在一起。因此，探究式教学的理论基础主要源于以下几个方面的基本内容：一是源于传统的问题教学思想中；二是根源于问题意识本身；三是来源和借鉴于哲学、教育学等与思政教育相关的基本理论资源。

1. 传统的问题教学思想。人类有关问题教学的思想可以追溯到古希腊时期，著名的哲学家、教育家苏格拉底的"精神助产术"就已经有了问题教学的雏形。苏格拉底通过与别人的问答式辩论和对话，以提出问题、回答问题、反复诘问的方式寻求普遍的真、善、美。他相信人们关于"善"的知识是内在于人本身，这些知识是人与生俱来的，只是未被人们自己发现而已。因此，教师的作用就是努力帮助学生去发现这些知识，把学生的各种知识和道德观念予以激发引导出来。在我国，春秋时期著名的教育家孔子也非常重视通过与学生对各种社会、政治和人生问题的共同探讨作为启发学生获得相关知识和道理的重要手段。

2. 问题意识。世界史本身，除了用新问题来回答和解决老问题之外，没有别的方法。因此，每个时代的谜语是容易找到的。这些谜语都是该时代的迫切问题，因此，需要用老练的眼光才能区别什么是属于个人及什么是属于时代。相反，问题却是公开的、无所顾忌的、支配一切个人的时代之声。问题是时代的格言，是表现时代自己内心状态的最实际的呼声。

3. 哲学、教育学等基本理论资源。首先，从哲学的角度来看，哲学的认识论为思政理论课的问题探究式教学思想提供了重要的哲学基础。认识论指明了关于认识问题的3个基本原理。一是认识具有主体性。这就意味着人对客体的认识不是照镜子般地反映，而是有选择性的，他总是根据自己的兴趣和内在需要来选择他所要接受的知识。二是认识具有能动性。这就意味着知识不能主动从外部直接进入主体的知识结构中，而是要求人们发挥主观能动性将外部知识进行内化。三是认识具有反复性。认识是从感性到理性，从具体到抽象，再从抽象到具体，如此不断反复，这就意味着认识的获得需要对问题进行反复探究。其次，从教育学的角度来看，现代教育学中的人本主义教育思想为问题探究式教学思想提供了教育学的理论资源基础。现代教育学的人本主义教育理论产生于20世纪五六十年代,它的主要代表人物是美国的罗杰斯、马斯洛和库姆斯等。人本主义教学理论的核心思想是强调要积极关注人的价值,注重发挥人的主体性和潜能,注意主体之间的个性差异,并且强调要发挥情感、兴趣、毅力等非智力因素在学习过程中的作用等。人本主义教育理论强调教育和教学要以学生为中心,要注重学生在教育教学过程中的主体性作用的发挥,调动学生学习的自主性、主动性和积极性,培养学生良好的创新能力和主体素质。

(二)问题探究式教学的基本内涵

前面我们探讨了问题探究式教学的理论渊源,那么,究竟什么是问题探究式教学?对于这个问题的回答,学者们的看法可谓众说纷纭、莫衷一是。有学者认为,问题探究式教学是指依据教学内容和要求,由教师创设问题情境,以问题为纽带,以学生探究式学习为中心的一种教学模式。有学者认为,所谓问题探究式教学模式,就是指在课堂教学中,由教师根据教材内容,从宏观到微观逐层分解知识,把需要学生掌握的知识归纳概括成难易程度不同的问题提出来,然后引导学生有目的地阅读教材,分组讨论、合作探究,最后请不同学习程度的学生归纳回答不同难度的问题,由教师进行点评的一种全新的教学模式。有学者认为,问题探究式教学是指在教师指导下学生运用科学探究的方法进行学习,主动获取知识、发展能力的实践活动,其目的在于培养学生的创新精神和实践能力,其实质是将科学领域的探究引入课堂,使学生通过类似科学家的探究过程深刻理解科学概念和科学探究的本质并培养科学探究能力的一种特殊的教学方法。还有学者认为,所谓问题探究式教学,就是以探究为主的教学。具体地说,它是指教学过程是在教师的启发诱导下,以学生独立自主学习和合作讨论为前提,以现行教材为基本探究内容,以学生周围的世界和生活实际为参照对象,为学生提供充分自由表达、质疑、探究、讨论问题的机会,让学生通过个人、小组、集体等多种解难释疑尝试活动,将自己所学知识应用于解决实际问题的一种教学形式。由上述观点可以看出,尽管学术界对问题探究式教学的看法有所不同,但就其概念内涵的实质而言,并无本质性区别。我们将其定义为：问题探究式教学是指在课堂教学中由教师依据教学大纲的基本要求及其精神实质创设问题情境，以问题为主线，以教学和探究相结合为基本原则，以主动获取知识、创新思维、发展能力为目标，让学生在教师指导下运用类似科学探究的方法进行自主性学习的教学模式。

（三）问题探究式教学的主要特征

毋庸讳言，传统的课堂教学是一种以知识为本位的教学，它以传授知识为第一目的，以灌输、记诵、被动接受为基本特征。知识是教学过程的统治者，教师是传授知识的工具，学生俨然成为被动接受知识的"容器"，正所谓"知识就是目的，理论就是一切，学生个性品质的成长与发展完全被置于脑后"。与以往的传统教学不同，问题探究式教学通常以驱动型问题来启动，以问题为中心，把教材仅仅视为参考，以本学科为基础，以本学科的最新成果和学术前沿动态为补充，强调多元化、多学科知识的交叉与融合。

1. 以问题意识为根本取向。何谓问题？有学者认为：一是所"问"之"题"，或有疑问之事；一是指事物的严重性，如通常所谓的"成问题"。马克思曾说："问题就是公开的、无畏的、左右一切个人的时代声音。问题就是时代的口号，是它表现自己精神状态的最实际的呼声。"问题是一切科学创造、理论创新的逻辑起点，而所谓问题意识，简言之，就是指人们自觉地认识问题的程度。正是这些"疑问"之事和时代之"呼声"，引发学生的探究心理，推动问题探究式教学的有效开展。

2. 以学生自主探究为中心。问题探究式教学不是由教师直接告诉学生问题的结论和现成答案，而是引导学生去发现、体验、探讨问题，在问题创设与探讨中不断促进教学相长。教师通过问题创设贯通教学内容，向学生提供解决问题的有关线索，比如，需要搜集哪一类资料、从何处获得有关的信息资料及现实中专家解决类似问题的探索过程等，注重发展学生的自主性学习能力。在自主性学习中，学生必须自主地结合已有的知识和经验并融合新的知识和经验去解决所面临的疑难与困惑并积极参与到教学中的各个环节的活动，在整个教学活动中处于主动地位。他们不唯书、不唯师，敢于并善于质疑、批判，敢于并善于打破已有知识经验的制约和思维定式的束缚，不断否定、更新、超越自我。

3. 注重能力发展性评价。与传统的评价模式不同，问题探究式教学评价主要是以提高学生的思想觉悟、思政素质为重点，考查学生探究问题的思维路线和分析、解决问题的能力，而不再是单纯的唯成绩论。换言之，这种教学模式更多地注重对学生的学习过程评价和能力发展性评价。具体地讲，这种评价不是以终结性评价为主，而是更加重视学生在学习过程中所体现出来的学习态度和所运用的学习方法，强调学生在参与问题探究活动中所获得的感悟和体验，重视学生在发现问题、提出问题、分析并解决问题的过程中方法论的运用和正确价值观的养成。

二、问题探究式教学对思政教学的促进作用

（一）传统思政教学中问题意识不足

我们说在传统的思政理论课教育教学中问题意识不足，并不是说在传统的思政教育教学中缺少各种各样的问题存在，而是说在传统的思政教育教学中各种问题的性质及其提问的方式存在严重的片面性和不足。例如，在传统的思政教育教学中，出于应试的需要，教师通常也会根据书本的教学内容提出一些问题，再让学生去书本中寻找所谓的"标准答案"，然而，类似这样的提问方式和教学方法却恰恰是问题意识不足的表现。具体而言，传统思政课教学问题意识不足的表现可以从教学主体、教学内容、教学方法等方面来进行分析和考察。

1. 从教学主体方面来看，学生提出问题是课堂教学进展的重要前提和基础。在传统的课堂教学中，学生不敢提问，不喜欢提问，甚至不愿发言，从而导致思政理论课教学课堂学生"失语"现象比较严重。传统思政教育教学中问题意识不足不仅体现在思政课学生不善于发问，课堂教学中学生缺少自己的思考和问题，更体现在学生对所学知识和内容缺乏科学的反思、批判和提出质疑的意

识和能力。不少教师在思政课教学过程中过于武断，不容学生提出质疑，对学生很多的现实思想困惑和问题常常采取某种回避的态度，把提问作为教师自己的"特权"，即使有问题也是老师根据教材内容提问学生，然后让学生在书本上寻找标准答案的简单问答教学模式，并没有真正重视学生的所思、所想，忽视了让学生自己提问及自主思考的重要价值。

2. 从教学内容方面来看，传统思政课教学没有真正做到理论联系实际的教学原则。传统思政课的教学内容常常与现实生活脱节，不能够做到贴近学生、贴近生活、贴近实际，表现出很强的工具性、封闭性、知识化特征。同时，传统思政课教学通常以教材为中心，以知识灌输为目标，把教学内容过分地局限于教科书内容的本身，注重书本上结论性知识的灌输而不注重结论背后问题的分析解释，缺乏对学生思想及重大理论与现实问题的关注，没有做进一步的深化教学，也不善于引导学生理论联系实际，深入思考相关问题，在一定程度上没有将教材体系真正转化为有效的教学体系，导致传统思政课的教学效果不佳。结果是老师一味机械地照本宣科，生硬地说教灌输，学生常常充耳不闻，毫无兴趣，从而很难使思政课的教学内容深入学生的心灵，学生的思政素质也得不到应有的培养和提高。

3. 从教学方法方面来看，传统的思政课教学方式方法不利于师生之间的交流互动。这种教学方法能够在较短的时间内给学生灌输、传授大量的理论和知识，便于教师掌握课堂教学的主动权，有助于教师主导作用的发挥，但这种"我打你通、我讲你听、一灌到底"的注入式讲授教学方法具有很强的封闭性、单向性和强制说教的特点，不利于师生之间的交流互动，对学生的积极性和主动性的调动和发挥形成了障碍，表现为单纯地以教师为中心，以书本为中心，学生则被教师和书本牵着走，处于非常被动的状态，没有激发学生自主地进行思考和提问，压制了学生进行自主学习、主动探究、深入思考的热情和动力。久而久之，学生对思政理论课逐渐形成了依赖、麻木、厌倦的心理，不利于学生思政道德素质的培养和形成。

（二）问题探究式教学是思政课改革发展的重要维度

改革开放以来，思政课教学呈现新的发展方向，新时期、新特点要求新方法，问题探究式教学在思政课教学改革过程中有着重要的作用及契合点。以下，我们主要从新时期思政课教学的基本特征和要求、现实基点和转型路径3个方面进行分析。

1. 问题意识是新时期思政课教学的基本特征和要求。在新的历史条件下，新时期的高校思政理论课教育教学不仅承担着政治意识形态教育的社会功能，同时也肩负着培养学生良好的认知能力、思想品德和实践创新能力的育人需要。因此，如何适应我国经济社会发展和时代条件的变化，打破传统思政教育教学过于封闭的运行状态和模式，实现从传统的思政教育教学运行模式向现代思政教育教学模式的转变，使新时期的思政教育教学更加开放地融入我国日益开放现代的社会发展进程之中，更加自觉地反映我国经济社会发展变化的时代内容，更好地服务于我国经济社会发展和人才培养的需要，成为高校思政教育教学改革发展的基本方向和重要任务。要使我国的高校思政教育教学适应我国经济社会快速转型发展并且日益开放现代的发展趋势，就必须以坚持与时俱进的问题意识为指针，以我国经济社会发展过程中提出的重大理论和现实问题为导向，以时代发展的现实问题和鲜活内容引导高校思政教育教学的更新发展，不断增强高校思政教育教学的时代性、发展性和开放性的时代特征和发展要求。

2. 从学生问题出发是新时期思政课教学的现实基点。我们强调高校思政理论课的教育教学要坚持从学生出发，因为学生是高校思政教育教学最基本、最重要的主体和对象。如果没有以"现实的人"作为思政教育活动的真实主体，就不会有真正的思政教育实践存在。思政教育教学过程中的最大实际，就是教育对象现实的思想状况。因此，要想有效地进行思政教育教学，就必须充分地了解和认识思政教育教学对象，认真分析他们的思想和现实情况，这是思政教育教学的起点和基础，也是增强思政教育教学效果的基本前提和保障。只有真正关注并了解学生主体的需求和问题，才能更好地贴近学生、贴近生活、贴近实际，思政教育教学工作才有现实的基础和条件。如果没有学生主体能动性的参与和发挥，思政教育教学就难以取得令人满意的效果。

3. 问题探究式教学是新时期思政课教学发展转型的重要路径。高校的思政理论课教育教学作为主要解决当代大学生世界观、人生观、价值观及解决大学生基本政治方向和意识形态问题的学科，它的一个显著特点就是具有很强的现实实践性，因而必须要结合时代的特征、社会的实际和学生思想的热点和问题来进行教育教学。这一特点决定了思政理论教育教学所关注的重点问题是会随着社会实际和大学生思想状况的变化而变化的，这种变化要求思政理论教育教学不能只是拘泥于学科体系和理论体系的规范，而是要从实际出发，把解决学生的思想现实问题和社会发展中的重大理论和现实问题作为出发点、切入点，从而提高思政教育教学的现实性、针对性和有效性，实现思政理论课的教育教学目标。因此，问题探究式教学成为思政课教学发展转型的重要途径。

三、问题探究式教学彰显思政教育效果

高校思政理论课的发展需要问题探究式教学，同时，问题探究式教学这一方法不仅提升了思政理论课的教学效果，更为关键的是，它彰显了思政教育的潜在效果，这也是思政理论课的最终目的。

（一）问题探究式教学彰显思政教育的主体性

思政理论课教学过程最为关键的是主体的参与，思政教育效果的显现也是通过主体而表现出来的。因此，实现思政教育的主体性是思政教育中很关键的部分。

传统的思政教育也强调主体性，但它所理解的主体性是以近代哲学中"主体－客体"的生产实践观为基础而形成的一种教育教学观。在传统的思政教育教学过程中，通常遵循的正是这种单极化的"主体－客体"关系模式，它以"自我"为中心，把自己看成是唯一的主体，同时却把他者看成是客体，把思政教育教学看成是教育者向受教育者施加单向的教育教学影响活动，是教育者对受

教育的对象性改造过程,缺乏教育者与受教育者之间的双向互动和对话。它更多地追求教育者对受教育者进行单向的灌输、改造和控制及受教育者对教育者权威的敬畏和服从,是一种片面强调社会本位的工具性教育,从而极易忽视受教育者的自主性、能动性和创造性的发挥,往往难以达到理想的教育教学效果和目标,而问题探究式教学则在根本上改变了这种状态。

其实,解决传统的思政教育教学主体性困局的根本问题在于思政教育教学所要处理和解决的是人与人之间的思想教育关系问题,教育实践活动的领域是一个"人的世界",他们之间不是简单的主客体关系问题,而是一种主体与主体之间的关系,即主体与主体之间的相关性、统一性和调节性。它以个体的主体性为基础,同时强调主体之间和谐统一的内在协调关系。主体与主体间的关系并不是对传统主客体的绝对的否定,而是对其进一步地完善、发展和修正,它有力地回应了"一个主体是怎样与作为另一个主体相接触的"这一现代哲学的核心问题。问题探究式教学很好地实现了由"单极化"的主体性思政教育教学向"交互性"的主体间性思政教育教学的转向。这主要体现在问题探究式教学的范式符合主体间思政教育教学的基本特征和要求。第一,在师生关系上,问题探究式教学把教育者与教育对象共同作为思政课教育教学的主体。由于所提的问题是双向的,教师要向学生提问题,学生也可以向教师提问题,因而师生能够在一个主体地位平等的基础上相互尊重、平等交流并沟通和互相理解。同时,虽然教育者与教育对象之间的主体地位是平等的,但他们在思政教育教学过程中的具体作用是不同的,从主体间性的视角来看,在思政教育教学中过分单纯地强调教师或学生的主体地位和作用都是片面的,实现主体之间的"和而不同"是主体间性思政教育教学的基本要求。第二,在教学内容上,问题探究式教学坚持贴近实际、贴近生活、贴近学生的基本原则,以问题意识为核心要素和媒介,把教材内容与学生问题有机地衔接起来,同时把学生所关注的各种重大理论及社会现实问题有机地融入思政课教学体系中,努力使思政课的教学内容及其过程从抽象走向具体、从空洞走向丰满、从"悬空"回到现实,正确处理好由教材内容体系向教学内容体系之间的转化关系。第三，在教学方法上，问题探究式教学坚持参与互动的教学原则与要求，以问题为诱导，采取灵活多样的教学手段与方法，努力增强思政课教学过程的参与性、实践性和体验性等新的教学理念与要求，使思政教育教学建立在人与人之间的相互作用、相互理解与沟通的主体间交流和对话过程的基础之上。

（二）问题探究式教学实现思政教育的生活化

高校思政教育教学的生活化指的是思政教育教学要面向生活，全面渗透到社会生活的各个领域中去，为社会生活服务，成为社会生活的组成部分并发挥其在社会生活中应有的作用。思政教育的生活化是思政教育改革发展的一个重要方向，这一改革发展方向也要求在思政课的教学过程中得到更好的体现和落实。

思政教育的"生活世界"是指与思政教育活动密切相关的社会生活领域，思政教育进入"生活世界"，展示了思政教育社会化的过程，它是思政教育特性和现代社会的客观要求。就思政教育的特性而言，一方面，思政教育的运行是在与个体密切相关的社会生活领域中展开的，旨在实现个体思想行为与社会生活的统一，因此，思政教育理应介入到社会生活领域，与个体的具体生活实际密切相连；另一方面，思政教育只有推向社会生活领域，才能打破思政教育的狭隘视界，不仅要让社会各个群体都参与到思政教育中，而且要有效利用各种社会力量和资源。但是，在传统教育思想的影响下，我国思政教育教学在整体上缺乏生活感和现实感，显得过于陌生和抽象，存在着一种疏离人们当下的现时生活和社会实际的片面倾向，主要表现在过于注重科学世界和书本世界，远离人们的生活世界，过于注重未来生活，脱离现实生活，使思政教育教学和人们现实的生活世界之间存在相互脱离的"两张皮"现象。因此，在新的历史条件下，高校的思政教育教学必须回归学生主体和面向现实生活，努力避免理论脱离实际的主观主义和教条主义倾向。问题探究式教学体现了坚持从学生出发、从现实生活出发的基本教学取向和要求。强化问题意识，着眼于理论结合实际的运用，着眼于对重大理论和现实问题的理论思考和运用来教学，是实现高校思政教育教学生活化的必由之路。离开问题的理论，是注定缺乏关照现实力量的。只有走进现实，关注问题，通过深入揭示现时代的实践内容和本质特征，解决和融通社会发展过程中出现的各种矛盾和问题并不断为解决矛盾问题提供世界观、方法论、人生观的指导和智慧支撑，完善和发展人民群众的现实生活，才能提高现实性意义，获得生命活力，实现其大众化的归宿。

（三）问题探究式教学实现思政课教学效果内化

所谓内化，是指社会个体将社会发展要求的思想、观念、规范等因素纳入自己的态度体系，成为自己意识体系有机组成部分的过程。高校思政理论课教学效果的内化，就是指学生在教师的指导下，将思政理论课的理论知识、思想观念等内容通过学习、认知、理解和自我教育等方式，逐渐转化为学生自身的思想道德素质和学生思想体系有机组成部分的过程。内化是思政教育教学过程中一个非常重要的阶段和环节，没有学生对所学理论知识和思想内容的内化，就谈不上思政教育教学效果的实现。同时，思政教育教学过程中的内化环节是一个非常困难的环节，内化的主体是受教育者，是作为主体的受教育者有意识地自觉接受来自外部社会所要求的各种理论知识和思想观念等内容并将其纳入自己的认知体系和思想品德体系结构中，使之成为自己意识体系的有机组成部分，成为能够支配、指导和影响自己的思想言行的内在本质力量的过程。然而，由于社会所要求的思政道德与接受主体原有的思政品德认知水平之间始终有一定的矛盾，再加上接受主体都有强烈的为我特征及各种复杂的环境因素，决定了内化不是一件容易的事情。

在思政课教育教学过程中，增强教师和学生的问题意识，坚持以问题意识为导向，强化问题探究式教学的研究和应用，努力抓住学生所关心的思想理论和现实问题，积极引导学生提出问题，在运用理论去分析和解决问题的过程中深化思政理论课的教育教学，激活学生的内在学习动力，促进学生把所学的理论知识内化为学生的思想素质。当然，这一过程主要是通过思政理论课教学效果的内化机制所具有的几个基本特点而得以实现的。

一是自主性。内化首先是主体有意识的自觉自愿的一个意识活动过程，主体的内在动机和自我意愿是实现思政课教学内化的先决条件，没有主体的自主参与，内化就难于实现。

二是选择性。主体的内化通常是根据自己原有的认知结构和其他的客观条件，有选择性地对符合主体需要和兴趣的内容而进行的。也就是说，主体的内化不是外力胁迫的结果，而是受教育者主体进行自主选择的结果。思政教育教学只有反映和契合受教育者的内在需要，才能为受教育者所内化，思政课的教学能够为学生主体所接受和内化的内容是与主体自身的认知结构和自身需要等因素紧密地联系在一起的。

三是超越性。主体的内化具有超越性，这种超越性是与主体自身的情感、意志、信仰等非理性因素紧密相联的一种表现。也就是说，主体对思政课的教学内容的认同并不纯粹是理性思考的结果，而且包含着人的非理性因素。

四是建构性。内化是一个客体主体化的过程，是一个逐渐建构的过程，这一构建过程与学生原有的认知结构、思想倾向等主体要素紧密相关并以此为基础在实践的过程中逐渐建构出来。

五是稳定性。内化的结果通常具有高度的坚定性和稳定性，一旦形成就难以被改变，表现为主体对于否定其内化结果的各种认识和干扰具有强烈的辩护能力、批判能力和抵制能力，而不会轻易地改变自己的立场。

四、问题探究式教学的实现路径

（一）构建教学问题体系

问题探究式教学必然要构建问题体系，但这就涉及以下几个基本要素：一是教育者的问题意识视角（教师）；二是教育对象的问题意识视角（学生）；三是与思政课程内容相关的现实问题视角（现实问题与素材）；四是思政课教材内容体系的问题化视角（教材）。构建思政课的教学问题体系就是要实现教育者与教育对象之间及现实问题的案例、素材与思政课教材内容体系之间各种问题的有机联接与融合。具体来讲，一是要实现教师与学生之间的问题衔接与融合，即要使思政课教师充分了解学生的问题，知道学生的所思所想并使之有机地融入到自己的教学体系之中，实现学生的问题与教师的问题教学体系的有机对接；二是要实现社会中相关的重大现实问题的案例、素材与思政课教材内容体系之间问题的有机联接与融合，要让现实社会中重大问题相关的案例、素材等内容有机地融入思政课教学问题体系中，成为思政课堂的教学内容的有机组成部分；三是要处理好教材内容本身的问题化过程，在前面两个环节的基础上，科学地设置教学问题，抓住教学内容中的重点、难点等关键性问题，注意相关教学问题之间的层次设计及其内在的逻辑关系等。总而言之，构建思政课教学问题体系就是要努力实现教师、学生、现实问题素材与教材内容之间有效的"问题视域融合"。

（二）构建问题教学话语体系

所谓问题教学的话语体系，它本身并不是一种独立的或专门的话语形式，也不是单纯的问答式话语方式，而是对在问题教学过程中所使用的各种话语形式的集合和总称，它是在问题教学过程中由各种话语形式共同组成的一个整体性的实践话语体系。

从问题意识的视角来考量，在构建问题教学话语体系的过程中有以下一些基本的经验与要求可供思政课教师进行参考借鉴。

一是要进一步凸显教学话语转化的主体间性特征，努力使教学话语从灌输性、独白性的说教话语向启发性、说理性的教学话语转变，同时要积极强化师生之间的对话交流和教学互动。

二是要进一步凸显教学话语转化的演绎性特征，使思政课的教学话语更多地从结论性描述的语言向过程性演绎的语言转变，多给学生解释教学结论后面所包含的原因、背景和情境等问题和资料。思政课教师不仅要告诉学生教学内容"是什么"，还要更多地给学生讲讲"为什么"，要更多地引导并启发学生的思考提问和交流互动。

新商科背景下课程思政建设内涵与方法探索

三是要进一步凸显教学话语的生活化特征，要使思政课教学切实走进大学生的生活世界和思想实际，使思政课教学内容与当代大学生所关心的现实问题相结合，改变思政课教学话语过度的抽象化和学术化特点，将抽象的文本理论话语还原为鲜活的生活话语，贴近学生的生活实际和认知特点。

四是要进一步凸显教学话语的时效性特征，不断地从发展中的现实社会生活中汲取、提炼和整合新的话语资源，要积极关注并及时反映国内外新的发展形势、重要事件和重大问题，提升思政课教学的时效性，使思政课的教学话语不断与时俱进，及时体现当下社会的现实情况和反映当前人们的现实生活世界等，赋予思政理论课教学话语以鲜活的生命力和时代气息。

五是要在教学话语中积极融入学生的心理话语，使思政课教学话语充分体现人文关怀和道德情感。教师应尽可能地了解和掌握学生的思想动态及心理特点，坚持以人为本，使思政课的教学话语方式与学生产生情感上的共鸣、心理上的共振，消除学生对老师的陌生感和隔阂感，从而拉近学生和老师之间的心理距离。

（三）具体方法步骤

以上探讨了实现问题探究式教学需要的两个重要准备阶段，接下来，我们具体谈谈思政课的问题探究式教学在实施过程中的大致步骤。一是提出相关的基本问题；二是选择并确定所要研究探讨的主要问题；三是鼓励并引导学生自主地探究问题；四是教师要对所探究的问题进行总结和提升。首先，思政课教师在教学过程中要强化问题意识并积极鼓励和引导学生发现和提出相关的问题。其中，对于学生提出的大多数问题，都可以将其归并为一些典型的问题并由思政课教师进行积极的回应和解答。其次，在学生所提出的各种问题中，对其中具有充分展开探讨和研究价值的问题的选择和确定非常重要。思政课教师要充分考虑学生的兴趣、认知水平和能力，结合社会实际和学生思想实际及问题本身的重要性和可探讨性来选择和确定所要研讨的教学问题，引导学生的思想聚焦这一中心主题上来。再次，所要研究和探讨的问题确定之后，就要积极鼓励和引导学生对这一问题展开讨论、发表看法，加强他们相互之间的交流与合作。如果有可能，教师还可以指导学生通过开展查阅资料、调查实践、撰写研究报告等多种形式的活动来对相关的问题进行较为系统、全面的探讨和研究，进而得出自己的研究结论和成果。最后，在广泛调动学生研究热情和主动性进行自主探究的基础上，让学生在课堂上有充分展示自己成果的机会；同时，思政课教师还必须对学生的研究结论及成果进行点评、分析和总结，并且对其所研究的问题进行总结提高，进一步启迪学生的思维，拓展学生的视野和思路，引导学生对相关问题形成更深入的理解乃至达成共识。通过以上这4个基本步骤的问题探究式教学，学生对思政课教学中的相关重点和难点问题必然会有一个较为全面、深刻的理解和认识，从而有效地达成思政课的相关教学目标。

第三节　经典歌曲MV的独特感染力与思政教育效果

将经典歌曲MV引入思政课是新时代的需求和趋势。思政理论课大多采用了多媒体教学方式，这为运用MV等经典歌曲辅助思政理论课教学提供了有利条件，要精心选择经典歌曲MV的内容和插入时机并及时进行总结。经典歌曲作为重要的物质文化成果，表现形式和传播方式丰富，为大学生所青睐。经典歌曲能够熏陶学生，能够"随课潜入心，润魂细无声"，能够提升大学生思想境界和道德境界。

一首《义勇军进行曲》荡气回肠，激励着一代又一代的中国人为了中国革命、建设和发展英勇奋斗；《爱的奉献》唱出爱的本质；《众人划桨开大船》诠释合作的快乐与重要；《中国心》和《梦驼铃》彰显爱国的拳拳之心。经典歌曲MV通过音乐、舞蹈等方式呈现在大家面前，大学生在这些情景熏陶中容易受到直观的教育和感染。正是这些经典歌曲的魅力，让思政教育有了抓手和素材。新的时代特点和当代大学生的新变化，决定了大学生思政工作的载体、方式、方法和手段必须加以改进。要求我们必须坚持以人为本，贴近学生、贴近生活、贴近实际，努力提高大学生思政教育的针对性、实效性，加强大学生思政教育的吸引力、感染力。经典歌曲经过历史的洗礼、社会的验证和人民的认可，具有深厚的历史底蕴和强大的生命力，具有极强的现实价值，是对当代大学生进行思政教育的重要内容。充分挖掘和依托经典歌曲这一特色资源优势，不断创新方式和方法，进而影响大学生的言谈举止、生活方式、审美品位甚至价值观念，使学生对所传播的思想观念、道德修养真正信服并接受，使思政理论课教学达到事半功倍的效果。

一、将经典歌曲 MV 引入思政课是新时代的需求和趋势

（一）经典歌曲 MV 的感染力

将经典歌曲引入思政课，能够提高课堂的吸引力和感染力，提高教学的实效性。以往的思政教育理论课重理论传授，不贴近大学生实际，枯燥乏味，影响思政教育的实效性，吸引力与感染力不强。经典歌曲，尤其是经典歌曲 MV 作为一种大众传媒和大众艺术，声、光、形、影俱全，把抽象的知识通过电子技术形象化，通过影视屏幕形象、逼真地表现出来。由于经典歌曲独有的视觉、听觉效果，容易引起大学生的共鸣，其直观、形象的画面和简练、概括的歌词效果要比课本好得多。经典歌曲所反映的内容可以与思政课的内容契合得很好。例如，郑智化的《水手》可以结合理想信念这一节展开，并且更为形象、生动、有趣。通过欣赏这些经典歌曲 MV，大学生可以充满理想与激情，培养迎难而上、不怕牺牲的精神和为了理想不辞劳苦的信念，有利于大学生增强自信，激发青春活力。大学生思想活跃，认识感性有余而理性不足。经典歌曲 MV 直观、感染力强，能把奉献——《爱的奉献》、合作——《众人划桨开大船》、爱国——《中国心》等抽象的素质要求通过经典歌曲 MV 呈现出来，并且学生喜欢唱这类歌曲。在教学中，让大学生欣赏相关主题的经典歌曲 MV，教师适当地进行

引导教育，潜移默化地进行高尚思想的熏陶，"随歌潜入心，润魂细无声"，从而大大提高思政理论课的实效性。

（二）引入经典歌曲MV教学的条件

首先，在硬件方面，现代化教学手段逐渐普及，多功能教室、多媒体放映厅等设施完善，互联网已经在高校普及。这就为引入经典歌曲MV教学提供了有力的硬件设施。其次，经典歌曲MV如雨后春笋般涌现出来。近年来，歌颂中国共产党、讲述历史事件的经典歌曲MV在数量上呈井喷态势。比如，《太行山上》《八月一日》《恰同学少年》《井冈山》《长征》《彭雪枫》《铁道游击队》等影视作品的主题曲及插曲都是进行大学生思政教育的绝佳素材。这些经典歌曲MV时代性强，主旋律意蕴浓厚，旋律优美，具有很高的艺术性、欣赏性、思想性和教育性，非常适合大学生的品位和兴趣。

二、利用经典歌曲MV教学需要注意的问题

（一）精心选择适合讲授内容的经典歌曲MV

经典歌曲MV内容的选择至关重要，必须切合当堂课所讲授的内容，否则虽有了观赏性，却失去了教育性，反而会弱化大学生思政教育的效果。在上课前，思政理论课教师必须收集大量的相关歌曲MV，然后选出最能体现本堂课内容又易学易唱的经典歌曲MV。由于思政部门的经费不多，尽量选用互联网上的免费资源，实在找不到的话，再付费购买。当前的思政理论课教材中几乎每一部分都可以找到相应的经典歌曲MV，这就要求思政理论课教师做一个有心人，寻找这些教育资源并加以运用，让它们发挥出生动形象且直观地诠释教材的作用。在资料收集过程中，首先要注重运用红色经典歌曲MV，这些都是高校思政教育必须予以重点强调的思想财富。同时，在资料收集过程中要紧跟时代，针对新形势，研究新问题，选择学生喜欢的内容。

（二）精心选择经典歌曲MV插入的时机

大学生都具有一定的学习经历和生活阅历，有较高的思想文化素质和较多

的人文历史知识，对经典歌曲 MV 的创作背景稍微讲解一下即可。运用经典歌曲 MV 辅助教学，不仅要遵循正确的方针和原则，还必须掌握和运用合适的时机。因此，思政课教师要积极探索学生乐于接受的且行之有效的教育形式和方法，这成为运用经典歌曲 MV 辅助教学的当务之急。根据思政理论课的特点，结合经典歌曲 MV 进行教学可以选择两种时机：一是根据课堂内容需要，在理论教学中穿插观看经典歌曲 MV；二是根据课堂内容的需要，安排学生课后自行观看，由老师组织点评或讨论等。

（三）精心总结

运用经典歌曲 MV 辅助教学是一个新生事物，在运用影视作品进行教学的过程中，思政理论课教师要注意随时与学生沟通交流，了解学生的需求与看法，及时调整影视作品的选择与形式。教师之间要经常开展工作交流，取长补短、相互学习，不断完善教学方案，进一步探索思政理论课教学新途径。总之，思政理论课教师要及时总结影视作品用于教学的经验和教训，建立完整的教学体系，包括编写教学设计表、课堂讲稿、课后作业等，不断调整工作思路，改进工作方法，提高工作实效，以求切实达到思政理论课的教学目的。

三、经典歌曲 MV 对于加强和改进思政教育的重要意义

积极挖掘经典歌曲 MV 的精华，从优秀的经典歌曲 MV 中汲取营养来提升大学生的思想道德素质，以经典歌曲 MV 来推进大学生思政教育，有利于促进社会主义核心价值体系的建设，有利于深入推进素质教育，有利于加强高校的校园文化建设，有利于红色经典艺术的传承与发展。对于增强大学生热爱祖国、热爱人民的热情和增强大学生建设家乡、报效祖国的责任感和使命感，对于推动大学生在改革开放、社会主义现代化建设中成长成才、建功立业，对于全面实施素质教育，坚持以人为本、德育为先，把立德树人的根本任务落到实处，对于把大学生培养成能够与祖国共奋进、与时代同步伐、与人民齐奋斗的"德、智、体、美"全面发展的社会主义现代化合格建设者和可靠接班人，具有十分

重要的现实意义和深远的历史意义。

（一）经典歌曲MV促进对历史的认知

一曲优美的经典歌曲MV，内涵丰富、旋律优美，不仅是作者个人情绪的表达，不仅是对某个片段的记录，更是对一段历史的见证。经典歌曲MV有着特殊的创作背景、创作时代，通过艺术的表现形式来记录一个时代的变迁、一批革命人的理想、一批建设者的成就。通过对经典歌曲MV的赏析，大学生不仅能受到艺术的熏陶，还陶冶了情操，通过视觉、听觉、语言等方式，给予大学生美的享受，让其身临其境，充分体验到艺术作品的巨大魅力。大学生能够通过一些经典歌曲MV的赏析认识自己、认识历史，从而珍惜今天的幸福生活。

（二）经典歌曲MV传达积极向上的价值观

经典歌曲MV的创作正是由于其来源于我们党领导各族人民团结奋斗的伟大实践，表达的是各个时代革命者和建设者的所感、所悟，传达的是时代的需求，代表的是各个时代先进文化与先进思潮，确保了经典歌曲MV正面的、积极的、健康的价值观，必将对当代青年大学生产生广泛、深远且积极的影响，促进他们树立正确的价值观，从而积极践行社会主义核心价值观，使自己成为合格的共产主义接班人。

（三）经典歌曲MV能够唤醒大学生内在的崇高追求

艺术的习性是欣赏生命的价值，因此，艺术培养人对生命价值无限差异的欣赏力。艺术不仅让人体验到生命的微妙与丰富，而且能让人体验到生命的崇高。经典歌曲MV传递着真、善、美的感受，并将使人追问生命的价值，将自我的成才与发展与时代、祖国的需要结合起来，在现实的学习、生活和工作中追求更高的理想境界、追求更大的价值目标，在不断完善自我中实现对社会的奉献和对人类发展的奉献，自觉增强责任感和使命感。

（四）经典歌曲MV培育大学生优良的道德品质

经典歌曲MV能帮助人们认识社会并以劝谏的方式传达某种价值观。经典歌曲MV以极强的情感力量，培养人与人的亲善关系。经典歌曲MV正是发自时代呼唤,在不同历史条件和现实背景下,促进当代大学生明辨是非,注重道德修养,培养忠诚、无私、仁爱、勤奋、勇敢、诚信、知耻、节制等美好品德,培养其勇担社会重任,学会做人,学会爱人,学会做事,从而培育优良的道德品质。

(五)经典歌曲 MV 激发大学生自我超越的意识

经典歌曲 MV 可以让我们站在音乐家的肩膀上回顾历史、正视自我、俯视时代,以社会的发展和时代的需求为出发点,思考个人的前途和命运,将自己的前途和命运置身于这个伟大的时代,在实践中实现对自我的超越和对前辈的超越。正是这种巨大的激励行为,使经典歌曲 MV 能够在当代大学生中引发巨大的共鸣,使他们都能够让自己脚踏实地、埋头苦干,发挥聪明才智,积极投身社会实践,实现梦想,不断超越自我,实现最大的人生价值。

四、增强大学生思政教育感染力的有益探索

大学生思政教育工作要取得实实在在的成效,必须使思政教育体现时代性、把握规律性、富有创造性。在新的历史条件下,充分发挥经典歌曲 MV 独特的感染力,推进大学生思政教育工作,是一种有益的探索。

(一)促进经典歌曲 MV 独特感染力的创作

每个时代都需要符合时代需求的艺术作品。经典歌曲 MV 独特的感染力需要在当前通过广大艺术家不断挖掘题材,不断创作出体现时代特色的经典歌曲MV。通过建立积极、有效的保障机制,组织、开展形式多样的创作活动,发挥广大艺术家的创作潜力和才能,提供创作空间和平台,引导艺术工作者用艺术的表达方式把经典歌曲 MV 独特感染力的思想、理论具象化、通俗化,用艺术的方法、创新的方式把党的政治理论、光荣传统、光辉思想、崇高的精神演绎成有艺术感染力的作品,以达到人民群众喜闻乐见的效果。

(二)加强经典歌曲 MV 独特感染力的学术研究

通过进一步研究经典歌曲 MV 独特感染力的内涵,总结和梳理已有经典歌

曲MV独特感染力的特征和现实意义，从而更好地实现经典歌曲MV的独特感染力，使广大学生能熟悉历史、了解背景、深刻认识，以达到更好的教育效果。深入挖掘具有针对性、现实意义的创作题材，丰富创作手段，增强创作的时代感，以开放的姿态和前瞻性的视野及跨学科的研究方法探索经典歌曲MV独特感染力研究的新途径，推出更多具有更高价值的经典歌曲MV。加强传播手段和传播方式的研究，以适应新时期大学生的接受习惯、理解方式、阅读方式，通过开展各种形式的宣传教育活动，使经典歌曲MV的独特感染力最大限度地融入青年学生的学习、生活中。

（三）加强经典歌曲MV创作的师资建设

当前，要建立一支过硬的经典歌曲MV独特感染力宣讲队伍。各高校普遍缺乏一支熟悉经典歌曲MV独特感染力的宣讲队伍，难以满足师生对经典歌曲MV独特感染力文化传承的迫切需要。可组建具有广博知识、富有创作经验和能力的校内外专家、学者的宣讲队伍，有针对性地开展专题报告会，更大限度地拓宽师生视野，更加有效地传播经典歌曲MV。经典歌曲MV进校园的主题活动是宣传和普及经典歌曲MV、扩大影响力和吸引力及使其发挥作用最有效的形式。开展丰富多彩的校园文化活动，激发广大同学主动参与的热情和意识，扩大参与面，强调互动性，促进经典歌曲MV的传播和影响，以广大同学喜闻乐见的方式弘扬校园文化生活的主旋律，丰富大学生思政教育的手段和方式，增强大学生思政教育的影响力和感染力。

综上所述，将经典歌曲MV引入思政课是新时代的需求和趋势。如果能够精心选择经典歌曲MV的内容和插入时机，充分利用好经典歌曲MV，就能够增强教学的针对性、实效性，从而使理论知识和学生实际、社会实际有机结合起来，能够很好地实现大学生思政教育的目标。

第七章

结论,研究不足与展望

第一节　政府层面

一、应提高教育经费，促进高校思政教育

政府应加大对各高校教育经费的投入，以此丰富高校教育教学课程中的资源。近年来，我国政府对于教育经费的投入不断提高，各大高校的教学设施得到了很大的改善，但由于高校教育经费有限，在现阶段，更多的经费还是投入到高校的基础设施建设当中，而课程资源的投入相对短缺，特别是思政教育的相关投入较少。对于商科专业而言，高校通常将其经费首先用于商科实训室、数字化实训室等实验室当中，而实验室的构建需要大量经费，建立之后往往没有剩余资金再进行商科思政教育的投入。因此，政府应该大力支持高校的教育建设，提高各个高校的教育经费数额，在提升高校基础设施的同时丰富教学课程资源，使高校能够真正将思政教育运用到实际教学当中。

二、明确高校使命，强化课程思政理念

政府应明确各高校的办学使命，即培养新时代社会主义的接班人。因此，要

想高校真正实现课程思政，政府就必须坚决在高校价值观念中予以正确的指导。理论指引着行动，对社会主义办学必须拥有着清醒的认知，这样才能引导高校走向正确的道路。拥有了正确的目标，以实际行动为之不断努力前行，拥有正确的指引方向，否则，不准确的定位将会使高校偏离最初的培养目标。从某种程度上讲，课程反映着国家意志，正确的政治思想引导着学生的价值观念，实行课程思政是当今各高校的任务之一。只有强化了高校领导和任课教师的认知，才能促使其培养拥有正确思想价值观念的社会主义建设者，这对于高校树立全课程育人理念、发挥高校职责是不可或缺的。对于商科专业而言，培养专业且遵守商科职业道德的学生才是高校的培养目标。商科存在于各行各业当中，如果商科从业人员不讲职业道德，那么，社会经济的秩序必然会被破坏。只注重学生专业能力必然是不够的，还要加强对学生思想工作的教育，更要注重对学生职业道德的培养。只有明确高校培养人才的目标，才能培养出国家真正需要的商科人才。因此，政府只有提高对高校课程思政价值理念的认识，才能真正完成高校的根本任务。

三、完善与商科有关的法律法规，弘扬思政教育

随着与商科有关的政策不断更新与修正，与商科有关的政策不断得到完善与发展；与此同时，政府相关部门也应对与商科有关的法律法规同步完善。在新媒体蓬勃发展的环境下，政府应通过多种渠道大力宣传与商科有关的法律法规，让商科从业人员乃至商科专业的学生深刻认识到遵守职业道德的重要性。政府可以通过构建思政教育平台，依靠多媒体与互联网技术，让高校通过平台参与到其中，使高校教师与学生都能随时进行"网络化学习"，通过丰富的网络资源培养学生的政治思想。与商科有关的法律法规的完善，不仅仅要求高校提高学生专业知识水平，更要求其培养出拥有正确的职业道德和职业操守的人才。在思政教育下，不仅要求商科专业学生拥有正确的社会主义核心价值观，也要遵守与商科有关的法律法规。与商科有关的法律法规的完善促进思政教育的不断进行，而思政教育的推动又使我们认识到遵守法律法规的重要性。法律

法规是底线，因此更要大力弘扬思政教育，让正确的政治立场深深地刻在每一名与商科有关的专业学生的心中，牢牢地守住底线。

第二节 高校层面

一、整合课程资源，挖掘思政元素

在高校中，传统的思政教育往往只是设置一门单独的思政教育课程，与商科专业课程的教育是相互分离的。在课改要求下，需要改变传统商科专业思政教育的方式，将思政教育与商科专业课程相互整合。商科专业课程中本身蕴含着大量的思政教育元素，从中挖掘这些思政元素并不简单等同于课堂上的"思政化"，而是将课程资源逐步分解并找到与之相关的思政元素，最终进行整合并潜移默化地融入到商科专业课程中。这不仅需要规范课程标准，同时需要整合课程思政教学的相关资源，这样才能真正发挥出商科专业课程的思政功能。课程思政不仅仅是一种教育理念，更是一种教育的思维方式，推动思政课程是实现立德树人的重要方式。只有将思政教育融入商科相关专业课程当中，结合商科专业课程教学内容及其特点，促进专业课程与思政教育有机融合到一起，以此实现对高校学生的思想道德和专业知识的结合教育。

二、设计教学案例，培养学生能力

要对高校学生进行社会主义核心价值观教育，其关键在于如何让社会主义核心价值观成为他们内心的信仰、成为他们道德品行和行为规范的准则。这就要求我们在商科专业课课堂教学中，引入中国优秀传统文化并结合历史名人的案例，深入的挖掘中华民族传统文化中蕴含的人文精神，取其精华、去其糟粕，结合新时代的要求不断传承和创新，要做到与时俱进，将社会主义核心价值观深刻融入商科教学工作当中。通过引入包含思政元素的教学案例到商科专业课程当中，全面实现专业课程育人的目标。高校学生不仅要掌握商科专业知识，而且要具备相关的职业素养和道德水平，逐渐形成符合现代社会主义核心价值观取向的意识形态。知识和能力固然重要，但良好的职业道德更是其基础，高校学生只有真正拥有高尚的职业道德和职业素养才能更好的发挥其职业技能，才能真正发挥自己的能力并产生正向效应，为社会做出自己的贡献。

三、构建智能课堂，拓宽教育渠道

随着时代的发展，信息化技术越来越重要且发展迅速，社会中各行各业都在发生着日新月异的巨大变化。高校教学课堂也不例外，从传统用黑板和课本进行教学到借助移动互联网的云平台教育、构建智能教学课堂。智能学习课堂依据知识建构体系，基于动态学习数据分析和云端平台的应用，据此构建出信息化、智能化的课堂教学模式。信息化的教学方式逐渐运用到实际当中，教师在课堂教学时要善于运用多种教学方式，拓宽教育渠道，利用移动互联网和信息化技术，将传统线下教学与线上智能课堂相互结合，以适应当今时代高校学生的新需要。同时，商科专业课程教师更要善于优化教学组合方式，有效利用多种信息技术平台，通过多媒体技术等手段，使学生在学习专业课程的同时感受到思政信息，在整体中发挥最大优势和功能，使高校学生取得良好的学习效果。由于商科专业本身特有的性质，与其相关的政策变化迅速，线下课堂往往不能及时向学生传达最新的消息，只有通过线上线下教学结合的方式，才能实时向高校学生传递最新信息，才能让学生了解到与商科专业有关的政策的最新变化。教师可利用互联网实时、迅速的网络渠道，建立相关远程交互式教育系统，以社会主义核心价值观教育学生，培养高校学生明辨是非黑白、明辨善恶美丑、遵守法律法规的品质，增强他们对互联网中不良信息的抗干扰能力，做新时代下遵纪守法的大学生。

四、思政与专业落地，优化课程考核体系

在教学过程中，课程评价体系是检验课程教学效果不可或缺的一种重要手

段，同时它也是保证教学质量的重要方式之一。传统商科专业课程中只注重专业知识的考核，即考试的全部内容均为商科专业知识。课程思政下的考核体系就要改变传统课程评价考核体系，要改变当前专业知识占全部考核内容的这种格局，要通过融入思政元素的相关考试内容，让思政教育不只是一句空话，在教学过程和考试当中切实体现出来，以此帮助高校学生在学习和成长的过程中真正找到属于自己的正确人生方向，使他们不再迷惘和彷徨，真正实现商科专业课程中课程思政全过程的育人理念。具体而言，教师通过创新课程内容与教学方法，在传授商科专业知识的同时予以课程思政的价值塑造与引领，让德育充分融入知识体系，充分融入各门专业课程当中，加强思政元素考核指标的设定，使高校学生学习专业知识的同时注重道德素质的培养。这样才能贯彻落实育人的职责，充分发挥专业课程的教育功能，培养出德才兼备的商科专业人才。

五、提高教学水平，加强思政建设

教师的职责在于教书育人，在传授专业知识的同时也要对高校学生思政方面言传身教。要想提高高校学生的思想道德水平及综合素质，离不开在其学业过程中每一位老师的努力，而这本身不单单在于思政老师的教育，每一位老师都应在自己的专业领域课堂中向学生教授、传递相关的思政知识。对于商科专业的学生而言，大部分学生毕业后会从事与商科专业相关的工作，这里最重要的一点就是要遵守职业道德，否则将会出现严重后果甚至是以身试法。所以，商科专业课程的教师更应多多关注思政教育，提高自身的思想道德水平，运用适当的方法巧妙地把专业知识和思政教育融合，让学生学到知识的同时提升自身的素质水平。此外，还应加强对教师有关思政教育的培训和交流，给教师制订合理的教学目标，提升教师的教学水平的同时使他们更加重视思政教育。

第三节 社会层面

一、发挥人才市场需求的导向作用

首先,由于商科有较强应用性的特点,因此培养市场认可的高水平商科人才需要紧密结合企业对商科人才的实际需求。企业应在与高校建立良好合作关系的基础上,为高校商科专业学生提供实训基地,给予学生充足的实地学习机会,在实践的过程中积累经验,解决高校商科教育与产业现实需求脱节、专业标准与企业岗位脱节、实践教学与生产流程脱节的难题。

其次,企业应着重对学生进行培训与指导,培养技能型人才。社会是商科专业工作者成长成才的摇篮。当然,在企业中接受系统的培训教育也是必不可少的。通过企业的培训不仅可以使学生将其在课堂中学到的理论知识与实际工作结合,还可以提升学生的思政修养与道德觉悟,更好地培育学生为人民服务的意识和本领,促进学生的全面发展。

最后,企业还应该根据自身的需求,对学校的教学内容制订、教学案例开发、培养方案设定、信息化研究课题和毕业论文设计等提出相应的建议,使学生在课堂中接受的教育能够紧密贴合工作实际,充分反映企业对新时代背景下商科专业人才的能力需求,从而促进学校教学水平的提高,适应并引领商科专业实务发展。

二、加强行业社会组织的指导与引领

我国各种经济管理学会等社会组织不仅要充分发挥自身优势,通过政产学研相结合的活动体系,为广大的商科专业人员提供知识碰撞、经验交流及拓宽人脉网络的机会,还要加强统筹规划和组织协调,紧密团结广大商科专业理论和实务工作者,努力促进商科专业理论创新,推动理论成果转化应用,不断发展我国商科专业教育事业。在统筹推进商科专业人才建设工作中,应以诚信为基础,加强职业道德建设,引导商科专业学生及广大的相关行业从业者自觉遵

守职业道德。

对于高校商科专业教师而言，通过参加或承办相关学术交流会议等方式能够加强不同学校商科专业教师关于新时代商科专业人才培养方向的沟通与交流，从而促进高校商科专业人才培养高质量发展。此外，通过商科专业实务技能比拼可以使学生对于商科专业的实际业务知识有更深的了解，达到"以赛促学，以学促教"的目的，能够进一步加强学生实践技能培养，提升学生的理论知识水平、实践能力和团队精神。学术交流会议也是承载思政元素的重要主体，通过学术会议的价值引领可以帮助学生坚定理想信念，使学生在学习过程中善于运用基本原理，运用辩证唯物主义、历史唯物主义的方法去理解和掌握知识。

三、提高社会媒体对相关从业人员职业道德的关注度

随着互联网的普及，社会媒体已渗透到社会生活的方方面面，当今的社会媒体正深刻地影响着人们的习惯与思想观念。应充分发挥广大媒体的社会影响力与社会舆论的监督教育作用，在社会中大力弘扬社会主义核心价值观，形成良好的道德风尚，使人们在思想上、理论上、政治上、情感上认同我国主流意识形态，在理想信念、行为规范和道德品质上有较高的内在诉求和行为体现。商科专业从业人员职业道德观念的维系和发展，与社会媒体的宣传与教育力度密不可分。通过媒体及时揭露社会中发生的财务造假等案例带来的恶劣影响，提高广大商科专业的学生对职业道德的关注度，形成"诚信光荣、失信可耻"的观念，帮助大学生树立正确的世界观、人生观、价值观，使之能够在未来的工作中坚守自己的道德底线。

第四节　研究不足

本课题仍存在几点不足。

其一，由于人力和财力有限，本课题没有在全国各地开展调研学习。

其二，在具体的教学过程中，由于各个学校自身实际情况及课程不同，课程的教学内容都存在一定的差距，简单机械地通过同一体系将课程基础知识、思政元素、实操技能三者进行融合存在一定的难度，易受课时等的限制，难以发挥出预计的效果。由于篇幅限制，本课题针对具体学校的相关课程研究还略有欠缺；同时，本融合机制尚处于初期阶段，还需要通过实践教学得到反馈，根据新时代的要求进一步地改进和完善。

第五节　研究展望

由于本课题在对思政元素、能力培养与课程三者的融合体系进行设计时，新商科的课程分析缺乏一定的针对性，因此，课题组认为后续研究应在此基础上，针对新商科课程的特征进行更加细致的分析和研究。学者们可以结合教学课程的实际情况，进一步细化和完善不同的新商科课程与思政元素、能力培养融合的具体路径。在课程思政方面，应加强顶层设计，杜绝出现新商科课程与思政内容"两张皮"现象，丰富新教学模式下的教学案例，提高教学改革的适用性与可实施性。在新商科学生能力培养方面，应积极尝试与企业建立新型合作关系，深入探究新商科学生能力培养新路径。

参考文献

[1] 兰公湖. 多元化背景下的高校思政教学改革探究 [J]. 吉林教育，2022（20）：24-26.

[2] 连娟. 基于 OBE 理念的应用型本科课程"赛教结合"教学改革探究 [J]. 科学咨询（科技·管理），2023（6）：241-243.

[3] 邱仁富. 思想政治教育话语论 [M]. 上海：上海交通大学出版社，2013.

[4] 孙华. 大学生思政课翻转课堂教学改革探索研究 [J]. 教育学术月刊，2014（6）：96-100.

[5] 王娟. 高职"市场营销"课程思政的探索与改革 [J]. 教育教学论坛，2020（50）：33-34.

[6] 曼琳. 基于产教融合的市场营销专业人才培养模式研究——以四川华新现代职业学院为例 [J]. 湖北开放职业学院学报，2021，34（17）：22-24.

[7] 王璇. 高职市场营销专业开展课程思政的路径探索 [J]. 广东职业技术教育与研究，2020（4）：121-123.

[8] 李华. 高职市场营销课程思政教学模式探析及创新建设研究 [J]. 中外企业文化，2021（6）：177-178.

[9] 张瑞娟. 高职院校市场营销专业课程思政建设 [J]. 河南广播电视大学学报，2020，33（1）：73-76.

[10] 王悦. 新时代下高职市场营销课程教学思政元素融合研究 [J]. 商业经济，2021（9）：192-194.

[11] 张馨予. 技工院校《市场营销》课程中隐性思政元素的挖掘与教学实践 [J]. 营销界, 2021 (31): 46-47.

[12] 邱秀芬. 高职课程思政元素融入与优化策略研究——以国际市场营销课程建设为例 [J]. 南方职业教育学刊, 2021, 11 (4): 56-61.

[13] 张东哲. 市场营销课程思政元素的挖掘研究 [J]. 教育教学论坛, 2020, 483 (37): 75-76.

[14] 胡保玲. "三全育人"视域下市场营销专业课程思政教学与改革——以青岛理工大学为例 [J]. 教书育人 (高教论坛), 2020, 721 (27): 75-77.

[15] 孙洁, 韦恒. 高校新商科人才培养中开展专业思政的探索与实践 [J]. 创新教育研究, 2021, 9 (1): 6.

[16] 吴丁娟.《市场调研》课程思政的核心价值及实践路径 [J]. 广州医科大学学报, 2020 (2): 69-72.

[17] 缪小莉, 杜世舰. 浅议市场营销课程思政元素的挖掘 [J]. 现代营销 (信息版), 2019 (10): 122-122.

[18] 杨富. 西藏高校思政课实践教学创新路径研究 [J]. 吉林省教育学院学报, 2019, 35 (2): 134-137.

[19] 邱椿莉. 西藏中职思政课程改革与实践研究 [J]. 西藏科技, 2020 (12): 61-63.

[20] 王丹屏. 以课程思政为抓手, 推动高校"金课"建设——以西藏民族大学为例 [J]. 牡丹江教育学院学报, 2021 (6): 48-50.

[21] 聂晓敏. 新疆少数民族大学生《市场营销学》课程思政的思考 [J]. 现代商贸工业, 2021, 42 (13): 156-157.

[22] 郭丽娟, 周晓强, 和柯, 等. 关于《汽车市场营销》课程思政的探索 [J]. 时代汽车, 2021 (7): 57-58.

[23] 施颖, 卞荣花. 基于 OBE 理念的课程思政教学体系建设研究——以《汽车市场营销》课程为例 [J]. 财富时代, 2019 (10): 170-171.

[24] 李磊. "汽车市场营销"课程思政教学初探 [J]. 南方农机, 2021, 52 (11): 142-143.

[25] 徐源, 查孝柱, 孙加燕. "课程思政"理念下药品市场营销学教学改革探索 [J]. 卫生职业教育, 2020, 38 (24): 53-54.

[26] 甘湘宁，胡良惠. 课程思政下专业课程教学质量改进的实践与思考——以医药市场营销课程为例[J]. 经济师，2020，382（12）：200-201+203.

[27] 张蕊. 国际市场营销课程与思政元素融合问题探索分析[J]. 老字号品牌营销，2020（3）：19-20.

[28] 石静. 国际市场营销课程教学中思政元素的挖掘研究[J]. 营销界，2020（29）：86-87.

[29] 陈冰瑶. 浅谈《医药市场营销学》课程思政教学理念设计和应用[J]. 数码设计，2019，8（19）：59.

[30] 王丽敏，石淑娜. 经管类专业统计学课程思政实施策略研究[J]. 牡丹江教育学院学报，2023（1）：112-115.

[31] 刘华，赵荣波. 课程思政视域下高职院校统计学课程创新发展路径[J]. 陕西教育：高教版，2022（4）：2.

[32] 张馨文，马敏娜，杨柳. 财经类院校统计学课程思政建设路径研究[J]. 现代商贸工业，2022，43（18）：2.

[33] 薛艳，周川. 应用型本科院校统计学课程思政建设路径探究[J]. 现代商贸工业，2023，44（15）：222-224.

[34] 郝红霞. 财经类高校统计学课程思政教学改革的探索与实践[J]. 科教导刊，2021（14）：3.

[35] 刘美芬. 课程思政视域下《统计学》教学改革探索[J]. 科技资讯，2021，19（7）：154-156+160.

[36] 向仁康，魏兴福.《统计学》课程思政"三位一体"路径探究[J]. 科技创业月刊，2022（5）：132-134.

[37] 王春生. 新时期服务业统计工作的思考研究[J]. 市场调查信息：综合版，2022（12）：12-14.

[38] 易校石. 概率论与数理统计在线课堂建设[J]. 科技经济导刊，2020，730（32）：95-96.

[39] 董明涛.《统计学》课程思政的教学探索与实践路径[J]. 辽宁经济，2023（6）：87-91.

[40] 胡国治，曾婕. 统计学课程思政实践探究[J]. 科教文汇，2023（9）：125-128.

[41] 杨晓莹，赵强. 课程思政融入《统计学》课程改革的实践探析[J]. 经济师，2023（11）：209-210.

[42] 齐芸，师海燕，汪玲. 三全育人视域下课程思政在高职 Python 程序设计课程教学中的建设实践探究[J]. 电脑知识与技术，2023，19（21）：143-145.

[43] 桑冬青. 高职"Python 编程"课程思政重构研究[J]. 淮南职业技术学院学报，2023，23（3）：52-55.

[44] 王若佳，杨惠雯，郭凤英. 新医科背景下课程思政的教学探索与实践——以中医药院校 Python 程序设计课程为例[J]. 电脑知识与技术，2023，19（16）：158-160.

[45] 曾晓云. Python 程序设计的思政教学探讨——以广西财经学院计算机专业为例[J]. 电脑知识与技术：学术版，2022，18（32）：177-180.

[46] 陈洁. 文科 Python 程序设计课程的思政目标建设[J]. 中国现代教育装备，2023（11）：111-112.

[47] 王海燕，彭旭东，王成霞. 新工科背景下 Python 程序设计课程思政探索[J]. 计算机教育，2022（9）：81-84.

[48] 王晓静，殷慧文，张杨. 师生共建 Python 语言课程共同体线上教学模式研究[J]. 辽宁大学学报：自然科学版，2021（1）：82-87.

[49] 汪贵生. 课程思政视域下《Python 语言程序设计》教学改革研究[J]. 铜陵学院学报，2023，22（3）：108-111.

[50] 张帆，岳超刚，任丽媛，等. Python 程序设计课程思政教学改革实践探索[J]. 电脑知识与技术：学术版，2023，19（14）：162-164.

[51] 李金海. Python 程序设计课程的思政元素挖掘研究[J]. 中国信息技术教育，2022（6）：96-98.

[52] 高和平，邵佳靓，陈威. 基于课程思政理念的 Python 语言程序设计教学模式改革探究[J]. 电脑知识与技术，2022（8）：178-180.

[53] 杨文娟. 基于 O2O 教学模式的"Python 语言"课程思政教学探索[J]. 科教文汇，2021（10）：125-127.

[54] 李成渊，杨旭娇. 课程思政教学改革指引下的 Python 程序设计授课实践路径研究[J]. 电脑知识与技术：学术版，2021，17（16）：3.

附件

附件一：课程思政、能力培养与新商科专业课堂教学融合问题研究调查问卷（教师）

敬爱的老师：

您好！感谢您参加此次问卷调查，您的合作与支持将有助于我们了解当前高校中教师队伍对于课程思政、能力培养与新商科专业课堂教学融合的认识与开展现状。本次调查采取无记名方式，最终调查结果也将会及时反馈于您，衷心感谢您的大力支持！

一、基础信息

1. 您的性别是：

A. 男　　　　　　　　　　　B. 女

2. 您的年龄是：

A. 25~30 岁　　　　　　　　B. 31~35 岁

C. 36~40 岁　　　　　　　　D. 41~45 岁

E. 46~50 岁　　　　　　　　F. 50 岁以上

3. 您从教的年限是：

A. 2 年以内　　　B. 2~5 年　　　C. 6~10 年　　　D. 10 年以上

4. 您获得的最高学位是：

A. 学士　　　　　B. 硕士　　　　C. 博士

5. 您的政治面貌是：

A. 中共党员　　　B. 民主党派　　C. 无党派　　　D. 其他

6. 您任教的学校属于：

A. 一流大学　　　B. 一流学科大学

C. 普通高校　　　D. 高职院校　　E. 其他

二、课程思政与新商科教育

1. 您了解课程思政的概念吗？

A. 不太了解　　　B. 有些了解　　C. 比较了解　　D. 非常了解

2. 您认为课程思政的概念是什么？【多选题】

A. 普通的思政课

B. 思政课程的拓展和深化

C. 一种课程观，与专业课融合的思政教育

D. 专门的思政课程之外的新课程

E. 高校思政教育的直接渠道

F. 其他

3. 您对学生进行课程思政教育的出发点是：【多选题】

A. 提高学生的政治素养　　　　B. 帮助学生树立正确的"三观"

C. 引领良好的社会风气　　　　D. 为学生传递正能量

E. 学校要求　　　　　　　　　F. 其他

4. 您所教授的新商科相关课程中有融入课程思政的环节吗？

A. 完全没融入　　　　　　　　B. 少部分融入

C. 大部分课融入   D. 全部融入

5. 近3年，您参加课程思政融入新商科课堂相关会议和培训的情况：

A. 没参加过课程思政融入新商科课堂相关会议或培训

B. 参加过教研室的课程思政融入新商科课堂会议或培训

C. 参加过院、系课程思政融入新商科课堂会议或培训

D. 参加过校级层面的课程思政融入新商科课堂或培训

E. 参加过市级层面的课程思政融入新商科课堂会议

F. 赴外省（自治区、直辖市）参加过课程思政融入新商科课堂会议

G. 其他

6. 您所在的学院推进课程思政融入新商科课堂的措施有哪些？【多选题】

A. 以会议或通知的形式传达融入要求

B. 公布课程思政融入新商科课堂方案或指南

C. 进行思政和新商科专业混合教学、交叉教学创新

D. 在新商科实践课中开展课程思政建设

E. 在新商科专业课中开展课程思政建设

F. 组织课程思政融入新商科课堂的主题比赛或评优、评奖

G. 设立课程思政融入新商科课堂专项科研项目，成立专门工作小组

H. 将课程思政教育成效纳入新商科课堂评价及教师评价范畴

I. 组织参加课程思政融入新商科课堂的相关培训

J. 其他

7. 您更愿意学院以什么方式推进课程思政融入新商科课堂？【多选题】

A. 课程思政融入新商科课堂专题研究立项

B. 课程思政融入新商科课堂优秀案例评选

C. 课程思政融入新商科课堂示范课程选拔、推广

D. 课程思政融入新商科课堂专题研讨会、报告会

E. 开展课程思政融入新商科课堂教育思想大讨论

F. 其他

三、能力培养与新商科教学

1. 您认为目前所教授的新商科专业学生缺乏以下哪几种能力？【多选题】

A. 分析、综合、评价和运用的能力

B. 团队合作、学习能力

C. 沟通能力和解决问题的能力

D. 运用能力、自主技巧

2. 您认为目前新商科专业学生某项能力缺乏的原因有哪些？【多选题】

A. 新商科培养目标不明确　　B. 新商科课程体系不完整

C. 缺乏更丰富的实践教学　　D. 新商科课程考核形式单一

E. 其他

3. 您认为应通过什么方式提升当代大学生的新商科能力水平？【多选题】

A. 生动有趣的新商科实操课程

B. 优秀的新商科工作人员的经验传授

C. 高质量的新商科能力提升专题报告会

D. 网络渠道真实生动的新商科能力宣传

E. 结合线下实践的新商科能力提升活动

F. 其他

4. 近3年，您参加新商科能力提升相关会议的情况：

A. 没参加过　　　　　　　　B. 参加过1~5次

C. 参加过6~10次　　　　　　D. 参加过11~15次

E. 参加过15次以上

5. 在新商科能力提升过程中，您更想获得什么形式的帮助？【多选题】

A. 新商科能力提升的挖掘研讨或指导

B. 教学方式、方法及手段的学习及研讨

C. 参加新商科教学相关会议或培训

D. 现场观摩优秀新商科示范课的教学过程

E. 获得专项经费支持获得专家指导、培训

F. 其他

6. 您认为新商科相关课程应以什么方式提高学生的能力水平？【多选题】

A. 讲授式教学　　　　　　B. 讨论式教学

C. 专题式教学　　　　　　D. 情景模拟式教学

E. 其他

四、课程思政、能力培养与新商科专业课堂教学

1. 您认为新商科课堂引入课程思政能否提升学生的能力水平？

A. 不能提升　　　　　　　B. 小幅度提升

C. 大幅度提升　　　　　　D. 全方位提升

2. 您在新商科教学过程中是否经常提及关于课程思政和新商科能力提升方面的知识？

A. 完全没提及　　　　　　B. 有时候提及

C. 大部分提及　　　　　　D. 每节课都提及

3. 您对新商科相关课程融入能力培养和思政元素有何顾虑？【多选题】

A. 教学时间有限

B. 教师精力有限

C. 说教并不能解决问题

D. 不太能够把握德育教育的准确性和科学性

E. 其他

4. 您认为增强课程思政和能力培养融入新商科课堂效果的途径有哪些？

问卷到此结束，感谢您的参与！

附件二：课程思政、能力培养与新商科专业课堂教学融合问题研究调查问卷（学生）

亲爱的同学们：

您好！感谢您参加此次问卷调查，您的合作与支持将有助于我们了解当前高校中学生群体对于课程思政、能力培养与新商科专业课堂教学融合问题的认识与开展现状。本次调查采取无记名方式，请您如实填写，衷心感谢您的支持与配合！

一、基础情况

1. 您的性别是：

A. 男　　　　　　　　　　B. 女

2. 您的政治面貌是：

A. 中共党员　　B. 共青团员　　C. 民主党派　　D. 群众　　E. 其他

3. 您的学历为：

A. 专科　　　　B. 本科　　　　C. 研究生　　　D. 博士　　E. 其他

4. 您是否是新商科专业的学生？

A. 是　　　　　　　　　　B. 否

5. 您所就读的学校属于：

A. 一流大学　　　　　　　B. 一流学科大学

C. 普通高校　　　　　　　D. 高职院校

E. 其他

6. 您对于自己未来的职业生涯有哪些规划？

A. 继续深造读书　　B. "考公"　　C. 在企业从事新商科专业相关的工作

D. 其他　　　　　　E. 没有规划

二、能力培养与新商科教学

1. 您学习新商科的主要原因是：

  A. 喜欢新商科这个学科   B. 新商科专业未来的就业渠道广

  C. 父母是从事新商科相关行业的 D. 其他

2. 在新商科专业课程中，您认为以下哪些教学目标最重要？【多选题】

  A. 专业基础知识   B. 思辨能力

  C. 创新能力   D. 实践运用能力

  E. 社会责任感培养   F. 其他

3. 为了提高新商科专业学生能力培养的效率，您觉得在新商科专业课的学习中还有哪些方面需要改进？【多选题】

  A. 课程设计   B. 教学内容

  C. 教学模式   D. 其他

  E. 不需要改进

4. 您认为新商科课程设计应该在哪些地方改进？【多选题】

  A. 理论课程   B. 实操课程

  C. 相关课程   D. 其他

  E. 不需要改进

5. 您认为新商科专业课的教学内容应该在哪些地方改进？【多选题】

  A. 职业判断能力和学习能力的培养

  B. 创新能力和逻辑分析的培养

  C. 实操技能和专业胜任能力的培养

  D. 其他

  E. 不需要改进

6. 您认为新商科教学模式应该在哪些地方改进？

  A. 以目标为导向设计相关教学内容

B. 坚持思政教育的引领

C. 将课堂思政、能力培养和新商科教学三者结合起来

D. 其他

E. 不需要改进

7. 您了解目标导向的教育理念吗？

A. 非常了解   B. 比较了解

C. 了解   D. 不太了解

E. 完全不了解

三、思政教育与新商科教学

1. 您认为课程思政的重点应包含以下那些内容？　　　　【多选题】

A. 社会主义核心价值观   B. 工匠精神

C. 国际视野，开放包容精神   D. 礼仪道德

E. 其他

2. 您所在的高校实施课程思政建设了吗？

A. 实施了   B. 未实施   C. 不知道   D. 其他

3. 您的课程成绩或学期考核里包含课程思政方面的考核吗？

A. 所有课程都有明确的思政内容考核

B. 大部分课程都有明确的思政内容考核

C. 少部分课程有明确的思政内容考核

D. 所有课程都没有明确的思政内容考核

E. 不清楚有没有

F. 不关心有没有

4. 您认为在高校开展课程思政有意义吗？　　　　【多选题】

A. 非常有意义   B. 有意义   C. 还行   D. 不了解，无所谓

E. 其他

5. 您认为应该通过什么方式提升当代大学生的思想道德水平？【多选题】

A. 生动有趣的演讲报告　　　　　B. 先进人物的现身说法

C. 高质量的形势政策专题报告会　D. 网络渠道真实生动的思政宣传

E. 结合第二课堂的思政活动

6. 您认为目前高校的课程思政还存在哪些问题？　　　　【多选题】

A. 内容枯燥无味　　　　　　　　B. 教学形式单一

C. 课程实践少　　　　　　　　　D. 教师经验不足

E. 课堂氛围低　　　　　　　　　F. 其他

四、课程思政、能力培养与新商科专业课堂教学

1. 您觉得专业课程里有必要融入课程思政吗？

A. 非常有必要　　　　　　　　　B. 有必要

C. 一般　　　　　　　　　　　　D. 完全没必要

E. 无所谓

2. 在新商科专业中，您认为课程思政的融入归属于那些教育？　【多选题】

A. 知识教育　　B. 课程实践　　C. 情感教育　　D. 价值观教育

E. 态度教育　　F. 隐性教育　　G. 显性教育　　H. 其他

3. 在专业课的授课过程中，您更能接受什么样的思政教学方式？【多选题】

A. 变革授课方式，教师少照本宣科，多些生动活泼

B. 课堂以学生为主体，学生课前多查资料，课上多研讨

C. 教学走出课堂，多些主题活动

D. 请专家或学者作为客座教授开设讲座，走进课堂

E. 不关心，怎么讲都行

F. 其他

4. 您认为在新商科专业课中引入课程思政能否提升学生能力水平？

A. 非常有帮助　　　　　　　　　B. 有帮助

C. 一般 D. 没帮助

E. 完全没帮助

5.您认为在新商科教学中结合各门课程的具体内容,确定课程思政培养内容,对于学生未来的就业和发展有帮助吗?

A. 非常有帮助 B. 有帮助

C. 一般 D. 没帮助

E 完全没帮助

6.您对于当前高校中的课程思政、能力培养与新商科专业课堂教学融合问题还有哪些建议?

问卷到此结束,感谢您的参与!

附件三：2021—2022学年，"一起吧"咖啡厅经营总结

"一起吧"咖啡厅2021—2022学年总收入为48468.36元，净利润为14972.46元，其中第一学期利润10733.56元、第二学期利润4238.9元。现对这一学年的经营状况进行如下总结。

一、前后两个学期利润差异原因分析

（一）内部原因

第一学期，担任主要管理角色的5名同学对日常经营投入较大精力。第二学期，因主要负责人均选择考研，对日常经营投入的精力骤降，导致日常经营与以往相比有较大差距。

（二）外部原因

第一学期创造利润的主力是准备"国考"与考研的学生。这一时期，大量考生对学习空间有较高需求，"一起吧"为这些消费者推出了"咖啡月卡"，长期保持较高上座率。

第二学期，学生的备考需求降低，而且没有期末周，对"一起吧"的经营造成了较大冲击。期末周的平均日收入是平时的3倍以上，短短半个月往往会创造整个学期30%以上的收入。所以，取消考试、提前放假也是第二学期利润偏低的重要原因之一。

二、整体经营状况分析

（一）为什么消费者选择"一起吧"

消费者选择"一起吧"咖啡厅最重要的原因便是该咖啡厅的环境很舒适，相比图书馆、教学楼，"一起吧"咖啡厅的环境舒适、安静，很适合学习，且全店范围内支持充电。但是，该咖啡厅出售的茶饮、咖啡、甜品在校内竞争力

并不强。

在没有考证考试和期末考试的正常教学周，周末的平均日收入在 200 元左右，而工作日的平均日收入仅在 100 元左右。每日的员工工资为 88 元。

（二）产品分析

"一起吧"咖啡厅出售的产品主要有 5 类：现磨咖啡、牛奶类饮品、果饮类饮品、奶茶类饮品及"招牌华夫饼"。

现磨咖啡是"一起吧"咖啡厅内标准化最高的产品，但由于运营团队实力薄弱，现磨咖啡与家庭自制现磨咖啡没有明显区别。在新产品开发上，受成本限制，也很难推出新品。因此，更多同学会选择价格相近的瑞幸，而不会选择"一起吧"咖啡厅的现磨咖啡。如果"一起吧"咖啡厅的现磨咖啡想在包装、口感上追平瑞幸，成本便会超过瑞幸。

牛奶类饮品制作简单，毛利率最高，但销售状况一般。

果饮类饮品是夏季销售最多的品类。此类产品的口感可以追平"蜜雪冰城"等品牌，但价格要高于竞争对手的产品。

奶茶类饮品是店内销售状况最差的产品。奶茶口感差，成本高。珍珠、椰果、红豆等小料在口感和质量上均不如竞争对手，但成本并不低。

"招牌华夫饼"是"一起吧"咖啡厅内最火爆的单品。"一起吧"咖啡厅的菜单上有 20 余种产品，而"招牌华夫饼"创造了 15% 左右的收入。华夫饼的成本低，毛利率高，且深受消费者欢迎，是店内最成功的产品。

通过对不同品类的产品分析，"一起吧"咖啡厅的经营劣势主要为：① 经营团队实力薄弱，无法降低原料成本和包装成本，使得价格高于同档次产品，但口感最多做到持平；② 标准化程度低，制作饮品全靠员工手动称量，易出错且效率低；③ 新产品开发困难。以上劣势导致"一起吧"咖啡厅只能靠店内已有环境赢得顾客。可以说，顾客选择在"一起吧"咖啡厅消费，首先看重的是环境，而产品只是为享受环境付费。

（三）转型思考

曾有老师建议换掉店内的沙发和长桌，提高返台率。老师认为只有更换店内设施才能有效避免顾客"一杯饮品坐一天"的现象，从而提高返台率、增加"客单量"，提高收益。但是，经营团队认为：经营现状导致"一起吧"咖啡厅不能舍弃它所依赖的舒适环境，且"一起吧"咖啡厅的制作水平能支持的"客单量"是有上限的，在期末火爆时便能达到这一上限。此外，"一起吧"咖啡厅的产品除"招牌华夫饼"外，对消费者并没有吸引力，在校内竞争品牌较多。

目前，"一起吧"咖啡厅拟转型的方向为：主打"精品咖啡"，即提升产品品质，上调价格；同时，在图书馆允许的范围内对店内环境进一步改造，使店内的环境更加舒适，从而吸引少部分目标顾客，提升顾客黏性，脱离现有的窘境。

附件四：军训问卷调查分析报告

一、前言

本次调查针对某大学一年级新生，通过问卷调查的形式进行，采取线上发放问卷的形式，共发放、回收问卷 324 份，有效问卷占比 100%。我们将这 324 份问卷的数据全部用于数据分析与统计，根据调查结果得出以下结论并提出相关的建议。

二、分析

（一）本次问卷调查活动的目的与意义

1.通过本次问卷调查，对大一新生的身体、心理素质有所了解，以小见大，分析现代大学生的综合素质情况，对近年来在军训过程中暴露出的一些问题进行研究，目的在于如何提高大学生的综合素质。

2.通过调查军训体制问题，初步探索出素质教育的发展、落实问题，目的在于探索军训体制是否需要改革或进一步完善及素质教育理论与实际的落差。

3.通过探寻军训能否为学生带来收获及带来怎样的收获，目的在于改进并增强学生的参与感与获得感，学习和发扬优秀精神，培养坚定意志

（二）调查对象

本次以某大学参与军训的大一新生为调研对象，参与调研的同学男生占比为41.67%、女生占比为58.33%。本次调研中，男女数量比例相近，女生居多。

（三）具体分析

1.您的性别。

·男。

·女。

调研目的：该题意在了解参加调研同学的性别，因为本校是师范类院校，女生人数比较多，为了防止调研结果受性别的影响，所以要考虑到性别因素进而调整调研结果。

调研结果：调查结果（见附图1）显示，参加调研的同学男生占比41.67%、女生占比58.33%，本校为师范类学校，女生的数量较多，但参加调研的男女比例较为适中。

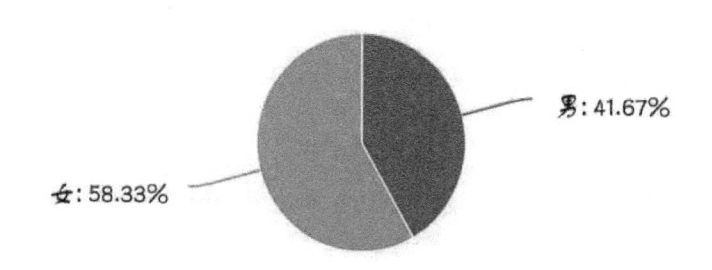

附图1 调研对象性别占比

2.您对本次军训是否满意。

·非常满意。

·比较满意。

- 不满意。
- 非常不满意。

调研目的：本题意在了解参加调研的同学对该校军训的满意程度。

调研结果：调查结果显示（见附图2），对本校军训非常满意的占46.91%，比较满意的占43.21%，不满意的占7.1%，非常不满意的占2.78%。

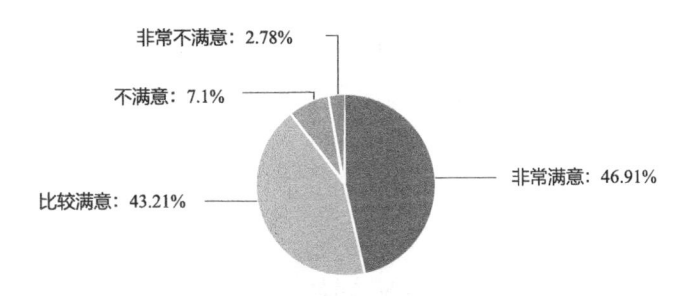

附图2　军训满意度调查占比

3. 参加军训是一项硬性要求，如果改为自愿参加的原则，您是否愿意参加。

- 愿意。
- 不愿意。

调研目的：该题意在了解没有硬性要求的背景下，军训如果改为自愿参加的原则，同学们是否愿意参加军训。

调研结果：调查结果显示（见附图3），如果改为自愿参加军训的原则，愿意参加的同学占66.98%，不愿意参加的同学占33.02%。

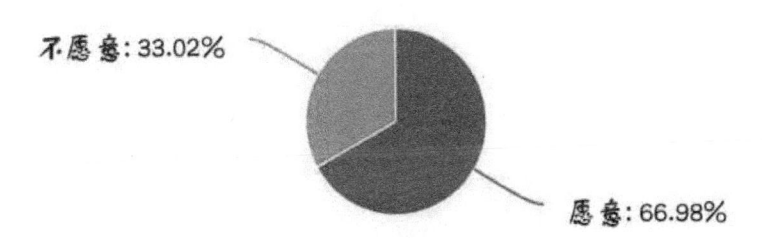

附图3　学生参加军训的意愿度调查占比

4. 很多人认为当今的大学生军训已经成为一种形式主义，您是否同意这种说法。

　　·同意。

　　·不同意。

调研目的：该题意在了解参加调研的同学是否认为当今的大学生军训已经成为一种形式主义。

调研结果：调查显示（见附图4），48.46%的同学同意当今的大学生军训成为形式主义这一说法，51.54%的同学不同意当今的大学生军训成为形式主义这一说法。

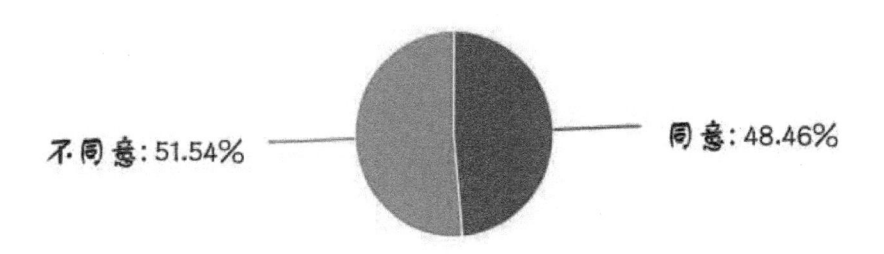

附图4　大学生军训是否是形式主义的调查占比

5. 您认为军训对您的校园生活及学习是否有帮助。

　　·有。

　　·没有。

调研目的：该题意在了解参加调研的同学是否认为军训对校园生活及学习是有帮助的。

调研结果：调查结果显示（见附图5），76.85%的参加调研的同学认为军训对校园生活及学习有所帮助，23.15%的参加调研的同学认为军训对校园生活及学习没有帮助。

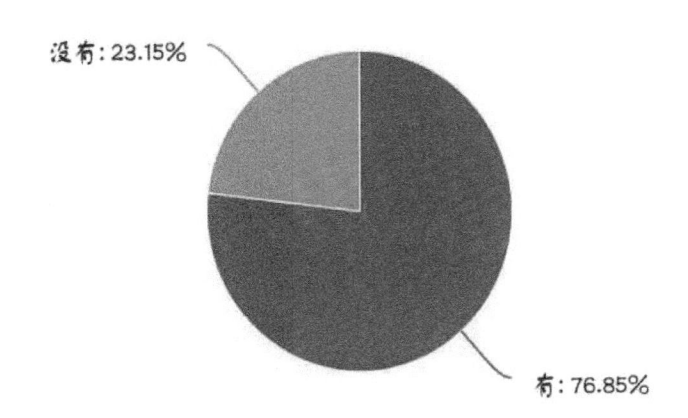

附图5 军训对学生的校园生活及学习是否有帮助的调查占比

6. 您认为军训带给您的收获是什么。 【多选题】

· 增强体质，强健体魄。

· 锻炼吃苦耐劳、坚忍顽强的意志力。

· 培养组织纪律性、集体荣誉感和团结互助精神。

· 养成良好的生活作息习惯和健康的生活方式，激发爱国主义热情，培养爱军习武精神。

· 增长国防知识，提高国防观念，增强自觉履行国防义务的责任。

· 激发参军入伍的愿望。

· 没有什么收获。

调研目的：该题是多选题，意在了解军训带给参加调研同学的收获是什么并在7个选项中选出自己认同的选项。

调研结果：调查结果显示，有60.8%的同学认为军训能够增强体质，强健体魄；有61.73%的同学认为军训能够锻炼吃苦耐劳、坚韧顽强的意志力；有59.57%的同学认为军训能够培养组织纪律性、集体荣誉感和团结互助精神；有58.64%的同学认为军训能够养成良好的生活作息习惯和健康的生活方式，激发爱国主义热情，培养爱军习武精神；有36.11%的同学认为军训能够增长国防知识，提高国防观念，增强自觉履行国防义务的责任；有17.9%的同学认为军训能够激发参军入伍的愿望；有 5.25% 的同学认为军训没有什么收获。可以看出，军训给同学们带来了较多的收获。

7. 您认为军训持续多长时间比较合适。

· 一周。

· 两周。

· 3 周。

· 一个月。

· 更长时间。

调研目的：该题意在了解参加调研的同学认为军训多长时间比较合适。

调研结果：调查结果显示（见附图 6），40.74% 的同学认为军训应该持续一周的时间，40.74% 的同学认为军训应该持续两周的时间，9.88% 的同学认为军训应该持续 3 周的时间，4.63% 的同学认为军训应该持续一个月的时间，4.01% 的同学认为军训时间应该更长。可以看出，同学们心中的军训持续时间应该维持在一周到两周之内。

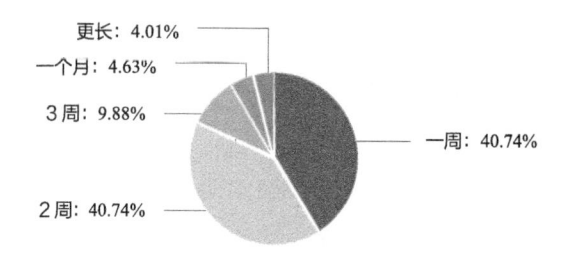

附图 6　军训时间多长合适的调查占比

8. 您认为军训地点应选择在什么地方。

· 学校。

· 部队营区。

· 军训基地。

调研目的：该题意在了解参加调研的同学认为军训地点选在什么地方比较

合适。

调研结果：调查结果显示（见附图 7），40.12% 的同学认为军训地点应该设在学校，39.2% 的同学认为军训地点应该选择部队营区，20.68% 的同学认为军训地点应该设在军训基地。可以看出，在军训地点选择上，同学们有着不同的看法。

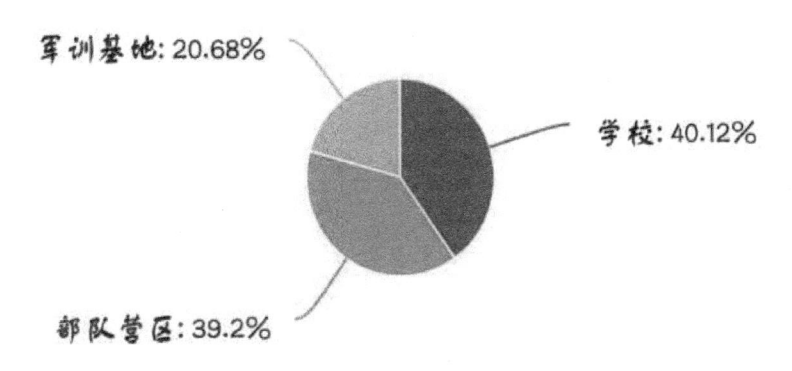

附图 7　军训地点选择的调查占比

9. 您觉得军训过程中的休息时间是否充足。

· 充足。

· 不充足。

· 一般。

调研目的：该题意在了解参加调研的同学在本校的军训过程中是否认为休息时间充足。

调研结果：调查结果显示（见附图 8），41.67% 的同学认为军训过程当中的休息时间充足，40.74% 的同学认为军训过程中的休息时间不充足，17.59% 的同学认为军训过程当中的休息时间一般。可以看出，同学们对军训过程中的休息时间长短有不同的看法。

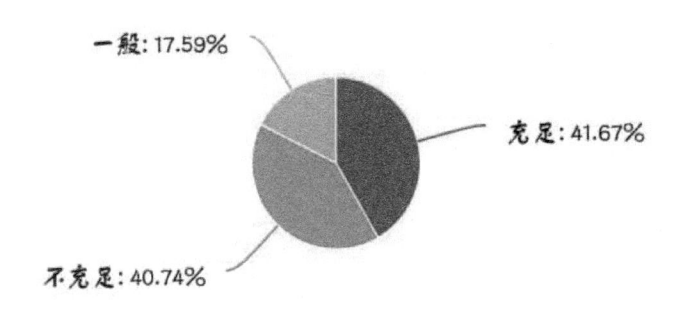

附图 8　军训过程中的休息时间是否充足的调查占比

10. 您认为军训中最难克服的是什么。

・天气炎热。

・睡眠不足。

・其他因素。

调研目的：该题意在了解参加调研的同学认为军训中最难以克服的问题是什么。

调研结果：调查结果显示（见附图9），46.91%的同学认为军训中最难克服的是天气炎热，36.11%的同学认为军训中最难克服的是睡眠不足，16.98%的同学认为军训中最难克服的是其他因素。可以看出，军训当中，同学们最难克服的问题有很多。

附图 9　军训中最难克服的困难的调查占比

11. 您对军训教官的评价。

·非常满意。

·比较满意。

·不满意。

·非常不满意。

调研目的：该题意在了解参加调研的同学对军训教官的评价，通过对教官的评价来判断该校当次军训的满意程度。

调研结果：调查结果显示（见附图10），45.99%的同学对军训教官非常满意，42.59%的同学对军训教官比较满意，6.79%的同学对军训教官不满意，4.63%的同学对军训教官非常不满意。可以看出，大部分同学对军训教官还是满意的。

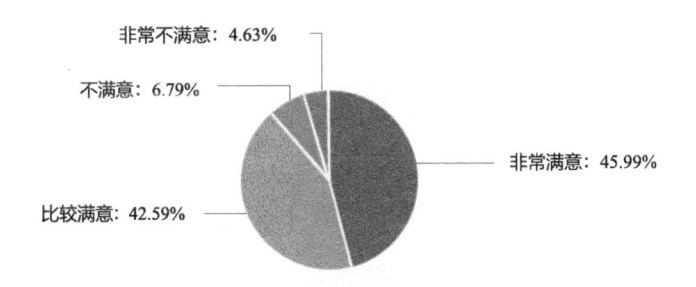

附图10 对军训教官评价的调查占比

12. 您对军训生活的评价。

·丰富有趣。

·一般。

·乏味。

调研目的：该题意在了解参加调研的同学对军训生活的评价。

调研结果：调查结果显示（见附图11），61.73%的同学认为军训生活丰富有趣，19.75%的同学认为军训生活一般，18.52%的同学认为军训生活乏味。可以看出，大部分同学对军训生活还是比较满意的。

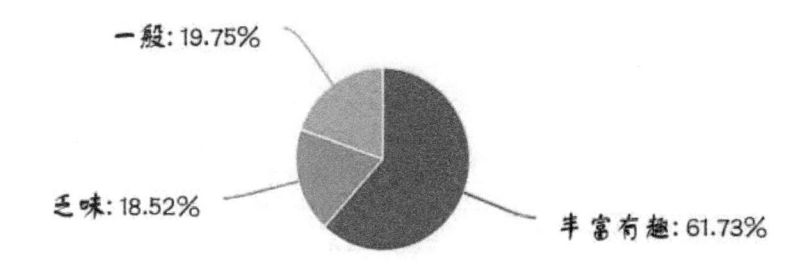

附图11　军训生活评价调查占比

13. 您对军训有哪些意见和建议？不妨谈谈您的感受。　　【填空题】

本题为一道开放题目，意在了解参加调研的同学对军训有什么意见和建议，从而更全面地了解同学们对军训生活的看法。下面是部分参加调研的同学给出的答复。

150	增设更多趣味项目，而不是仅仅站军姿、踢正步等
237	无
15	训得挺好的，以后别训了
20	建议到部队营地进行拉练
21	军训要狠一点，天气热一点，站的久一点，时间长一点
164	非常满意
26	可以继续改进
31	希望可以体验一下真枪实弹等感觉
200	训练强度不够
86	太过形式主义了
118	换个时间军训
120	休息时间长点
121	希望能多休息休息
124	我不喜欢军训
129	太晒了，希望改成冬天军训
136	没什么意思
151	建议身临其境

由以上的开放答案可以看出，对待军训这件事情，同学们有很多不同的想法，学校的军训可以根据同学们不同的反馈，综合意见，进而改进。

三、结论

我们从本次调研中发现，大多数学生对军训持满意态度，并且当军训不再是硬性要求时，仍倾向于参加，可见大家对军训的认可度还是比较高的。大部分学生认为军训可以给自身带来很多好处，部分学生认为军训内容有待改进，部分学生认为军训内容单一，无法激发兴趣，而且军训时间较长，导致学生睡眠不足。此外，大多数学生认为军训时间控制在一到两周是最好的。因此，要使军训的内容和形式变得更加丰富多彩，同时控制军训时长，综合考虑学生的身体素质与心理问题，着重培养学生的精神品质，增加受益性与参与性。

四、意见与建议

1. 军训成果的巩固涉及学生的切身利益，注重的是长效性，而学生的行为意识、自主意识、竞争意识、团队协作意识及内务整理与文明卫生等意识的形成是有规律可循的，需要循序渐进，比如把军训与体育课结合起来，保证学生能够得到持之以恒的身体锻炼与行为习惯养成，这样才能体现军训的作用。

2. 巩固和延伸军训成果，学校各部门应该齐心协力，齐抓共管，坚持做好学生文明礼仪、良好学习习惯、生活态度教育等方面的工作。

3. 军训期间注重加强同学们的爱国主义教育，让他们了解我国所处的国际环境，了解我国的社会现状，把个人的目标融入到整个国家的目标中去，为我国的发展发挥更大的作用。

4. 同学们要把军训中的纪律保持下去，增强律己意识，磨练自己的意志，发扬军训中学到的精神并运用到今后的大学生活中。

附件五：学生实践作业——抖音用户使用行为分析

一、引言

（一）网络热潮

近些年，我国居民的物质生活水平不断提高，手机的普及和互联网的飞速发展让我国掀起了一阵又一阵的网络热潮。2016年，由字节跳动孵化的音乐创意短视频社交软件抖音正式上线。抖音不仅是一个音乐视频软件，更是一个面向全年龄的短视频社区平台。抖音没多久便在年轻人群体中流行起来，与此同时，其他企业见状也纷纷推出短视频软件，试图加入竞争行列。至此，互联网掀起了一阵短视频热潮。

（二）抖音的流行

2018年，以抖音为代表的短视频平台先是火速占领了年轻人市场，随后又打开了中老年市场，成为了全民软件。时任字节跳动CEO张楠公布了抖音的数据：截至2020年8月，包含抖音火山版在内，抖音的日活跃用户已经超过了6亿，有2200万名创作者在抖音创收417亿元。可以看出，抖音已经成为国民软件，上至80岁高龄老人，下至六七岁的小学生，人人都看抖音，人人都用抖音。

（三）抖音带来的变化

抖音无疑给人们的生活带来了很多变化：创作者凭借短视频成为"网红"，通过带货开直播赚钱，让生活得到了很大改善；各大企业和品牌在抖音投放广告，凭借抖音获得流量，抖音甚至还可以让一个品牌起死回生；许多用户因为过于沉迷抖音，成天虚度光阴；还有年纪小的用户交友不慎，误入歧途。抖音是把双刃剑，为社会带来好处的同时也带来了负面影响。

（四）了解用户群体

对抖音的用户使用情况做一个分析，有利于抖音更加深刻地了解抖音用户结构群，可以更加精准地提升用户体验，更加有针对性地开发功能，这对抖音进一步扩大市场份额无疑是有帮助的。

二、调查目的

（一）帮助抖音推出优质服务

尽管抖音是短视频行业的头部企业，但仍然有快手等其他短视频平台抢占市场份额。在市场形势瞬息万变的今天，抖音要想维持现在的地位，需要不断地提升竞争力，时刻保持警惕。抖音必须不断扩大市场份额，维持现有用户，减少用户的流失，增强品牌知名度。这就要求抖音必须不断推出优质的服务来留住用户，制订正确的发展策略。

（二）帮助抖音解决问题

短视频平台近些年来的风评略有下降，各种各样的负面现象层出不穷，平台作品的质量也是良莠不齐，如何解决这些问题是各大短视频平台目前都面临的挑战。尽管抖音已经取得了不错的成绩，但对于这些共性问题，抖音需要想办法率先做出改变，在未来的市场中占据有利位置。

（三）问卷调研具体目标

基于以上的宏观目的，我针对抖音App的使用情况及用户的使用行为进行了调查，具体调研目标有如下几点。

1.了解抖音用户群体的基本结构，比如用户的年龄结构、性别结构、职业结构等，以此可以确定App的推广方向和营销策略，以及App未来的发展方向和功能开发方向。抖音了解用户群体年龄结构后，可以有针对性地面向用户少的年龄段人群（比如老年人群体）进行宣传推广，面向用户多的年龄段群体（如女大学生群体）开发个性化功能。

2.了解用户使用抖音的情况，包括用户使用抖音的时长、用户使用抖音的频率、每日使用抖音的时间、用户常在哪个时间段使用抖音。了解用户使用情况，可以清楚其使用偏好，抖音在功能升级时可以有针对性地进行开发，可以在一定程度上维护用户。

3. 了解用户对抖音的看法，具体包括用户使用抖音做什么、最吸引用户的抖音视频内容是什么、对抖音产品特点的认知、对抖音指标的满意程度。了解用户对抖音 App 功能、内容方面的看法，对客户满意度进行分析，有利于抖音对 App 功能进行改进，对内容推送和收集方面的功能进行升级。

4. 了解抖音用户的基本态度，用户认为抖音是否给自己带来正面影响、是否带来了负面作用、使用是否轻松、是否满足需求及是否会继续使用抖音。这有利于抖音了解用户的使用心理，以此对 App 的使用模式进行创新。

总之，本次调研的目的包括：了解抖音用户的基本结构，以此明确抖音未来的开发方向；了解抖音用户的使用情况，以此有针对性地进行系统升级；深入了解用户对抖音的看法，以此对抖音内容推送和收集方面进行改进；了解用户的基本态度，以此在 App 使用模式上进行创新。广泛收集抖音用户的数据，对抖音用户的使用行为和心理进行分析，了解用户真实的看法和观点，可以为抖音将来的战略发展方向提供可靠的建议。

三、调研方法

（一）调查设计

在调查研究计划中，我主要采用两个方法来收集此次调查所需要的信息，分别是问卷调查法和访谈法。

调研对象分为 3 个群体：网民（为了对不同年龄、职业的网民进行调查，我在不同社交平台发放调查问卷，如微信、微博、QQ、小红书、豆瓣论坛、抖音、百度贴吧，发放有效问卷 336 份）；本校同学（我在公教楼、食堂及宿舍楼下分别拦截了部分同学，邀请他们参与问卷调查，发放有效问卷 100 份）；我的朋友亲人（各年龄段分别选取了被调查者，利用面对面、电话和视频的方式开展访谈，就他们对抖音的态度、感受等较为感性的问题进行了深入交谈，了解被调查者的感受，总共有 20 名被调查者参与调研）。

（二）资料收集的方法

1. 问卷调查法。

① 在设计问卷之前，我先连续 7 天每天使用 1 个小时以上的抖音，对抖音的各个功能都进行了探索和了解，熟悉了抖音 App 的常用功能，根据自身体验，找出了抖音对用户心理的常见影响因素。

② 在设计问卷的过程中，我根据调查目的，对问卷结构进行了合理的设计。问卷第一部分是用户群体的基本结构，第二部分是了解用户的使用频率和使用程度，第三部分是用户对抖音 App 的看法认知，第四部分是了解用户对抖音 App 的基本态度。

③ 在网上问卷发放的过程中，我先进行了小范围的试调查，测试问卷的合理性，之后再将改进后的问卷大规模发放。第一批问卷主要采取的是就近发放原则，先在微信和 QQ 已经加入的群聊内发布问卷，收集身边人的数据。随后，我让部分被调查者将问卷发布至他们的社交平台，扩大问卷收集人群。然后，我将问卷发放至各大社交媒体，包括微博、豆瓣论坛、小红书、抖音和百度贴吧，根据各社交平台的特性，以及人群的聚集性，有针对性地发放问卷。通过网上投放，收集有效问卷 336 份。

④ 在线下邀请被调查者填写问卷的过程中，我在公教楼、宿舍楼下、食堂门口拦截了部分同学，邀请他们扫描问卷二维码进行问卷填写，回收有效问卷 100 份。

2. 访谈法。

① 访谈法与调查问卷法的不同，在于访谈可以采取灵活的半结构化的方式对访谈问题做弹性调整。在访谈前，我先根据研究目的编写了访谈大纲，作为访谈的大致方向。在访谈过程中，根据被访谈者的年龄、性格特征及对抖音的使用程度等对访谈问题进行了不同的个性化设计。

② 面对面访谈中，被访谈者主要是我的大学同学，共有 5 名。他们使用抖音比较多，对抖音的基本功能也比较熟悉，每日使用抖音的时间也比较长。

因此，我在访谈过程中侧重于了解抖音对他们生活的影响、他们对于抖音的主观态度等。

③ 电话和视频访谈的过程中，被访谈者主要是我的亲戚朋友，共15名。他们的平均年龄稍大，使用抖音的程度和频率较低。所以，我在访谈过程中重点了解他们何时使用抖音、对抖音哪些内容感兴趣、使用抖音的目的等问题。

（三）抽样设计

本次调查采用的调查问卷法使用了抽样设计，目的在于避免同一渠道收集数据的局限性。在网络上自行发布问卷的抽样方法为方便抽样，让已填写完问卷的被调查者再把问卷分享至自己的社交平台属于滚雪球抽样，在学校拦截人群进行调查属于方便抽样。

1. 目标总体。本次调研的目的是了解抖音用户群体的使用情况，故本次调研的目标总体是目前正在使用抖音的所有用户。

2. 抽样方法。

① 在各大平台发布问卷和在学校拦截人群参与调研的方法，属于方便抽样。在本次调查过程中，我在各大社交平台上广泛发布调查问卷，在学校随机拦截人群，依据方便的原则，由我自行确定入抽样本的单位，这是方便抽样的设计。方便抽样使得问卷的发布非常简单，成本较低且容易回收问卷；缺点是方便抽样的单位具有随机性，样本无法代表有明确定义的主体。

② 让已填写问卷者再将问卷分享出去让另外一部分人填写问卷的抽样方法，属于滚雪球抽样。这种抽样方法的优点在于调查者无需花费太多精力，被调查者主动将问卷散布出去，达到广泛收集问卷的效果。我拜托已经填写问卷的、关系好的朋友将问卷传播出去，节约了调查时间，降低了调查成本。

3. 确定样本量。样本主要选取的是抖音在我们学校的在校学生用户，以及使用抖音并同时使用微博、微信、QQ、豆瓣论坛、小红书、抖音、百度贴吧等社交平台的用户。本次调查问卷无实体问卷，在问卷星平台上在线填写问卷，采用方便抽样和滚雪球抽样的方法，共收集了436份有效问卷。

本次网络问卷收集遇到的问题是问卷浏览量高但回收率低，大部分人对填写问卷没有兴趣，所以，在微信和QQ发布问卷时，我采用了发红包的形式邀请被调查者认真填写。其中，在微信和微博收集回的有效问卷最多，其次是在豆瓣论坛和百度贴吧回收的有效问卷数量。

（四）访谈设计

本次调查还同时使用了访谈法，目的在于收集网络问卷难以收集的其他变量因素，比如情感态度及使用抖音带来的生活变化，部分变量在网络问卷中也有涉及，但人的情感有多面性，用网络问卷可能会得出有误差的结果，因此，我采用访谈法进行了补充。访谈采取半结构化的方式，以事先写好的大纲为调查大方向，根据被访谈者的不同特征和实际情况调整问题，达到弹性调查的目的。本次采取的访谈方法分为面对面访谈和电话、视频访谈，对不同群体进行了不同程度的调查。

1. 访谈群体。本次访谈的群体分为两类，一类是我的同学，另一类是已经工作或退休的亲戚朋友。

2. 访谈方法。

①面对面访谈。在访谈中，我选取了2名男性、3名女性共5名访谈者，采取了面对面访谈中的集体访谈法。采取集体访谈法的优点是可以在较短时间内同时了解多个人的想法，节约访谈成本。但是，集体访谈法的缺点是被访谈成员之间的想法可能会互相影响，收集到的信息可能会被扭曲或失真，导致数据偏差。

②电话和视频访谈。在对亲戚朋友进行访谈的过程中，我有意识地选择了不同年龄段的被访谈者，其中有8名正在工作的20~35岁的青年、5位35~60岁的中年人、2位60岁以上的老年人。电话和视频访谈的优点是与被访谈者一对一交流，能深入了解被访谈者的想法，收集真实的数据。但是，缺点是耗时久、费精力、成本高且对调查者的访谈技巧有一定的要求。

四、调查数据统计分析

1. 您使用过抖音 App 吗？　　　　　　　　　　　　　　【单选题】【必答题】

选项	小计	比例
使用过	436	100%
没使用过	0	0%
本题有效填写人次	436	

分析：本次调查的方向是抖音用户使用行为和使用情况的分析，需要收集的是使用过抖音的用户的数据，因此，第一题先做一个问卷的有效性的统计。本次调查总共收集了 440 份问卷，其中有 4 人没有使用过抖音，因此，我提前剔除掉没使用过抖音的 4 份问卷，剩下的 436 份问卷为有效问卷（见附图 12）。

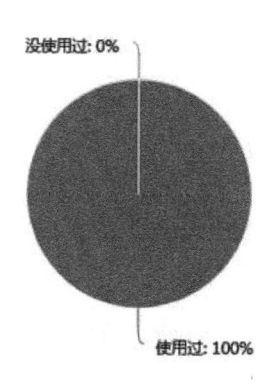

附图 12　使用抖音 App 的调查占比

2. 您的性别。　　　　　　　　　　　　　　　　　　　【单选题】【必答题】

选项	小计	比例
男	195	44.72%（见附图 13）
女	241	55.28%
本题有效填写人次	436	

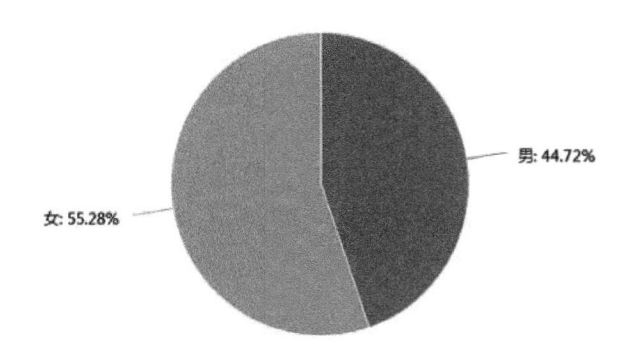

附图 13 填写调查问卷人员的性别占比

3. 您的年龄。 【单选题】【必答题】

选项	小计	比例
18 岁及以下	113	25.92%（见附图 14）
19~25 岁	145	33.26%
26~30 岁	120	27.52%
31 岁及以上	58	13.3%
本题有效填写人次	436	

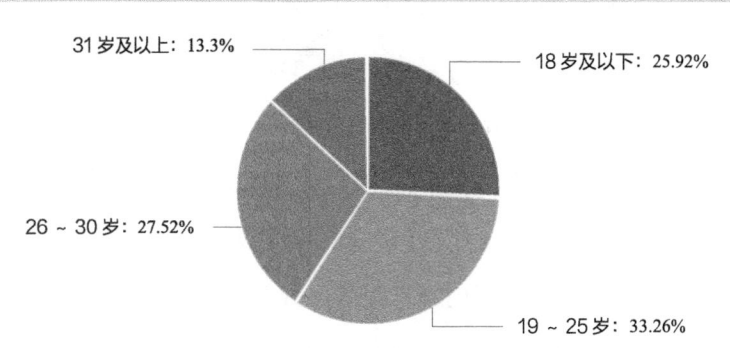

附图 14 填写调查问卷人员的年龄占比

4. 您的职业。　　　　　　　　　　　　　　　　　　　【单选题】【必答题】

选项	小计	比例
学生	143	32.8%（见附图 15）
企业职员	78	17.89%
个体职业者/自由职业者	30	6.88%
离（退）休人员/下岗人员/失业人员	0	0%
普通员工	101	23.17%
政府及事业单位职员	40	9.17%
其他	44	10.09%
本题有效填写人次	436	

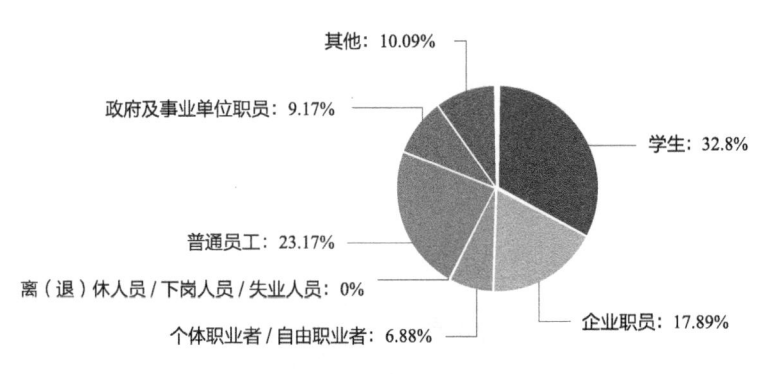

附图 15　填调查问卷人员的职业占比

分析：第二题、第三题和第四题是对被调查者基本信息的收集，以此可以分析出抖音用户的基本结构。由第二题可以看出，男性用户总体上略少于女性用户，但差距不大，男女比例较为平衡。由第三题可以看出，19~25 岁的青年在抖音用户中占比最大，大约为 1/3；其次是 26~30 岁的人群，再次是 18 岁以下的群体，这两者占比相差不大，均为 26% 左右；最后是 31 岁及以上群体，只占 13.4%。

结论：在我收集的样本中，25 岁及 25 岁以下的青少年用户占据 60% 多的份额，说明抖音用户群体的年轻化。从职业数据收集中可以看出，学生占比大约为1/3，其次是普通员工和企业职员，然后是其他、政府及事业单位职员，最后是个体职业者或自由职业者，调查样本中没有收集到离（退）休人员和下岗人员、失业人员的数据。通过以上3个问题的答案分析，我们已经得出了本次收集样本中抖音用户的年龄、职业和男女比例的大致结构。

5. 您使用抖音有多久了？　　　　　　　　　　　　　【单选题】【必答题】

选项	小计	比例
少于6个月	86	19.72%
6~12个月	85	19.55%
1~2年	127	29.13%
2~3年	79	18.07%
3年及以上	59	13.53%
本题有效填写人次	436	

6. 您使用抖音的频率。　　　　　　　　　　　　　　【单选题】【必答题】

选项	小计	比例
每天1次	124	28.44%（见附图16）
每天2次及以上	98	22.48%
每周1次	93	21.33%
每周2次及以上	48	11.01%
很少用	73	16.74%
本题有效填写人次	436	

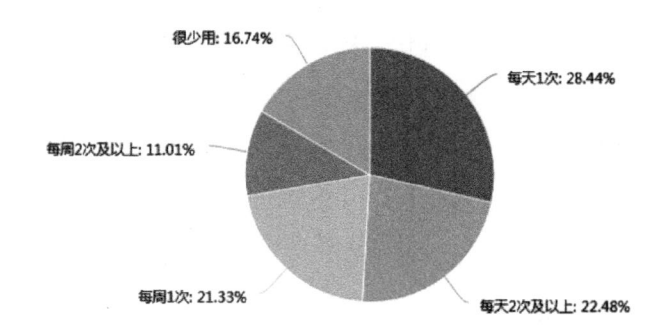

附图 16　填调查问卷人员使用抖音的频率占比

7. 您每天使用抖音的时长。　　　　　　　　　【单选题】【必答题】

选项	小计	比例
30 分钟以下	61	14.02%（见附图 17）
30~60 分钟	121	27.82%
1~2 小时	95	21.84%
2~3 小时	121	27.82%
3 小时及以上	38	8.51%
本题有效填写人次	436	

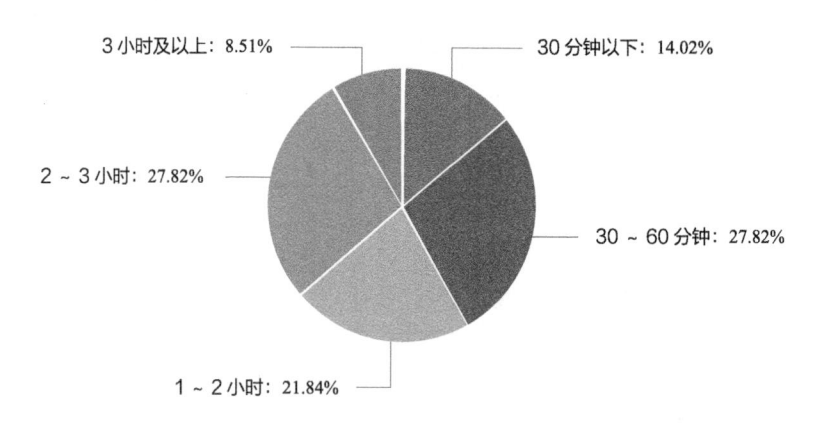

附图 17　填调查问卷人员每天使用抖音的时长占比

分析：调查问卷结果显示，超过半数的人每天都会使用抖音，16.74% 的人很少使用抖音，近 60% 的人每天使用抖音的时间超过 1 小时，8.51% 的人每天使用抖音的时间超过 3 小时；有 60% 的人使用抖音超过一年，有 13.5% 的用户使用抖音超过 3 年。

结论：抖音的日活跃用户占比超过半数，许多用户都是忠实用户，而且每日花在抖音的时间较长。可以看出，日活跃用户多，日使用时间长，是抖音这几年来保持市场份额、持续发展的重要原因。

计算：把抖音使用程度的 3 个指标分为 3 个等级相加取平均值，即将上述第五题、第六题、第七题中的 5 个选项按程度由浅到深从 1 到 5 进行计分。例如，第五题的 5 个选项中，少于 6 个月的计 1 分，多于 3 年的计 5 分；第六题的 5 个选项中，每天 2 次及以上的计 5 分，每天 1 次的计 4 分，每周 2 次及以上的计 3 分，每周 1 次的计 2 分，很少用的计 1 分；第七题的 5 个选项中，30 分钟以下的计 1 分，3 小时及以上的计 5 分。将用户的各分值相加取平均值，衡量用户抖音使用程度变量的标准是：1~2 是轻度，2~3.5 是中度，3.5 及以上是重度。

结果：我在 Excel 中对每个用户的使用程度进行了具体的计算，其中用户使用程度的最大值为 5，最小值为 1，平均数为 2.98，中位数为 3，众数为 3，标准差为 0.82（见附表 1）。根据上述抖音使用程度划分标准，轻度的人数为 40 人，中度的人数为 283 人，重度的人数为 113 人（见附表 2）。

结论：此计算结果表明，大部分人使用抖音的程度是中度，其次是重度，最后是轻度，这表示超过半数的抖音用户的使用程度为中度，大约 1/4 的抖音用户的使用程度为重度，只有不到 10% 的抖音用户使用程度为轻度。这说明抖音的使用程度呈现为中度偏深，这对于抖音来说是一件好事，但对于用户而言需要敲响警钟。

附表 1　抖音使用程度

	平均数	中位数	众数	最小值	最大值	标准差
使用程度	2.98	3	3	1	5	0.82

附表2　调研结果（抖音使用程度人数占比）

	频率	百分比
轻度	40	9.18%
中度	283	64.9%
重度	113	25.92%

8. 您一般什么时候使用抖音。　　　　　　　　【多选题】【必答题】

选项	小计	比例
早上一起来	28	6.42%（见附图18）
上课时间/上班时间	26	5.96%
吃饭时间	224	51.38%
无聊时间	311	71.33%
如厕时间	176	40.37%
睡觉前	234	53.67%
其他时间段	8	1.83%
本题有效填写人次	436	

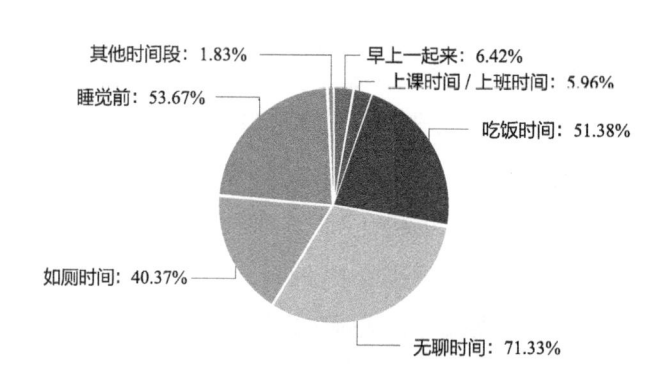

附图18　使用抖音时间的调查占比

分析：第八题是多选题，主要用于分析抖音用户何时使用抖音最多。从附图18中可以看出，超过70%的用户在无聊时会使用抖音，睡觉前和吃饭时间使用抖音的人群占比都超过了50%，如厕时间使用抖音的人群占比超过40%，早上一起来和上班时间/上课时间使用抖音的人群占比都是 6% 左右，其他时间段使用抖音的人群占比为 1.83%。

结论：大部分的被调查者都有时间管理意识，大多数被调查者均在空闲时间使用抖音，如在无聊时间、吃饭时间、如厕时间及睡觉前才使用，而在上课时间/上班时间的非娱乐时间内使用抖音的人只为少数。

9.您主要使用抖音做什么？ 【多选题】【必答题】

选项	小计	比例
展现自我	191	43.81%（见附图19）
记录生活	46	10.55%
消遣娱乐	143	32.8%
信息搜集	60	13.76%
技能学习	81	18.58%
关注抖音"红人"	191	43.81%
追星	95	21.79%
关注热点	84	19.27%
听音乐	190	43.58%
本题有效填写人次	436	

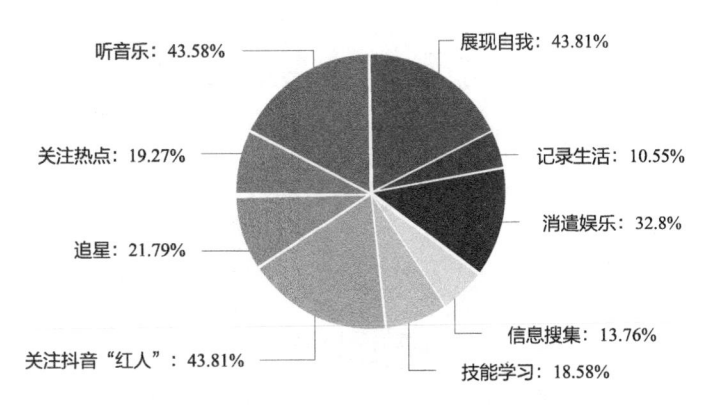

附图19 使用抖音的用途

分析：抖音用户在使用抖音时，用于展现自我、关注抖音"红人"和听音乐的用途占比均为43%多，用于消遣娱乐的用途占比是32.8%，用于追星、技能学习和关注热点的用途占比均为20%左右，用于记录生活和信息收集的用途占比均超过10%，如附图19所示。

结论：尽管用户使用抖音的用途多种多样，但最主要的用途仍是展现自我、关注抖音"红人"和听音乐，这说明抖音用户使用抖音的用途存在共性，这些普遍的用途应是抖音在开发过程中最应该注重的部分。

10.您认为最吸引您的抖音视频内容是什么？ 【多选题】【必答题】

选项	小计	比例
话题挑战类	66	15.14%（见附图20）
生活技能类	92	21.1%
风景旅游类	85	19.5%
高颜值类	177	40.6%
日常生活类	167	38.3%
萌娃、萌宠类	266	61.01%
明星类	105	24.08%
美食类	167	38.3%
美妆时尚类	91	20.87%
本题有效填写人次	436	

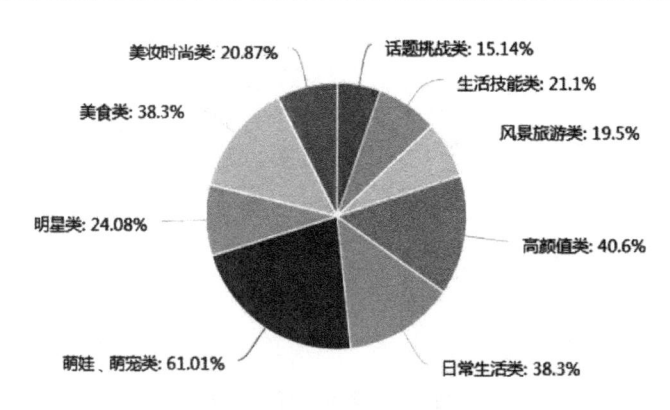

附图20 抖音用户关注的视频内容

分析：抖音用户关注的视频内容种类繁多，但有 61.01% 的用户喜欢观看萌娃、萌宠类视频，这说明抖音用户关注的视频内容存在一定的共性；其余视频内容按照用户关注的比例从高到低分别为高颜值类、美食类、日常生活类、明星类、生活技能类、美妆时尚类、风景旅游类、话题挑战类，其中高颜值类占比 40.6%，话题挑战类仅占比 15.14%。

结论：用户拥有共性的特征，可以让抖音在内容推送时先大范围推送萌娃、萌宠类视频，然后再根据用户个人的喜好推送符合其兴趣爱好的个性化视频内容。

11. 下列是抖音 App 的特点，请选择您认同的选项。【多选题】【必答题】

选项	小计	比例
抖音 App 图标新颖	157	36.01%（见附图 21）
抖音 App 的界面简洁，便于操作	266	61.01%
抖音 App 的版面设计独特	251	57.57%
抖音 App 的拍摄效果好	123	28.21%
我向平台反馈的问题可以得到及时的解决	72	16.51%
广告少	92	21.1%
占用内存少	9	2.06%
本题有效填写人次	436	

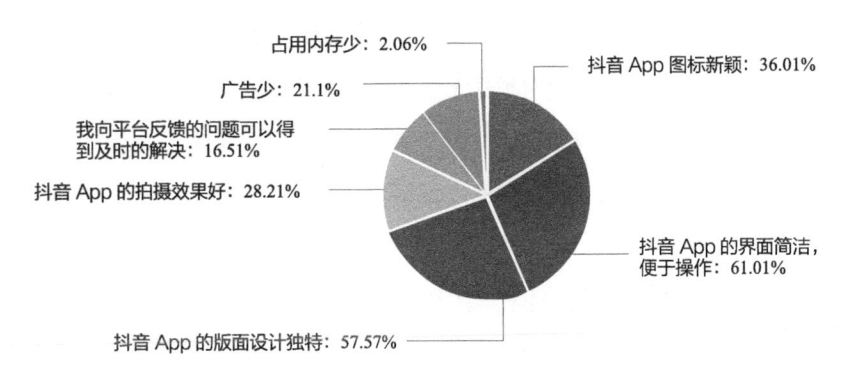

附图 21　抖音 App 的特点

分析：在用户对抖音各功能特点认同度的调查中，认同度最高的特点为抖音App的界面简洁，便于操作，占比61.01%；其次是抖音App的版面设计独特的认同度，占比57.57%；其余特点的认同度从高到低依次为抖音App图标新颖、抖音App的拍摄效果好、广告少、我向平台反馈的问题可以得到及时的解决、占用内存少。

结论：抖音在App的界面简洁和版面设计独特这两个特点上获得的认同度较高，这是抖音应该继续保持和维护的特点，而在其他方面，如占用内存、问题解决和广告上，应该做出提升和改变。

12. 您对于抖音以下指标的满意程度。　　　　　　【矩阵单选题】【必答题】

题目＼选项	很不满意	不满意	一般	满意	很满意
内容的丰富性	5(1.15%)	7(1.61%)	44(10.09%)	264(60.55%)	116(26.61%)
播放与切换视频的流畅度	4(0.92%)	10(2.29%)	45(10.32%)	275(63.07%)	102(23.39%)
拍摄的易用性	3(0.69%)	9(2.07%)	43(9.89%)	291(66.9%)	89(20.46%)
视频的上传速度	3(0.69%)	11(2.54%)	65(15.01%)	260(60.05%)	94(21.71%)
分享的快捷多样性	5(1.15%)	9(2.06%)	77(17.66%)	247(56.65%)	98(22.48%)
音乐的丰富性	6(1.38%)	9(2.07%)	62(14.25%)	261(60%)	97(22.3%)

分析：如附图22所示，抖音的6个关键指标，每个指标都有超过20%的人感到很满意；除了分享的快捷多样性的满意程度为56.65%的人感到满意以外，其他的5个指标都是超过60%的人感到满意；对指标感到很不满意的程度，6个指标中，最高的只有1.38%，最低的仅有0.69%；对指标感到不满意的程度，6个指标基本都在2%左右；对指标感到一般的程度，6个指标的数值都在9%~18%之间。总的来说，绝大部分人都对抖音的各项指标感到满意，只有少部分人感到不满意或感觉一般。其中，满意指标最高的是内容的丰富性、最低的是分享的快捷多样性。

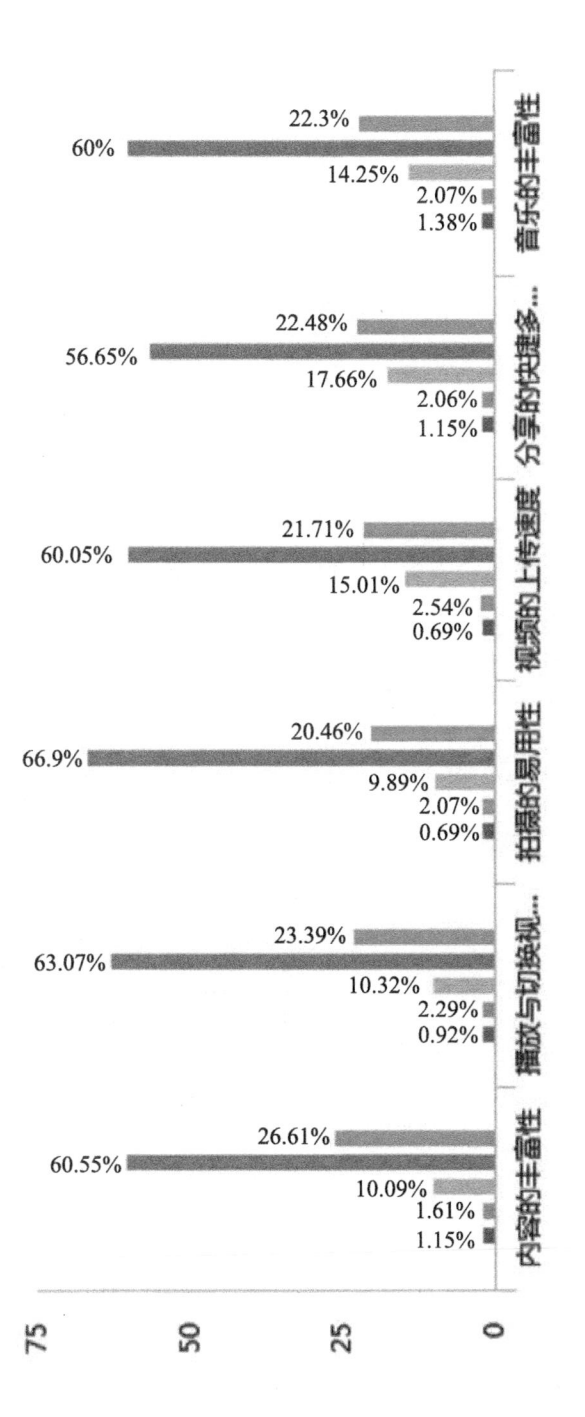

附图 22 抖音关键指标的满意度

结论：抖音可以根据用户对抖音各项指标的满意程度，对满意程度高的指标进行保持和维护，对满意程度低的指标进行改进和开发。目前，抖音各项指标的满意程度都较高，总体接近于很满意，说明抖音在各指标的开发上都让人满意。抖音应该保持这些指标，并且根据用户的喜好程度和认同程度有针对性地进行改进。

计算：对抖音指标的满意程度的5个等级做一个分析计算，来判断用户对抖音指标的满意程度，即将"很不满意""不满意""一般""满意""很满意"的5个等级从1到5进行计分。将各个指标的满意等级相加取平均值，作为用户满意程度的分值。衡量标准为：1~1.8分为"很不满意"，1.8~2.6分为"不满意"，2.6~3.4分为"一般"，3.4~4.2分为"满意"，4.2~5分为"很满意"。

我在excel中对每个指标的满意程度进行了具体的计算，具体值如附表3所示。没有指标符合很满意的标准，但所有指标都符合满意的标准。

附表3　抖音关键指标满意度分值

	平均数	最大值	最小值	众数	中位数	标准差
内容的丰富性	4.1	5	1	4	4	0.73
播放与切换视频的流畅度	4.06	5	1	4	4	0.71
拍摄的易用性	4.04	5	1	4	4	0.68
视频的上传速度	3.98	5	1	4	4	0.75
分享的快捷多样性	3.97	5	1	4	4	0.77
音乐的丰富性	3.99	5	1	4	4	0.76

13. 关于下列说法，您的同意程度如何。　　　　【矩阵单选题】【必答题】

题目\选项	很不同意	不同意	一般	同意	很同意
使用抖音可以让我在无聊的时候打发时间	3(0.69%)	6(1.38%)	34(7.82%)	261(60%)	131(30.11%)
使用抖音可以缓解生活压力	3(0.69%)	14(3.23%)	72(16.59%)	254(58.53%)	91(20.97%)
我觉得观看和拍摄视频特别有趣	1(0.23%)	12(2.76%)	54(12.44%)	259(59.68%)	108(24.88%)

分析：如图23所示，对于抖音带给用户的影响，上述3个影响因素选择"很同意"的都超过了20%，最高达到30.11%，选择"同意"的都在59%左右，选择"很不同意"的都不超过1%，选择"不同意"的都不超过4%，选择"一般"的在7%~17%之间。总的来说，绝大部分人都认同这3个影响因素，即都认同上述3个因素对自己产生了影响，只有少部分人认为没有影响。其中，同意程度最高的是"使用抖音可以让我在无聊的时候打发时间"，同意程度最低的是"使用抖音可以缓解生活压力"。

结论：抖音用户在使用抖音时产生的感受具有共性，与前几题中的用户使用目的和每日使用时间的导向相匹配。抖音在进行算法的改进时可以借鉴用户同意程度的指标，根据用户痛点解决问题。

计算：对抖音给用户带来的影响的同意程度做分析计算，来判断抖音给用户带来的影响的程度，即将"很不同意""不同意""一般""同意""很同意"5个等级从1到5进行计分。将各个指标的同意等级相加取平均值，作为用户同意程度的分值。衡量标准为：1~1.8分为"很不同意"，1.8~2.6分为"不同意"，2.6~3.4分为"一般"，3.4~4.2分为"同意"，4.2~5分为"很同意"。

我在excel中对每个指标的同意程度进行了具体的计算，具体值如附表4所示。没有指标符合"很同意"的标准，但所有指标都符合"同意"的标准。

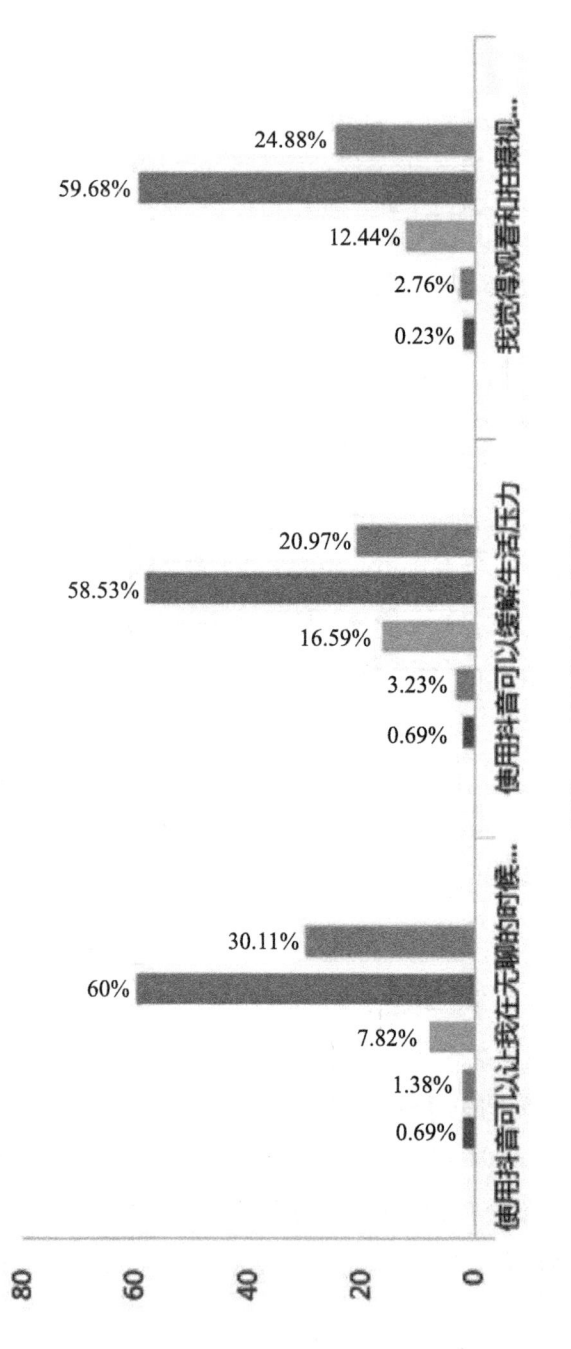

新商科背景下课程思政建设内涵与方法探索

附图 23 抖音带给用户的影响

附表4 抖音带给用户的影响的同意程度分值

	平均数	最大值	最小值	众数	中位数	标准差
使用抖音可以让我在无聊的时候打发时间	4.17	5	1	4	4	0.69
使用抖音可以缓解生活压力	3.95	5	1	4	4	0.76
我觉得观看和拍摄视频特别有趣	4.05	5	1	4	4	0.72

14. 关于下列说法，您的同意程度如何。　　　　【矩阵单选题】【必答题】

题目\选项	很不同意	不同意	一般	同意	很同意
使用抖音让我可以结交一些新朋友	12(2.76%)	10(2.3%)	105(24.14%)	121(27.82%)	187(42.99%)
使用抖音帮我维系已有朋友的联系	5(1.15%)	15(3.45%)	88(20.23%)	233(53.56%)	94(21.61%)
通过使用抖音，我认为社交是一件轻松的事情	9(2.07%)	23(5.29%)	74(17.01%)	232(53.33%)	97(22.3%)

分析：如附图24所示，对于抖音对社交的影响，上述3个影响因素选择"很同意"的都超过了20%，最高达到42.99%，选择"同意"的都在27%以上，选择"很不同意"的最高不超过3%，选择"不同意"的最高不超过6%，选择"一般"的在17%~25%之间。总的来说，绝大部分人都对这3个影响因素很认同，即都认同3个因素对自己产生了影响，只有少部分人认为没有影响。其中，同意程度最高的是"使用抖音让我可以结交一些新朋友"，同意程度最低的是"通过使用抖音，我认为社交是一件轻松的事情"。

结论：抖音在用户社交中产生了一些积极影响，抖音可以在宣传时着重介绍这些积极影响，让潜在用户对其产生兴趣。

计算：计算方式与衡量标准与上题一样。没有指标符合"很同意"的标准，但所有指标都符合"同意"的标准，具体数值如附表5所示。

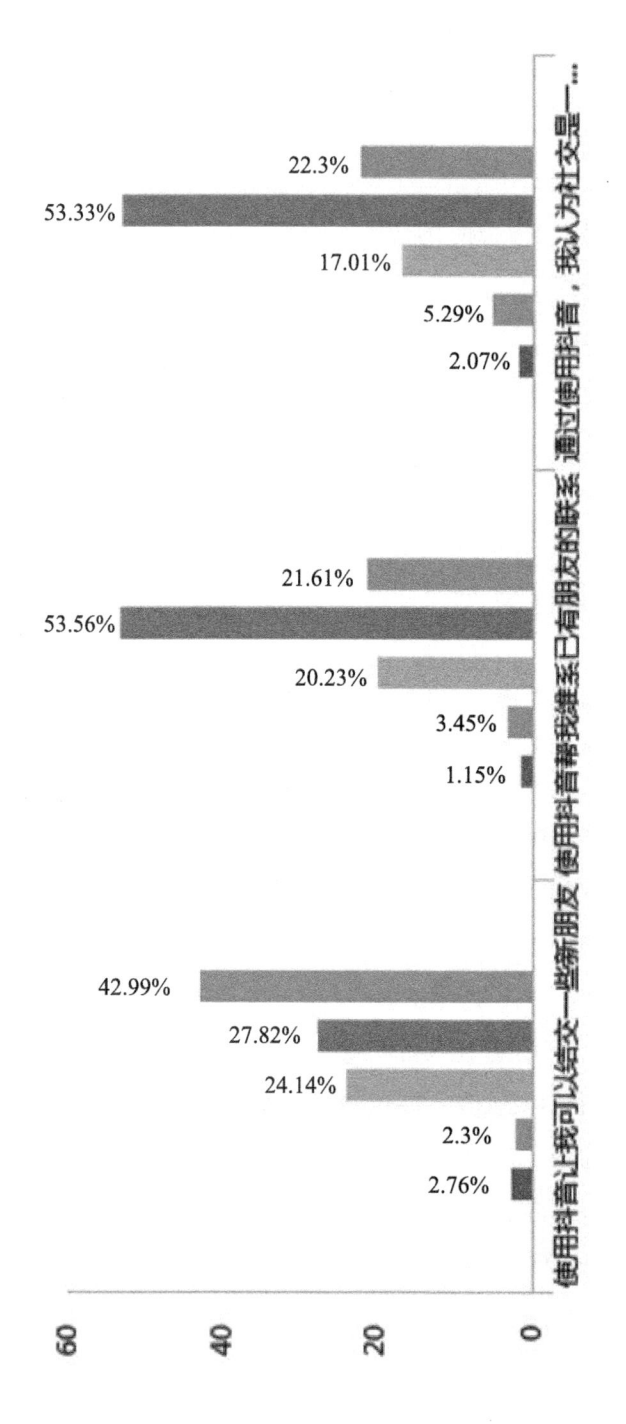

附图 24 抖音对社交的影响

附表5　抖音对社交影响的同意程度分值

	平均数	最大值	最小值	众数	中位数	标准差
使用抖音让我可以结交一些新朋友	4.06	5	1	5	4	1.01
使用抖音帮我维系已有朋友的联系	3.91	5	1	4	4	0.81
通过使用抖音，我认为社交是一件轻松的事情	3.88	5	1	4	4	0.89

15. 关于下列说法，您的同意程度如何。　　　　【矩阵单选题】【必答题】

题目\选项	很不同意	不同意	一般	同意	很同意
使用抖音让我浪费了太多时间	5(1.15%)	16(3.67%)	56(12.84%)	275(63.07%)	84(19.27%)
使用抖音分散了我的注意力	9(2.06%)	11(2.52%)	81(18.58%)	127(29.13%)	208(47.71%)
使用抖音影响了我的独立思考能力	7(1.61%)	23(5.28%)	59(13.53%)	248(56.88%)	99(22.71%)
使用抖音会让我不理智消费	14(3.21%)	26(5.96%)	82(18.81%)	223(51.15%)	91(20.87%)

分析：如附图25所示，对于上述的负面影响，每个影响因素选择"很同意"的都超过了19%，最高达到47.71%，选择"同意"的都在29%以上，选择"很不同意"的最高不超过4%，选择"不同意"的最高不超过6%，选择"一般"的在12%~19%之间。总的来说，绝大部分人都认同这4个影响因素，即都认同4个因素对自己产生了影响，只有少部分人认为没有影响。其中，同意程度最高的是"使用抖音分散了我的注意力"，同意程度最低的是"使用抖音会让我不理智消费"。

结论：这是抖音的消极影响，与积极影响类似，也获得了大部分用户的认同，尤其是使用抖音分散了注意力这一影响，非常接近"很同意"的标准。抖音需要

附图 25 抖音的负面影响

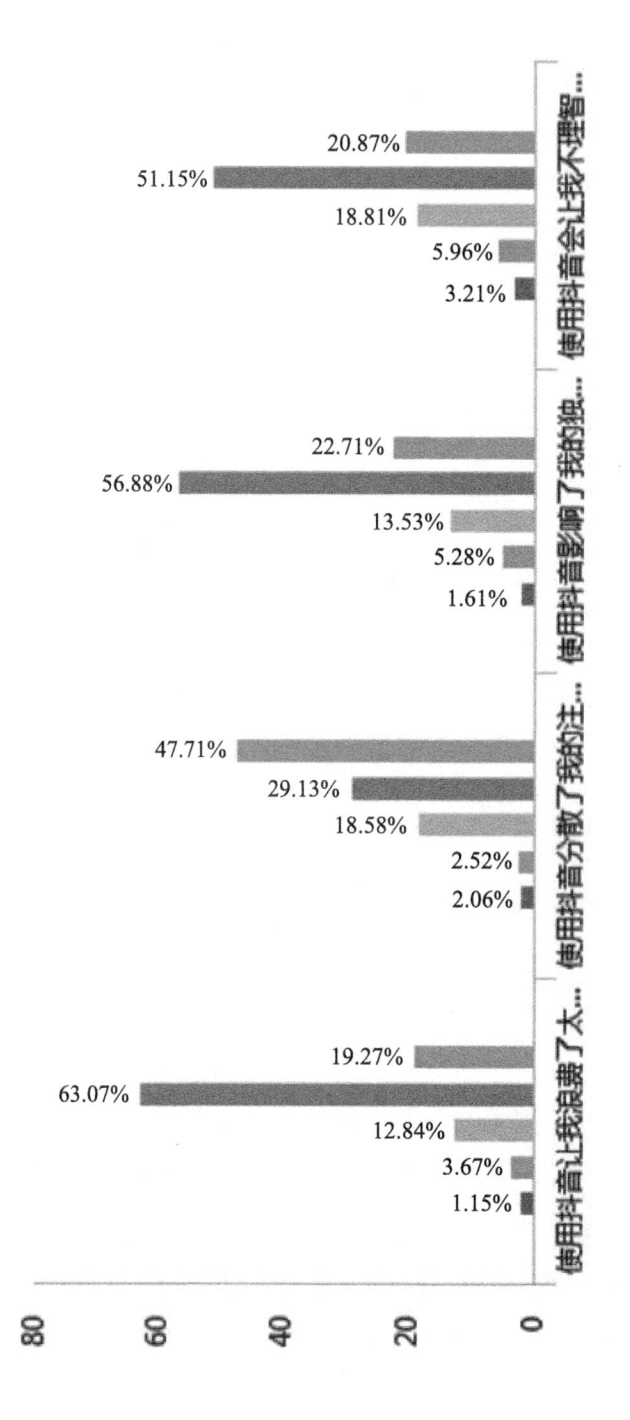

对这些消极影响采取一些措施，避免流失客户。比如，如何减少用户注意力分散程度，如何让用户理智消费，如何让抖音产生的积极影响大于其产生的消极影响。

计算：计算方式与衡量标准与上题一样，没有指标符合"很同意"的标准，但所有指标都符合"同意"的标准，具体数值如附表6所示。

附表6 抖音负面影响的同意程度分值

	平均数	最大值	最小值	众数	中位数	标准差
使用抖音让我浪费了太多时间	3.95	5	1	4	4	0.76
使用抖音分散了我的注意力	4.18	5	1	5	4	0.96
使用抖音影响了我的独立思考能力	3.94	5	1	4	4	0.85
使用抖音会让我不理智消费	3.81	5	1	4	4	0.94

16. 关于下列说法，您的同意程度如何。【矩阵单选题】【必答题】

题目\选项	很不同意	不同意	一般	同意	很同意
总的来说，抖音满足了我使用的基本需求	4(0.92%)	11(2.52%)	59(13.53%)	267(61.24%)	95(21.79%)
总的来说，抖音提高了我的学习、工作和生活质量	8(1.83%)	19(4.36%)	76(17.43%)	232(53.21%)	101(23.17%)
我感觉抖音是我生活的一部分，已经离不开了	15(3.44%)	23(5.28%)	101(23.17%)	117(26.83%)	180(41.28%)

分析：如附图26所示，对于上述说法，每个说法选择"很同意"的都超过了20%，最高达到41.28%，每个说法选择"同意"的都在26%以上，每个说法都选择"很不同意"的最高不超过4%，每个说法都选择"不同意"的最高不超过6%，每个说法选择"一般"的在13%~24%之间。总的来说，绝大部分人都认同上述3个说法，即都认同3个因素对自己产生了影响，只有少部分

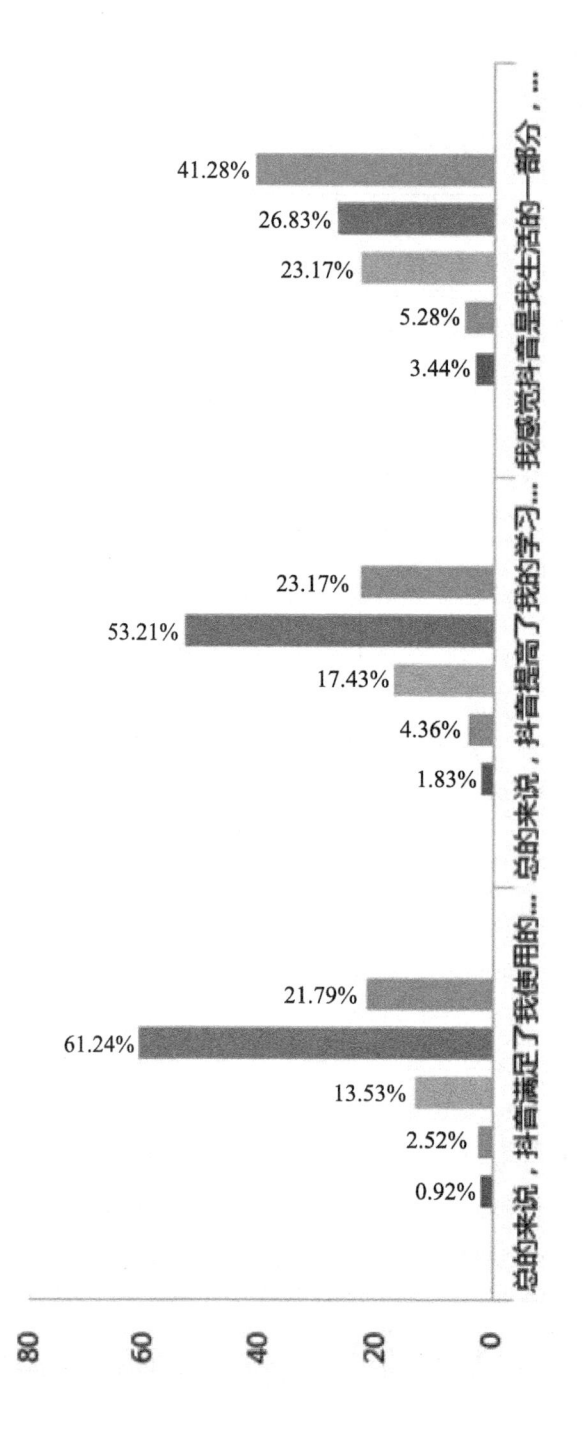

新商科背景下课程思政建设内涵与方法探索

附图26 用户使用抖音的总体满意度

人认为没有影响。其中，同意程度最高的是"总的来说，抖音满足了我使用的基本需求"，同意程度最低的是"总的来说，抖音提高了我的学习、工作和生活质量"。

结论：这是用户使用抖音的总体满意程度和感受，可以看出，抖音让大部分用户感到满意，并且认为抖音是自己生活的一部分，这说明抖音在功能的开发上做得很好，拥有大批忠实用户。

计算：计算方式与衡量标准与上题一样，没有指标符合"很同意"的标准，但所有指标都符合"同意"的标准，具体数值如附表 7 所示。

附表 7　用户使用抖音的总体满意度的同意程度分值

	平均数	最大值	最小值	众数	中位数	标准差
总的来说，抖音满足了我使用的基本需求	4.0	5	1	4	4	0.73
总的来说，抖音提高了我的学习、工作和生活质量	3.92	5	1	4	4	0.86
我感觉抖音是我生活的一部分，已经离不开了	3.97	5	1	5	4	1.08

17. 关于下列说法，您的同意程度如何。　　【矩阵单选题】【必答题】

题目\选项	很不同意	不同意	一般	同意	很同意
将来我会继续使用抖音	4(0.92%)	11(2.52%)	63(14.45%)	268(61.47%)	90(20.64%)
将来我会经常使用抖音	10(2.29%)	15(3.44%)	63(14.45%)	257(58.94%)	91(20.87%)
我会向朋友推荐抖音	9(2.06%)	16(3.67%)	75(17.2%)	210(48.17%)	126(28.9%)

分析：如附图 27 所示，对于上述 3 个说法，每个说法选择"很同意"的都超过了 20%，最高达到 28.9%，每个说法选择"同意"的都在 48% 以上，每个说法都选择"很不同意"的最高不超过 3%，每个说法都选择"不同意"的

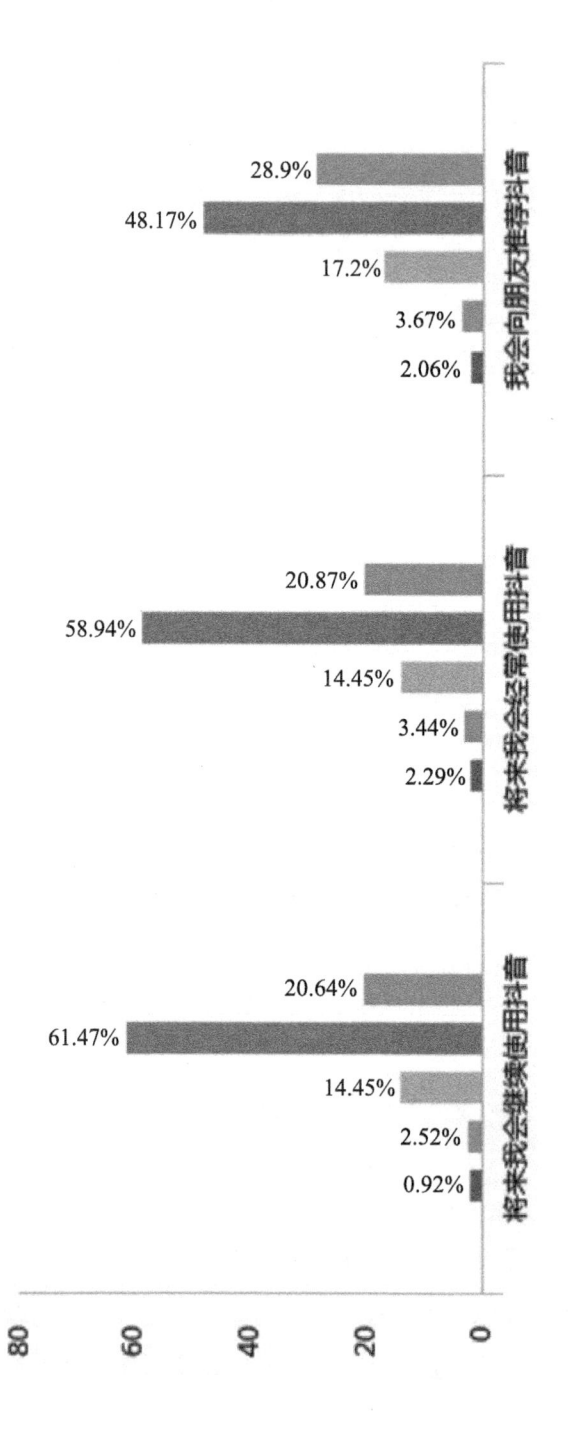

附图 27 抖音用户的忠诚度

最高不超过4%,每个说法都选择"一般"的在14%~18%之间。绝大部分人都认同上述3个说法。其中,同意程度最高的是"将来我会继续使用抖音"和"我会向朋友推荐抖音",同意程度最低的是"将来我会经常使用抖音"。

结论:最后一题是衡量用户的忠诚度的,结果表明有绝大部分用户将会持续使用抖音,这说明抖音用户的忠诚度较高,抖音将来的日活跃用户不会有剧烈的波动。

计算:计算方式与衡量标准与上题一样,没有指标符合"很同意"的标准,但所有指标都符合"同意"的标准,具体数值如附表8所示。

附表8 抖音用户忠诚度的同意程度分值

	平均数	最大值	最小值	众数	中位数	标准差
将来我会继续使用抖音	3.98	5	1	4	4	0.73
将来我会经常使用抖音	3.93	5	1	4	4	0.83
我会向朋友推荐抖音	3.98	5	1	4	4	0.89

五、访谈结果分析

(一)访谈对象的基本信息

访谈对象的基本信息见附表9。

附表9 访谈对象的基本信息

	访谈方法	性别	年龄	职业	学历	收入(生活费、退休金)	婚恋情况
BFH	面对面,集体访谈	男	19	河北师大在读学生	本科在读	2000元	恋爱
YY	面对面,集体访谈	女	21	河北师大在读学生	本科在读	1500元	单身

续表

	访谈方法	性别	年龄	职业	学历	收入（生活费、退休金）	婚恋情况
LTY	面对面，集体访谈	女	20	河北师大在读学生	本科在读	1500元	单身
GYD	面对面，集体访谈	女	18	河北师大在读学生	本科在读	1500元	单身
MSQ	面对面，集体访谈	男	22	河北师大在读学生	本科在读	1800元	恋爱
LH	视频访谈	女	49	公务员	中专	10000元	已婚
LCC	电话访谈	男	51	公务员	中专	10000元	已婚
LMT	电话访谈	男	75	退休教师	中专	7000元	已婚
ZJX	视频访谈	女	73	退休教师	中专	7000元	已婚
LHF	电话访谈	男	25	普通职员	本科	4000元	单身
LL	电话访谈	女	47	企业职员	本科	20000元	已婚
LQS	视频访谈	男	29	企业职员	本科	8000元	恋爱
LDJ	视频访谈	男	27	普通职员	中专	6000元	已婚
HDY	视频访谈	女	21	普通员工	中专	3000元	恋爱
LZX	电话访谈	女	28	企业职员	本科	8000元	恋爱
LSR	视频访谈	女	32	公务员	研究生	10000元	单身
TY	视频访谈	女	32	企业职员	研究生	8000元	单身
WJH	视频访谈	女	40	无业	中专	10000元	已婚
XXY	视频访谈	男	32	设计师	本科	8000元	离异
LKY	视频访谈	女	50	自由职业	研究生	20000元	已婚

（二）访谈结果收集

1. 使用抖音的频率和领域。

① 年轻人使用抖音的频率高，一周 2 次及以上，喜欢看高颜值类、生活类、搞笑类的内容。

② 中老年人使用抖音的频率较低，平均一周一次，喜欢看同龄人的模仿秀、同龄人的生活等内容。

2. 使用抖音的原因。

① 大部分人认为抖音让他们感到快乐。

② 大部分人认为使用抖音可以让自我放松，是一种休闲的好方式。

③ 大部人人认为使用抖音可以打发时间，抖音是一种娱乐消遣。

3. 抖音对生活的影响。

① 大部分人认为生活不那么无聊了，获得了很多乐趣，感到快乐。

② 年轻人，尤其是自制力较低的学生，认为抖音让自己耗费了很多时间，分散了注意力，感到困扰。

③ 年轻人认为，使用抖音获得了有用的资料和信息，提高了效率。

④ 中老年人认为抖音对生活没什么影响，偶尔使用。

4. 对抖音的依赖程度。

① 年轻人，尤其是学生和工作不忙的上班族，对抖音的依赖程度较高，认为自己是忠实用户。

② 中老年人，每天上网时间不多，普遍对抖音的依赖程度较低。

5. 对抖音的建议。

① 年轻人大多对抖音提出了自己的建议，比如推送内容更多样化等。

② 中老年人普遍希望抖音的使用功能更加简单。

（三）访谈结果分析

1. 年轻人使用抖音的频率较高，是抖音的忠实用户，对抖音感到满意，但也认为抖音给自己带来了不利影响，对此感到困扰。

2. 中老年人使用抖音的频率一般偏低，不是忠实用户，对抖音感到满意，并且认为抖音给自己带来的正面作用大于负面作用。

六、结论

（一）抖音用户的群体特征

1. 男女比例大致平衡。

2. 年纪为 18 岁以下及 19~25 岁的青少年在抖音的用户群体中占大部分比例，31 岁以上人群占比仅为 13%，表明了抖音用户的年轻化。

3. 学生比例仅为 32%，其余均为已经上班的用户，说明抖音的年轻用户并非全为学生。

（二）抖音用户的使用情况分析

1. 抖音用户的使用程度中，约有 1/4 用户的使用程度为重度，超过半数的用户的使用程度为中度，只有不到 10% 的用户的使用程度为轻度。这说明抖音在保持用户这一方面做得非常好，让用户产生了依赖性，成就了抖音超过 6 亿日活跃用户的壮举。未来，抖音可能将持续保持日活跃用户数量，持续稳固自己"国民软件"的地位。

2. 抖音用户仍有时间管理意识，大部分用户选择在空闲时间使用抖音。抖音的使用用途丰富多样，其中展现自我、关注抖音"红人"和听音乐是共同用途。抖音用户关注的视频内容种类繁多，但用户的关注也具有共性，比如萌娃、萌宠类的视频内容占比超过半数。

（三）抖音用户对抖音的态度、认同度及满意度

1. 抖音各功能特点的认同度都较高。

2. 抖音各指标的满意程度都较高，说明抖音大体上是让用户满意的。抖音应该继续保持满意程度较高的指标，对满意程度较低的指标进行改进。

3. 抖音对用户产生了许多影响，这些影响有正面的也有负面的。抖音应该分别对给用户产生积极影响和消极影响的因素进行分析，了解这些影响背后的

具体动机。抖音要对产生积极影响的因素进行拓展，开发其他功能；要对产生消极影响的因素进行削弱，避免给用户带来过多消极影响，降低用户好感度，导致用户流失或风评下降。抖音作为一个"国民软件"，应该更多地发挥正面效应，给予用户正面引导。

七、营销启示及建议

（一）启示

抖音作为短视频行业的龙头软件，坐拥数亿用户，在海外市场也风生水起，这背后是抖音功能开发及营销活动的成功。短视频行业有许多品牌，但只有抖音获得了如此令人惊讶的成绩。一个品牌要精准认识到自己的定位、剖析清楚用户的使用心理、采取正确的营销活动，才能脱颖而出。

抖音在爆火之后没有盲目地开发功能，这让它维持住了原有的用户群体；然后，抖音再经过用户调研和市场分析，迎合已有用户开发功能，进一步使得忠诚用户的数量增加。此外，抖音还采取了一系列营销活动，比如赞助春晚及其他公共活动，进一步扩大了品牌的知名度。互联网时代营销做得好不好，很大程度上能决定一个品牌的命运，而抖音的宣传和营销是非常值得我们学习的。

（二）建议

1.抖音要精准把握用户心理，采取有效措施降低负面影响。短视频之所以爆火就是因为短视频能让人沉迷，达到"上瘾"状态，这对抖音提高日活跃用户和日使用时间有利，但可能会影响用户的正常生活。当用户在短暂沉迷抖音意识到自己的生活偏离正轨之后，可能会做出卸载抖音的决策。如今，越来越多的用户已经意识到这一现象，想要远离抖音。因此，抖音不能一味让用户沉迷，而是要采取措施防止用户过度沉迷，这才是抖音的长久发展之计。

2.抖音开发新功能要体现简洁的原则，要吸引中老年用户。尽管抖音的用户大部分是年轻人，但年轻人对新功能的接受程度较高，因此，抖音真正应该在意的是对新功能掌握、熟悉程度较慢的中老年群体。抖音在年轻人中已经成为潮流，拥有了品牌效应，所以不需要担心年轻人市场，如何吸引中老年用户才是抖音需要考虑的方向。

3. 抖音要尽可能地推出多样化和个性化的服务。抖音的主要功能是浏览短视频，如何把浏览短视频这个功能做到更多样化和更个性化，如何让短视频更加吸引用户，如何针对每个用户不同的需求开发个性功能，也是抖音需要努力的方向。

八、心得体会

这次对抖音用户使用行为的分析调查，是一个有趣、新鲜、有意思的任务，也是一个有困难、有挑战、有难度的任务。之所以选择抖音，也是觉得抖音对我的日常生活产生了很大的影响，因此，我对抖音是否也让其他用户的生活受到影响产生了兴趣。

这一次调查，我采取的方式比较简单，仅运用了调查问卷和访谈方法，但通过这次调查，我熟练掌握了这两种方法的运用，包括在对调查问卷结果的分析上，我运用了课上学到的方法，对问卷结果进行了简单的计算分析，这是我收获最大的部分。受时间限制，本次分析没有采用更难、更复杂的计算方法，但已经让我收获颇多了。通过这次的调查掌握了这部分知识内容，对我今后的学习和工作都具有非常深远的积极意义。

附 录

附录一：问卷调查表

以下是关于抖音 App 用户的使用行为调查问卷。

您好，我是市场营销系的一名学生，想要通过本问卷了解抖音 App 的用户使用行为。本问卷是一份学术研究型问卷，答案没有"对"与"错"之分，您只需要根据实际情况作答即可。

本问卷采用匿名方式发放、填写、回收，您填写的全部信息仅作为学术研究数据，不会泄露给第三方，同时也不会对您个人产生任何影响，请放心填写。您的真实回答对研究非常重要，感谢您在百忙之中抽空填写此问卷，祝您身体健康！

1. 您使用过抖音 App 吗？　　　　　　　　　　　【单选题】【必答题】

   A. 使用过　　　　　　　　B. 没使用过

2. 您的性别。　　　　　　　　　　　　　　　　【单选题】【必答题】

   A. 男　　　　　　　　　　B. 女

3. 您的年龄。　　　　　　　　　　　　　　　　【单选题】【必答题】

   A.18 岁及以下　　B.19~25 岁　　C.26~30 岁　　　　D.31 岁及以上

4. 您的职业。　　　　　　　　　　　　　　　　【单选题】【必答题】

A. 学生　　　　　　　　　　B. 企业职员

C. 个体职业者/自由职业者　　D. 离（退）休人员/下岗人员/失业人员

E. 普通员工　　　　　　　　F. 政府及事业单位职员

G. 其他

5. 您使用抖音有多久了？　　　　　　　　　　　【单选题】【必答题】

A. 少于 6 个月　　　　　　　B. 6~12 个月

C. 1~2 年　　　　　　　　　D. 2~3 年

E. 3 年及以上

6. 您使用抖音的频率。　　　　　　　　　　　　【单选题】【必答题】

A. 每天 1 次　　　　　　　　B. 每天 2 次及以上

C. 每周 1 次　　　　　　　　D. 每周 2 次及以上

E. 很少用

7. 您每天使用抖音的时长。　　　　　　　　　　【单选题】【必答题】

A. 30 分钟以下　　　　　　　B. 30~60 分钟

C. 1~2 小时　　　　　　　　D. 2~3 小时

E. 3 小时及以上

8. 您一般什么时候使用抖音。　　　　　　　　　【多选题】【必答题】

A. 早上一起来　　　　　　　B. 上课时间/上班时间

C. 吃饭时间　　　　　　　　D. 无聊时间

E. 如厕时间　　　　　　　　F. 睡觉前

G. 其他时间段

9. 您主要使用抖音做什么？　　　　　　　　　　【多选题】【必答题】

A. 展现自我　　　　　　　　B. 记录生活

C. 消遣娱乐　　　　　　　　D. 信息搜集

E. 技能学习　　　　　　　　F. 关注抖音"红人"

G. 追星　　　　　　　　　　　H. 关注热点

I. 听音乐

10. 您认为最吸引您的抖音视频内容是什么？　　【多选题】【必答题】

A. 话题挑战类　　　　　　　　B. 生活技能类

C. 风景旅游类　　　　　　　　D. 高颜值类

E. 日常生活类　　　　　　　　F. 萌娃、萌宠类

G. 明星类　　　　　　　　　　H. 美食类

I. 美妆时尚类

11. 下列是抖音 App 的特点，请选择您认同的选项。【多选题】【必答题】

A. 抖音 App 图标新颖

B. 抖音 App 的界面简洁，便于操作

C. 抖音 App 的版面设计独特

D. 抖音 App 的拍摄效果好

E. 我向平台反馈的问题可以得到及时的解决

F. 广告少

G. 占用内存少

12. 您对于抖音以下指标的满意程度。　　　　【矩阵单选题】【必答题】

	很不满意	不满意	一般	满意	很满意
内容的丰富性					
播放与切换视频的流畅度					
拍摄的易用性					
视频的上传速度					
分享的快捷多样性					
音乐的丰富性					

13. 关于下列说法，您的同意程度如何。　　　　　【矩阵单选题】【必答题】

	很不同意	不同意	一般	同意	很同意
使用抖音可以让我在无聊的时候打发时间					
使用抖音可以缓解生活压力					
我觉得观看和拍摄视频特别有趣					

14. 关于下列说法，您的同意程度如何。　　　　　【矩阵单选题】【必答题】

	很不同意	不同意	一般	同意	很同意
使用抖音让我可以结交一些新朋友					
使用抖音帮我维系已有朋友的联系					
通过使用抖音，我认为社交是一件轻松的事情					

15. 关于下列说法，您的同意程度如何。　　　　　【矩阵单选题】【必答题】

	很不同意	不同意	一般	同意	很同意
使用抖音让我浪费了太多时间					
使用抖音分散了我的注意力					
使用抖音影响了我的独立思考能力					
使用抖音会让我不理智消费					

16. 关于下列说法，您的同意程度如何。　　　　　【矩阵单选题】【必答题】

	很不同意	不同意	一般	同意	很同意
总的来说，抖音满足了我使用的基本需求					
总的来说，抖音提高了我的学习、工作和生活质量					
我感觉抖音是我生活的一部分，已经离不开了					

17. 关于下列说法，您的同意程度如何。　　【矩阵单选题】【必答题】

	很不同意	不同意	一般	同意	很同意
将来我会继续使用抖音					
将来我会经常使用抖音					
我会向朋友推荐抖音					

附录二：访谈大纲

1. 您使用抖音的频率如何？
2. 您经常使用抖音的原因是什么？
3. 您在抖音上经常关注哪些领域？
4. 您通常使用抖音达到什么目的？
5. 您认为抖音让您的生活发生了什么改变？
6. 使用抖音让您感到快乐了吗，为什么？
7. 使用抖音让您感到困扰了吗，为什么？
8. 您依赖抖音吗？您认为自己是抖音的忠实用户吗？
9. 您对抖音的哪些方面感到不满意？
10. 您认为如果抖音做了什么改变，您会对抖音的依赖程度更高？

附录三：调研计划书

一、调查项目背景

2018 年开始，以抖音为代表的短视频平台先是火速占领了年轻人市场，随后又打开了中老年市场，成为了全民软件，上至八九十岁的高龄老人，下至六七岁的小学生，人人都看抖音，人人都用抖音。对抖音的用户使用情况做一个分析，有利于抖音对用户群结构等进行更深刻地了解，更加精准地提升用户体验，更加有针对性地开发功能，这对抖音进一步扩大市场份额无疑是有帮助的。

主要分析目的：抖音用户使用行为、使用情况。

调查研究方向：抖音用户对抖音的看法、基本态度、满意程度和认同程度。

二、调查目的

抖音要想保持短视频行业的龙头地位，就必须不断扩大市场份额，并且维持现有用户，减少用户的流失，这就要求抖音必须不断推出优质的服务来留住用户，制订正确的发展策略。短视频行业目前出现的共性问题，抖音需要想办法率先做出改变，在未来的市场中占据有利位置。

1. 了解抖音用户群体的基本结构。

2. 了解用户使用抖音的情况。

3. 了解用户对抖音的看法。

4. 了解抖音用户的基本态度。

三、调查内容

（一）抖音用户的基本情况

1. 用户群体的基本结构。

2. 用户的使用频率、程度。

（二）抖音用户的主观感受

1. 用户对抖音的特点及其指标的满意程度。

2. 用户对抖音给自己带来影响的认同程度。

四、调查范围

1. 网络社交媒体平台上的网友。

2. 学生。

3. 亲戚朋友。

五、调查方法

1. 问卷调查法，广泛发布问卷，共收集 436 份有效问卷。

2. 访谈法，对亲戚朋友进行访谈，共 20 人参与访谈。

六、组织安排和经费预算

1. 人员安排及职责：由我进行全部调查过程。

2. 实施的进度安排：分准备、实施和结果处理 3 个阶段。准备阶段完成界定调研问题、设计调研方案、设计调查问卷 3 项工作；实施阶段完成资料收集工作；结果处理阶段完成资料的汇总、整理和分析，并将调研结果以书面形式——调研报告表述出来。具体时间分配如下：调研方案设计及调查问卷设计——1 天，问卷收集、进行访谈——2 天，数据审核及处理——1 天，数据统计与分析——1 天，调研报告撰写——3 天。

3. 经费预算。填写问卷礼物费、访谈人员礼物费明细如下：问卷调查礼品费用 100 元，访谈人员礼物费用 100 元，合计 200 元。